Was bringt das Urheberpersönlichkeitsrecht?
Urheberpersönlichkeitsschutz im Vergleich: Deutschland - USA

Europäische Hochschulschriften
Publications Universitaires Européennes
European University Studies

**Reihe II
Rechtswissenschaft**
Série II   Series II
Droit
Law

Bd./Vol. 1751

PETER LANG
Frankfurt am Main · Berlin · Bern · New York · Paris · Wien

Jochen Dieselhorst

Was bringt das Urheberpersönlichkeitsrecht?

Urheberpersönlichkeitsschutz im Vergleich:
Deutschland - USA

PETER LANG
Europäischer Verlag der Wissenschaften

Die Deutsche Bibliothek - CIP-Einheitsaufnahme

Dieselhorst, Jochen:

Was bringt das Urheberpersönlichkeitsrecht? :
Urheberpersönlichkeitsschutz im Vergleich: Deutschland - USA /
Jochen Dieselhorst. - Frankfurt am Main ; Berlin ; Bern ;
New York ; Paris ; Wien : Lang, 1995
  (Europäische Hochschulschriften : Reihe 2, Rechts-
  wissenschaft ; Bd. 1751)
Zugl.: Hamburg, Univ., Diss., 1994
ISBN 3-631-48797-5

NE: Europäische Hochschulschriften / 02

Gedruckt mit Unterstützung
der Universität Hamburg

D 18
ISSN 0531-7312
ISBN 3-631-48797-5
© Peter Lang GmbH
Europäischer Verlag der Wissenschaften
Frankfurt am Main 1995
Alle Rechte vorbehalten.

Das Werk einschließlich aller seiner Teile ist urheberrechtlich
geschützt. Jede Verwertung außerhalb der engen Grenzen des
Urheberrechtsgesetzes ist ohne Zustimmung des Verlages
unzulässig und strafbar. Das gilt insbesondere für
Vervielfältigungen, Übersetzungen, Mikroverfilmungen und die
Einspeicherung und Verarbeitung in elektronischen Systemen.

In Dankbarkeit
meinen Eltern
gewidmet

Vorwort

Diese Arbeit ist vom Fachbereich Rechtswissenschaft I der Universität Hamburg im Sommersemester 1994 als Dissertation angenommen worden.

Anläßlich der Drucklegung möchte ich meinem Doktorvater, Prof. Dr. Reinhard Bork, für die Betreuung dieser Arbeit, vor allem aber für die langjährige fachliche Förderung und persönliche Begleitung auf dem Weg meiner juristischen Ausbildung ganz herzlich danken.

Hamburg, im Dezember 1994 J. Dieselhorst

Inhaltsverzeichnis

Abkürzungsverzeichnis	XIV
Einleitung	1

1. KAPITEL: DER GESCHICHTLICHE HINTERGRUND: 3
Die Trennung der anglo-amerikanischen Urheberrechtsentwicklung von der kontinentaleuropäischen und die Entwicklung einer persönlichkeitsrechtlichen Urheberrechtslehre in Deutschland

I.	Der gemeinsame Ursprung	3
II.	Die Statute of Anne	7
III.	Die Fälle *Millar v. Taylor* und *Donaldson v. Becket* in England und ihre Folgen	9
IV.	Die Übernahme des englischen Rechts in den USA	12
V.	Das Aufkommen persönlichkeitsrechtlicher Urheberrechtsinterpretationen in Deutschland	17
VI.	Der Inhalt des Urheberpersönlichkeitsrechts	20
VII.	Ergebnis zum 1. Kapitel	25

2. KAPITEL: *DER SCHUTZ URHEBERPERSÖNLICHKEITSRECHTLICHER INTERESSEN NACH AMERIKANISCHEM RECHT* 26

A. *Urheberrechtpersönlichkeitsschutz im amerikanischen Urheberrecht* 26

I.	Das Urheberrecht bis 1978	26
	1.) Das gesetzliche Urheberrecht (*statutory copyright*)	26
	a) Insbesondere: Das Right of Renewal	28
	2.) Der Urheberrechtsschutz nach *common law copyright*	31
II.	Der Copyright Act von 1976	33
	1.) Änderungen im Gesetzesrecht	34
	2.) Insbesondere: Sec.115(a)(2) CopA	35
III.	Der Berne Convention Implementation Act von 1988	36
IV.	Der Visual Artists' Rights Act von 1990	40
V.	Die *works-made-for-hire*-Doktrin	47
VI.	Ergebnis zu A.	48

B. *Der Schutz des Erstveröffentlichungsrechts, des Rechts auf* 49
Anerkennung der Urheberschaft und des Werkintegritätsrechts
nach amerikanischem Recht

I. Das Erstveröffentlichungsrecht (*right of disclosure*) 49
  1.) Vor der erstmaligen Abtretung des Copyright 51
  2.) Nach der Abtretung des Copyright 52
  3.) Zwischenergebnis 52

II. Das Recht auf Anerkennung der Urheberschaft (*right of paternity*) 52
  1.) Urheber von *works of visual art* 52
  2.) Andere Urheber als Urheber von *works of visual art* 53
    a) Das positive Recht auf Anerkennung der Urheberschaft 53
      aa) Vertragsrecht 54
      bb) Deliktsrecht 60
      cc) Wettbewerbsrecht 61
      dd) Zwischenergebnis zu a) 67
    b) Das Recht, ein Bestreiten der Urheberschaft zu unter- 67
       zu untersagen
      aa) Die Anmaßung der Urheberschaft durch Dritte 68
      bb) Das Bestreiten der Urheberschaft 70
  3.) Zwischenergebnis für das *right of paternity* 70

III. Das Recht auf Werkintegrität (*right of integrity*) 71
  1.) Urheberrecht 71
    a) Die änderungsrechtliche Grundnorm: Sec.106A(a)(3)(A) 71
    b) Schutz gegen Werkvernichtungen: Sec.106A(a)(3)(B) 73
    c) Besondere Bestimmungen für Gebäude: Sec.113(d) 75
    d) Ergänzendes Namensunterdrückungsrecht: Sec.106A(a)(2) 76
  2.) Rechtsgebiete außerhalb des Urheberrechts 76
    a) Vertragsrecht 78
      aa) Ausdrückliche Vereinbarungen 78
      bb) Konkludente Vereinbarungen 79
      cc) Drittwirkung der Vertragsvereinbarung 82
    b) Beleidigungsrecht 84
    c) Wettbewerbsrecht 87
  3.) Sonderfall: Die Werkvernichtung 93
  4.) Zwischenergebnis für das *right of integrity* 94

IV. Ergebnis zu B. 94

3. KAPITEL: *DER SCHUTZ URHEBERPERSÖNLICHKEITS-RECHTLICHER INTERESSEN NACH DEUTSCHEM RECHT* 96

A. *Das Urheberpersönlichkeitsrecht des UrhG* 96

I. Die Rechtslage vor Inkrafttreten des UrhG von 1965 96
II. Das Urheberrechtsgesetz von 1965 98
III. Das Verhältnis zwischen Urheberpersönlichkeitsrecht und Allgemeinem Persönlichkeitsrecht 101
    1.) Unterschiede zwischen Urheberpersönlichkeitsrecht und allgemeinem Persönlichkeitsrecht 103
    2.) Dennoch: Das Urheberpersönlichkeitsrecht ist ein besonderes Persönlichkeitsrecht 105
IV. Ergebnis zu A. 108

B. *Der Schutz des Erstveröffentlichungsrechts, des Rechts auf Anerkennung der Urheberschaft und des Werkintegritätsrechts nach deutschem Recht* 109

I. Das Erstveröffentlichungsrecht 109
    1.) Vor der erstmaligen Einräumung von Nutzungsrechten 110
    2.) Nach der Einräumung von Nutzungsrechten 113
    3.) Die Vorab-Einräumung von Nutzungsrechten 115
    4.) Zwischenergebnis 116

II. Das Recht auf Anerkennung der Urheberschaft 116
    1.) Das positive Recht auf Anerkennung der Urheberschaft 117
    2.) Die negativen Schutzrechte des § 13 UrhG 118
    3.) Zwischenergebnis 119

III. Das Recht auf Werkintegrität 119
    1.) Vorliegen einer Beeinträchtigung oder Entstellung 122
    2.) Interessenabwägung 126
        a) Interessen des Urhebers 127
        b) Gegeninteressen des Werkverletzers 129
    3.) Zwischenergebnis 131

IV. Ergebnis zu B. 132

C.	*Die Aufgabe des gesetzlich gewährten Schutzes durch Rechts-ausübungsverzicht des Urhebers*	133

I. Übertragbarkeit der Urheberpersönlichkeitsrechte 134

II. Verzichtbarkeit der Urheberpersönlichkeitsrechte 136
    1.) Sind Urheberpersönlichkeitsrechte verzichtbar? 137
    2.) Rechtstechnische Einordnung des Verzichts 140
    3.) Umfang der Verzichtbarkeit 141
        a) Unverzichtbarkeit im Kernbereich 142
        b) Auslegung von Verzichtserklärungen 147
        c) Der konkludente Verzicht 148
    4.) Zwischenergebnis 150

III. Die Anwendung der Grundsätze zur Verzichtbarkeit auf die Rechte des Urhebers nach §§ 13 und 14 UrhG 151
    1.) Der Verzicht auf die Rechte nach § 13 UrhG 151
        a) Der Verzicht auf die Ausübung des Benennungsrechts 151
        b) Der Verzicht auf die Ausübung der Abwehrrechte des § 13 UrhG 154
        c) Zwischenergebnis zu § 13 UrhG 157
    2.) Der Verzicht auf die Ausübung des Werkintegritätsrechts nach § 14 UrhG 158
        a) Der ausdrückliche Verzicht durch Einräumung eines Bearbeitungsrechts 158
        b) Der konkludente Verzicht 159
        c) Zwischenergebnis für § 14 UrhG 161

IV. Ergebnis zu C. 161

4. KAPITEL: VERGLEICH UND AUSBLICK 162

A. *Vergleich des Schutzes urheberpersönlichkeitsrechtlicher Interessen nach deutschem und amerikanischem Recht* 162

I. Grundsätzliches 162

II. Das Veröffentlichungsrecht 163

III.	Das Recht auf Anerkennung der Urheberschaft	164
	1.) Urheber von *works of visual art*	164
	2.) Urheber anderer Werke	164
	a) Die positiven Rechte des Urhebers	164
	b) Die Abwehrrechte des Urhebers	166
	3.) Zwischenergebnis	168
IV.	Das Recht auf Werkintegrität	168
	1.) Urheber von *works of visual art*	168
	2.) Andere Urheber	172
	a) Schutz gegen Werkveränderungen durch Werknutzungsberechtigte	172
	b) Schutz gegen Werkveränderungen durch den Eigentümer eines Werkstücks	175
	3.) Zwischenergebnis	177
V.	Ergebnis zu A.	178

B. *Ausblick: Möglichkeiten einer Annäherung des deutschen und des amerikanischen Rechts*   179

I.	Hindernisse auf dem Weg zu Annäherung	180
	1.) In den USA	180
	2.) In Deutschland	181
II.	Wege zur Annäherung	186
	1.) In den USA	186
	2.) In Deutschland	188
	a) Stärkere Berücksichtigung der Gestaltungshöhe	189
	b) Stärkere Berücksichtigung der Branchenübung	190

Ergebnis   193

Literaturverzeichnis   195

Abkürzungsverzeichnis

Bezüglich der **deutschen Abkürzungen** wird verwiesen auf:

Kirchner, Hildebert, Abkürzungsverzeichnis der Rechtssprache, 3.Aufl., Berlin 1983 und

Duden, Konrad, Die Rechtschreibung, 20.Aufl., Mannheim 1991.

Bezüglich der **englischen und amerikanischen Abkürzungen** wird verwiesen auf:

Bieber, Doris M., Dictionary of Legal Abbreviations Used in American Law Books, 2.Aufl., Buffalo 1985 und

Alkire Jr., Leland G., Periodical Title Abbreviations, 2 Bände, 5.Aufl., Detroit 1985.

Darüber hinaus wurden folgende Abkürzungen verwandt:

BCIA	Berne Convention Implementation Act
CopA	Copyright Act
VARA	Visual Artists' Rights Act

Einleitung

Kaum ein anderer Markt ist heute so international verflochten wie der Urheberrechtsmarkt. Der Handel mit Urheberrechten hat längst alle Grenzen - staatliche wie sprachliche - überwunden. Viele Urheberwerke sind heute in fast jedem Land zu fast jeder Zeit erhältlich und nutzbar. Es steht in einem auffallenden Gegensatz zu diesem weltweiten Urheberrechtshandel, daß sich bis heute auf internationaler Ebene trotz vielfältiger völkerrechtlicher Übereinkommen keine gemeinsame dogmatische Basis zum Schutz urheberrechtlicher Werke durchgesetzt hat und sich die nationalen Urhebergesetze nach wie vor in grundsätzlichen Punkten erheblich voneinander unterscheiden. Im wesentlichen stehen sich dabei zwei Urheberrechtstraditionen gegenüber, das urheberzentrierte "droit d'auteur" Kontinentaleuropas und das eher nutzungsorientierte "copyright" des anglo-amerikanischen Rechtskreises.

Einer der wesentlichen Unterschiede zwischen diesen beiden Urheberrechtstraditionen liegt in der Behandlung der nicht-vermögensrechtlichen Werkinteressen des Urhebers. Während das anglo-amerikanische Urheberrecht dem Urheber traditionell nur wirtschaftliche Rechte zur angemessenen Verwertung seines Werkes zuerkennt, gewährt das kontinentaleuropäische Urheberrecht dem Urheber ein besonderes "Urheberpersönlichkeitsrecht" - in englisch "Moral Right"[1] -, das dem Schutz seiner geistig-persönlichen Interessen am Werk dient. Solche nicht-vermögensrechtlichen Interessen des Urhebers sind in erster Linie das Interesse, über Zeitpunkt und Art der ersten Veröffentlichung seines Werkes selbst zu bestimmen, als Urheber seines Werkes anerkannt zu werden und das Werk vor Veränderungen durch Dritte zu schützen.

Da bis heute umfassende Bestimmungen zum Schutz dieser persönlich-geistigen Urheberinteressen im U.S.Copyright Act fehlen, wird dem amerikanischen Recht häufig vorgeworfen, es stelle den Urheber hinsichtlich seiner nicht-wirtschaftlichen Interessen am Werk schutzlos. Dem steht die Behauptung gegenüber, die nicht-vermögensrechtlichen Urheberinteressen seien in den USA hinreichend durch andere Rechtsgebiete als das Urheberrecht, insbesondere das Wettbewerbsrecht, das Beleidigungsrecht, das *right of privacy* und das Vertragsrecht, geschützt. Auf der Grundlage dieser Behauptung sind die USA 1989 auch Unter-

---

[1] Die Begriffe "Moral Right" und "Urheberpersönlichkeitsrecht" werden in dieser Arbeit synonym verwandt.

zeichnerstaat der "Berner Übereinkunft zum Schutze von Werken der Literatur und Kunst" (RBÜ) geworden, welche in ihrem Art.6bis den Schutz von Urheberpersönlichkeitsrechten für die Unterzichnerstaaten bindend vorsieht.

Aufgabe dieser Arbeit soll es sein zu prüfen, ob und inwieweit das amerikanische Recht in der Lage ist, nicht-vermögensrechtlichen Urheberinteressen, die nach kontinentaleuropäischem Verständnis in den Schutzbereich des Urheberpersönlichkeitsrechts fallen, Schutz zu gewähren, und inwieweit sich der so gewährte Schutz von dem Schutzumfang des deutschen Urheberpersönlichkeitsrechts unterscheidet. Die Gesichtspunkte, unter denen die beiden Rechtssysteme dabei zu prüfen sind, stehen sich diametral gegenüber: Während es bei der Darstellung des amerikanischen Rechts im wesentlichen um die Frage der *Rechtsherleitung* geht, liegt der Schwerpunkt des deutschen Teils auf der Frage der *Rechtsaufabe*, d.h. der Frage, unter welchen Umständen der Urheber auf die Ausübung seines gesetzlich gewährten Rechts verzichtet hat.

Die Arbeit wird zunächst in ihrem 1. Kapitel einen Überblick über die geschichtliche Entwicklung der Urheberrechtssysteme in Deutschland und den USA geben. Sie wird dann in ihrem 2. Kapitel untersuchen, inwieweit das amerikanische Urheberrecht und das amerikanische Recht insgesamt urheberpersönlichkeitsrechtliche Interessen des Urhebers schützt, bevor sie in einem 3. Kapitel eine entsprechende Analyse des deutschen Rechts vornehmen wird. Die hierbei erzielten Ergebnisse werden schließlich in einem letzten Kapitel gegenübergestellt und Möglichkeiten der Annäherung herausgearbeitet.
Die Arbeit beschränkt sich bei ihrer Untersuchung auf die drei Hauptelemente des Urheberpersönlichkeitsrechts, die im deutschen UrhG unter den §§ 12-14 UrhG besondere Erwähnung gefunden haben: dem Veröffentlichungsrecht des Urhebers, seinem Recht auf Anerkennung der Urheberschaft und dem Schutz gegen Werkentstellungen.

1. KAPITEL: DER GESCHICHTLICHE HINTEGRUND: Die Trennung der anglo-amerikanischen Urheberrechtsentwicklung von der kontinentaleuropäischen und die Entwicklung einer persönlichkeitsrechtlichen Urheberrechtslehre in Deutschland

I.) DER GEMEINSAME URSPRUNG

Geschichtlich gesehen ist nicht nur das Urheberpersönlichkeitsrecht, sondern das Urheberrecht insgesamt ein relativ junges Recht. Der Gedanke, daß dem Urheber ein originäres Recht an seinem immateriellen Werk - zu unterscheiden von dem materiellen Werk*stück* - zukommt, war dem europäischen Rechtsdenken bis zum Beginn der Neuzeit fremd. Erst im 16. Jahrhundert setzte mit dem Aufkommen der Buchdruckerkunst in ganz Europa eine Rechtsentwicklung ein, die über verschiedene Vorstufen zur Anerkennung eines Ausschließlichkeitsrechts des Urhebers an dem von ihm geschaffenen Werk führte. Diese Entwicklung verlief im angelsächsischen und deutschen Recht in etwa parallel.

Ausgangspunkt der Entstehung eines Urheberrechts war sowohl in England als auch in Deutschland das im 16. und 17. Jahrhundert aufkommende *Privilegienwesen*[1]. Ein "Privilegium" war ein vom jeweiligen Landesherrn gewährtes Recht, bestimmte Schriften unter Ausschluß anderer Drucker im Land vervielfältigen zu dürfen. Sie wurden zumeist an ausgewählte Buchdrucker und Verleger vergeben, ergingen jedoch gelegentlich auch an besonders bedeutende Künstler, wie z.B. an Albrecht Dürer (1511 und 1528) oder Orlando di Lasso (1581). Solche Künstlerprivilegien stellen, geschichtlich gesehen, die ersten Fälle dar, in denen dem Urheber selbst ein gegen jedermann durchsetzbares Ausschließlichkeitsrecht an dem von ihm geschaffenen Werk zuerkannt wurde. Mit den heutigen Urheberrechten waren sie allerdings trotz ihres Ausschließlichkeitscharakters nur entfernt verwandt. Die Vergabe eines Künstlerprivilegiums beinhaltete nämlich nicht etwa

---

1 Vgl. hierzu *Schricker/Vogel* Einl,52ff; *Bappert* S.178ff; *v.Gierke* § 85,II; *Gieseke* S.23ff; *Hubmann*, UrhR, § 3,II,1; *Kohler* §§ 4-8; *Strömholm* S.90ff; *Ulmer* § 9,II; *Dillenz*, 9 ÖSRGUM 46 (1991). Zu den Privilegien Englands s. *Osterrieth* S.4ff, *Patterson* S.42ff und *Whale* S.3ff.

die konkludente Anerkennung eines eigentumsähnlichen Rechts des Urhebers an seinem Werk, sondern war im Ergebnis nichts anderes als eine besondere Art der Auszeichnung und Belohnung eines verdienten Untertans, die Zuerkennung eines durch Gnadenakt des Landesherrn gewährtes Gewerbemonopol. Den Schutz des Urhebers und seiner wirtschaftlichen oder nicht-wirtschaftlichen Interessen an seinem Werk bezweckte das Privilegium daher nicht.

Erst Ende des 17. Jahrhunderts wurden erstmals originäre, von einer landesherrlichen Gewährung unabhängige Eigentumsrechte an urheberrechtlichen Werken geltend gemacht. Die Entwicklung vollzog sich hierbei in zwei Schritten: Zunächst beanspruchten - wohl als Folge der zunehmenden Vergabe von langfristigen oder gar zeitlich unbeschränkten Privilegien - die Verleger selbst ein Eigentumsrecht an den von ihnen herausgegebenen Werken (sog. *Theorie vom Verlagseigentum*)[2]. Mitte des 18. Jahrhunderts rückte schließlich mit der *Theorie des geistigen Eigentums* der Urheber selbst in das Zentrum des Interesses[3]. Nach der Lehre vom geistigen Eigentum sollte der Urheber allein aufgrund seines Schöpfungsaktes ein "geistiges" Eigentümer des von ihm geschaffenen immateriellen Werk werden, genauso, wie etwa ein Tischler materieller Eigentümer eines von ihm erbauten Tischs wurde. Materielles und immaterielles Eigentum unterschieden sich nach dieser Lehre daher nur hinsichtlich ihres Bezugsobjektes - beim materiellen Eigentumsrecht eine Sache, beim geistigen ein immaterielles Werk -, nicht hingegen in ihrer Rechtsstruktur. Mit der Theorie vom geistigen Eigentum war damit erstmals eine juristische Begründung für ein originäres Ausschließlichkeitsrecht des Urhebers an seinem Werk geliefert worden.

Für die Entstehung der Theorie vom geistigen Eigentum waren sicherlich vielerlei Faktoren ausschlaggebend, welchen hier nicht weiter nachgespürt werden soll[4].

---

2 Nach dieser Theorie sollte den Verlegern wegen ihrer Investitionen für Druck, Material und Manuskripterwerb das originäre Eigentum an dem zu druckenden Werk zukommen.
Vgl. hierzu insbesondere *Gieseke* S.51ff; auch *Schricker/Vogel* Einl,58; *Bappert* S.217ff; *Hubmann*, UrhR, § 3,III.

3 Vgl. hierzu *Bappert* S.154ff; *Gieseke* S.72ff; *Hubmann*, UrhR, § 3,IV; *ders.* ZUM 1988,4ff; *Ulmer* § 9,III.

4 Nicht übersehen werden darf etwa, daß ein Eigentumsrecht des Urhebers an seinen Werken auch für die Verleger von großem Nutzen war, um illegale Buchnachdrucke zu untersagen. So waren es in Deutschland z.B. vor allem die Verleger selbst, die sich im 18. Jahrhundert auf das - an sie abgetretene - Ausschließlichkeitsrecht des Urhebers beriefen, um Nachdrucke zu verhindern.
(Fortsetzung...)

In dem hier interessierenden urheberpersönlichkeitsrechtlichen Zusammenhang sollen nur zwei mögliche Gründe von ihnen besonders hervorgehoben werden: Zum einen steht die Theorie vom geistigen Eigentum in einem denknotwendigen Zusammenhang mit den in der damaligen Zeit herrschenden Naturrechtslehren, insbesondere der politischen Philosophie John Lockes[5]. Nach dieser Lehre sollte jeder Mensch ein von ihm geschaffenes Objekt allein aufgrund der zu seiner Herstellung aufgewendeten Arbeit als Eigentum beanspruchen dürfen. Von diesem Grundgedanekn aus war es ein sich geradezu aufdrängender Gedankenschritt, auch dem Urheber aufgrund seiner Schöpfungsleistung ein Eigentumsrecht zuzugestehen. Gleichzeitig lag in der Betonung des Arbeitsaufwands als eine persönliche Schöpfungsleistung ein Anknüpfungspunkt für die späteren persönlichkeitsrechtlichen Urheberrechtstheorien.

Zum anderen ging mit der "Personifizierung" der Eigentumsbegründung eine "Personifizierung" des Kunstschaffens einher: Im 18. Jahrhundert war Kunst nicht mehr nur die Nachahmung eines göttlich vorgegebenen, vollkommenen "Schönen", sondern - insbesondere mit dem Aufkommen der Frühromantik sowie des "Sturm und Drang" - unmittelbarer Ausdruck der schöpferischen Persönlichkeit des Künstlers selbst[6]. Auch kulturgeschichtlich rückte damit die einzelne Urheberperson und die Bedeutung ihres Schöpfungsaktes zunehmend in den Vordergrund. Die Anknüpfungsmöglichkeit für spätere persönlichkeitsrechtliche Urheberrechtsbegründungen liegt hier ebenfalls auf der Hand.

Die naturrechtliche Lehre vom geistigen Eigentum steht somit in einem direkten Folgezusammenhang zu den später entwickelten persönlichkeitsrechtlichen Urheberrechtsinterpretationen[7]. Beide Lehren leiteten das Ausschließlichkeitsrecht des Urhebers aus dem besonderen kreativen Band zwischen Person und Werk ab. So wurde das Urheberrecht schon unter Vertretern der Eigentumstheorien gelegentlich

---

4 (...Fortsetzung)
Denn der Nachdruck von Büchern hatte in der zweiten Hälfte des 18. Jahrhunderts insbesondere in Ländern, in denen kein Privilegienwesen existierte, Ausmaße von erheblicher wirtschaftlicher Bedeutung angenommen.
Vgl. hierzu *Bappert* S.262ff; *Gieseke* S.74; *Woodmansee*, 17 Eighteenth Century Stud. 425,437ff (1983/84).

5 Vgl. zum Einfluß *Lockes* auf die Theorie vom geistigen Eigentum: *Bappert*, S.254; *Luf*, 7 ÖSGRUM 1,12 (1988); *Osterrieth* S.119; *Strömholm* S.108; *Ulmer* § 9,III,1; *Strömholm*, 14 IIC 1,8 (1983).

6 Vgl. hierzu insbesondere *Strömholm* S.102ff; *Jaszi*, 1991 Duke L.J.455f sowie den aufschlußreichen Artikel von *Woodmansee*, 17 Eighteenth-Century Stud. 425,437ff (1983/84).

7 Vgl. dazu unten 1.Kap.,V.

- vor allem in Frankreich - ausdrücklich zum "persönlichsten" und "ursprünglichsten" Eigentumsrecht überhaupt erklärt[8]. Damit lagen Eigentumstheorie und Persönlichkeitsrechtstheorie in der philosophischen Begründung des Urheberrechts gar nicht so weit auseinander. Der Unterschied zwischen ihnen lag weniger in der Rechtsherleitung als in der daraus abzuleitenden Rechtszuordnung als Eigentumsrecht oder Persönlichkeitsrecht[9].

Die Lehre vom geistigen Eigentum setzte sich im Verlaufe des 18. Jahrhunderts sowohl in England als auch in Deutschland in der rechtstheoretischen Auseinandersetzung um die damals aktuelle Frage der Rechtmäßigkeit des Büchernachdrucks stetig weiter durch. Sie kann mit einem gewissen Recht für die zweite Hälfte des 18.Jahrhunderts sowohl in England[10] als auch in Deutschland[11] als die herrschende Lehre zur Begründung der Unrechtmäßigkeit des Büchernachdrucks bezeichnet werden.

---

8 Vgl. z.B.: *Le Chapelier*, Berichterstatter im französischen Revolutionsparlament für die ersten Urheberrechtsgesetze: Das Urheberrecht sei "la plus sacrée, la plus *personelle* de toutes les propriétés"; (zit. nach *Strömholm* S.113; Ginsburg, 64 Tulane L.Rev.991,1007 (1990); *Hubmann* ZUM 1988,4,5; s.a. Schmidt-Szalewski GRUR 1983,187; kursiv d.Verf.);
oder die Äußerung des französischen Schriftstellers *Diderot*: "L'auteur est propriétaire des son oeuvre ou alors personne n'est maître de son bien." (zitiert nach *P.Recht*, S.49);
oder auch *Portalis* (1839): "Si la possession de quelque chose peut être justifiée par le travail, c'est certainement celle qu'un auteur tire de son cerveau en exploitant et développant les facultés naturelles" (zit. nach *P.Recht* S.49).

9 Vgl. allgemein zur Verbindung zwischen Moral Rights und naturrechtlichen Ideen: *Hauhart*, 30 Cath.Lawyer 53 (1985).

10 Vgl. für England die Arbeiten von *Warbuton* ("A letter from an author to a member of Parliament; Concerning literary propriety", London 1747; diese Schrift wurde anonym verfaßt und später durch Handschriftenvergleich dem Bischof von Gloucester Warbuton zugeschrieben; vgl. über *Warbuton* ausführlich *Osterrieth* S.116ff) und vor allem *Blackstone* ("der größte englische Jurist des 18. Jahrhunderts"; *Osterrieth* S.105) im zweiten Band seiner "Commentaries on the laws of England", London 1765 (vgl. hierzu *Osterrieth* S.120f).

11 Z.B. *Johann Stephan Pütter*, Der Büchernachdruck nach ächten Grundsätzen des Rechts geprüft, 1774: Urheberrechtliche Werke seien "unstreitig ein wahres Eigentum ihres Verfassers, so wie ein jeder das, was seiner Geschicklichkeit und seinem Fleiß Dasein zu danken hat, als sein Eigentum ansehen kann" (zit. nach *Ulmer* § 9 III).
Voll ausgereift ist die Theorie vom geistigen Eigentum bei *Johann Gottlieb Fichte*, der in seinem Buch "Beweis der Unrechtmäßigkeit des Büchernachdrucks" von 1793 nicht nur zwischen dem materiellen Eigentum am bedruckten Papier und dem geistigen Eigentum am Werk unterscheidet, sondern auch bereits zwischen der gemeinfreien, dem Werk zugrunde liegenden Idee und der geschützten Formgebung dieser Idee im Werk.

Es läßt sich damit zusammenfassen: Bis zur Mitte des 18. Jahrhunderts vollzog sich in England und Deutschland im Ergebnis eine in etwa parallel verlaufende Rechtsentwicklung, ausgehend von einem landesherrlichen Privilegienwesen hin zu einem originären Recht des Urhebers. In beiden Ländern hatte sich Mitte des 18. Jahrhunderts in den rechtstheoretischen Erörterungen die Lehre vom geistigen Eigentum weitgehend durchgesetzt. Von diesem Zeitpunkt an jedoch trennten sich die Urheberrechtsentwicklungen im anglo-amerikanischen Rechtskreis einerseits und dem kontinentaleuropäischen Recht andererseits. Der Grund hierfür ist weniger in der Rechtstheorie als vielmehr in der englischen Rechtspraxis zu finden.

II. DIE STATUTE OF ANNE

Schon seit 1710 gewährte England nach Verabschiedung der Statute of Anne[12] jedem Urheber das originäre Recht, nach Veröffentlichung eines Werkes 14 Jahre lang[13] über seine Vervielfältigung selbst entscheiden zu können. Mit diesem Gesetz, das allgemein als das erste Urhebergesetz im modernen Sinne überhaupt angesehen wird[14], war England in dem praktisch gewährten Urheberschutz allen anderen Nationen weit voraus. Aus heutiger Sicht kam dieser frühe gesetzliche Urheberschutz möglicherweise jedoch einen Schritt zu früh: Die Statute of Anne enthielt nämlich keine gesetzliche Anerkennung eines vorgesetzlichen natürlichen Rechts des Urhebers an seinem Werk. Zum Zeitpunkt der Verabschiedung des Gesetzes (1709) war die naturrechtliche Theorie vom geistigen Eigentum noch nicht so weit entwickelt, daß sie in dem Gesetz bereits ihres Ausdruck hätte finden können[15]. Sie wurde in England erst Mitte des 18. Jahrhunderts zur herrschenden Lehre, insbesondere durch die Arbeiten von *Warbuton* und *Blackstone*[16]. Die Zielsetzung der Statute of Anne war nicht die - urheberzentrierte -

---

12 8 Anne C.19; abgedruckt und in ihren wesentlichen Teilen ins Deutsche übertragen bei *Osterrieth* S.101ff.

13 Mit einer Verlängerungsmöglichkeit von weiteren 14 Jahren.

14 *Gieseke* S.73; *Henssler* S.13; *Kohler*, § 12,I; *Ladas* S.17; *Abrams*, 29 Wayne L.Rev.1119,1139 (1983); *Earle*, 6 Int.Prop.J.269,274 (1991); *Leiser/Spiessbach*, 9 Pace L.Rev.1,16 (1989). Vgl. allgemein zur Statute of Anne *Patterson* S.143ff und *Boytha*, 9 ÖSGRUM 69,77ff (1991).

15 Ebenso *Gieseke* S.73.

16 Vgl. zu diesen oben Fn.10.

Anerkennung eines natürlichen Rechts des Urhebers an seinem Werk, sondern die - allgemeinwohlbezogene - Förderung der Produktion von Bildungsgut[17]. Diese utilitaristische, auf die Förderung des Allgemeinwohls bezogene Zielsetzung klingt nicht nur bereits in Titel[18] und Präambel[19] des Gesetzes an, sondern zeigt sich auch an einigen inhaltlichen Vorschriften: So begann die urheberrechtliche Schutzfrist nicht mit dem Zeitpunkt der Schöpfung des Werkes, wie es unter naturrechtlichen Theorien der Fall ist, sondern erst zu dem später liegenden Zeitpunkt der Werkveröffentlichung. Denn erst mit der Veröffentlichung war das Werk für die Allgemeinheit zugänglich und das Ziel des Gesetzes, die Förderung der Volksbildung, erreicht. Darüberhinaus war der urheberrechtliche Schutz davon abhängig, daß der Urheber sein Werk in der Stationers' Hall registrieren ließ und neun Exemplare seines Werkes an öffentliche Bibliotheken abgab. Auch an dieser Abhängigkeit des Rechtsschutzes von Förmlichkeiten zeigt sich, daß die Statute of Anne weit von einer naturrechtlichen Begründung des Urheberrechts entfernt war.

Die Zielsetzung der Statute of Anne war daher nicht die gesetzliche Anerkennung eines vorgesetzlichen natürlichen Rechts, sondern die Förderung der Volksbildung. Die Gewährung eines eigentumsgleichen Rechts an den Urheber diente nur als "Mittel zum Zweck", nämlich das Verlagsmonopol der damals bestehenden Stationers Company zu durchbrechen[20] und die Urheber zum Wohle der Allgemeinheit zu vielseitigerer und besserer Produktion anzuspornen. Die Statute of Anne stand damit ganz im Geiste der Aufklärung und nicht im Geiste des Naturrechts.

Diese frühe gesetzliche Festlegung auf ein Urheberrechtskonzept, das in erster Linie dem Interesse des Allgemeinwohls und nur in zweiter Linie den Interessen des Urhebers diente, ist wahrscheinlich der eine entscheidende Grund für die unterschiedliche Rechtsentwicklung, die das Urheberrecht im anglo-amerikani-

---

17 *Patterson* S.143ff; *DaSilva*, 28 Bull.Copyright Soc'y USA 1,37f.(1980).

18 Dieser lautet: "An Act for the Encouragement of Learning, by vesting the Copies of printed Books to the Authors or Purchasers of such a Copy".

19 Dort heißt es: "... for the Encouragement of Learned Men to compose and write useful books".

20 *Boytha* GRUR Int.1983,379; *ders.*, 9 ÖSGRUM 69,77f (1991); *Ginsburg*, 64 Tulane L.Rev.991,998 (1990); *Rosen*, Cardozo Arts & Ent.L.J.155,167 (1983); *DaSilva*, 28 Bull.Copyright Soc'y USA 1,37f (1980).

schen Rechtskreis gegenüber dem kontinentaleuropäischen Recht genommen hat. Der andere dürfte in einer Rechtsprechungsentwicklung der zweiten Hälfte des 18. Jahrhunderts zu finden sein, mit der sich das allgemeinwohl-orientierte Urheberrechtskonzept der Statute of Anne in der Rechtspraxis endgültig gegenüber naturrechtlichen Urheberrechtsvorstellungen durchsetzte.

III. DIE FÄLLE Millar v. Taylor UND Donaldson v. Becket IN ENGLAND UND IHRE FOLGEN

Ende der 60er Jahre des 18. Jahrhunderts klagte im Fall *Millar v. Taylor*[21] der Buchhändler Millar gegen den Verleger Taylor. Millar war der Inhaber des Copyrights an der Dichtung "The Seasons" des Schriftstellers James Thomson, die Thomson erstmals im Eigenverlag zwischen 1727 und 1729 veröffentlicht hatte. Im Jahre 1763 druckte und verkaufte der beklagte Taylor Exemplare dieses Buches, ohne vorher diesbezüglich die Genehmigung Millars eingeholt zu haben. Dieser klagte daher gegen Taylor vor der Kings Bench in London auf Schadensersatz.

Da der gesetzliche Urheberrechtsschutz der Statute of Anne nach 28 Jahren - hier also spätestens 1757 - abgelaufen war, kam es für die Bewertung des Falles entscheidend darauf, ob sich der Inhaber eines Copyrights neben dem - abgelaufenen - gesetzlichen Urheberrechtsschutz der Statute of Anne auch auf ein Urheberrecht nach *common law* berufen konnte[22]. Die Kings Bench bejahte diese Frage in einem bis heute bemerkenswerten Urteil. Die Richter entschieden, daß dem Urheber neben dem gesetzlichen Urheberrecht der Statute of Anne nach *common law* ein eigentumsgleiches Recht an seinem Werk zustehe und dieses Recht auch nicht durch das Gesetzesrecht verdrängt werde[23]. Sie begründeten ihre Entschei-

---

21 *Millar v. Taylor*, 98 Eng.Rep.201, 4 Burr 2303 (K.B. 1769).
Siehe hierzu auch die umfangreichen Erörterungen in *Osterrieth* S.123ff; *Patterson* S.168f; *Abrams*, 29 Wayne L.Rev.1119, 1152ff (1983); *Earle*, 6 Int.Prop.J.169,275ff (1991) und *Katz*, 24 S.Cal.L.Rev.375 (1951).

22 98 Eng.Rep.204ff, 4 Burr.2309ff.

23 Ob ein solches Recht auch schon vor der Verabschiedung der Statute of Anne im englischen *common law* anerkannt war, ist nicht eindeutig. Klare, vor 1709 entschiedene Gerichtsurteile zu dieser Frage liegen nicht vor. *Osterrieth* (S.106ff) kommt bei seiner Analyse der *common law*-Fälle zu dem Ergebnis, daß zum Zeitpunkt der Verabschiedung der Statute of Anne nach *common*
(Fortsetzung...)

dung mit einer eingehenden historischen und philosophischen Analyse des Wesens des Urheberrechts, beriefen sich dabei wiederholt auf naturrechtliche Theorien vom geistigen Eigentum und betonten das besonders nahe Verhältnis zwischen Urheber und Werk[24]. Zum Teil sprachen sie sich sogar für ein ewiges Urheberrecht nach *common law* aus[25].

Die Entscheidung *Millar v. Taylor* gilt als ein Höhepunkt der englischen Urheberrechtsprechung[26]. Die mehr als 200 Jahre zurückliegenden Ausführungen der Richter um das Wesen des Urheberrechts werden selbst heute noch von Moral-Rights-Verfechtern in den USA zur Begründung eines weniger auf das öffentliche Wohl als auf den einzelnen Urheber bezogenen Urheberrechtsverständnisses angeführt[27].

Nur fünf Jahre später stand das House of Lords, der höchste Gerichtshof Englands, in einem Parallelfall *Donaldson v. Becket*[28] vor genau der gleichen Rechts-

---

23 (...Fortsetzung)
überhaupt die Statute of Anne erlassen worden ist, *Osterrieth* S.108ff. Vorsichtiger in der Analyse *Abrams*, 29 Wayne L.Rev.1119,1138f (1983).

24 S. insbesondere die vielzitierten Ausführungen des vorsitzenden Richters *Lord Mansfield* 98 Eng.Rep.251, 4 Burr.2396: "The property in the copy ... is equally an incorporeal right to print a set of intellectual ideas or modes of thinking, communicated in a set of words and sentences and modes of expression. It is equally detached from the manuscript, or any other physical existence whatsoever." S. auch Justice *Aston* 98 Eng.Rep.224, 4 Burr.2345: "I confess, I do not know, nor can I comprehend any property more emphatically a man's own ... than his literary work." und Justice *Willes* 98 Eng.Rep.216, 4 Burr.2331: "... an author has a property in the copy of his own work, in the legal sense of the word."

25 *Lord Mansfield*, 98 Eng.Rep.251, 4 Burr.2397: "The property of the copy ... may equally go down from generation to generation, and possibly continue forever."

26 Vgl. *Osterrieth* S.132: " Das ganze philosophische, historische und juristische Wissen der Zeit wurde für diesen Prozeß aufgeboten, der, was Gründlichkeit und Vielseitigkeit in Erörterung der Rechtsfrage betrifft, wohl einzig dasteht. Der Fall ist noch dadurch bemerkenswert, daß er das Programm der Streitfragen über Grund und Wesen des Urheberrechts enthält, welche die neuere Zeit bis heute ausfüllen. Und dabei müssen wir gestehen, daß die Behandlung der Fragen in diesem Prozeß so erschöpfend ist, daß die spätere Zeit kaum etwas hinzufügen konnte. Obwohl wir mit unseren historischen, sozialen und wirtschaftlichen Anschauungen weiter gekommen sind, haben wir auf diesem Gebiet noch keinen Schritt vorwärts gemacht."

27 So insbesondere *Katz*, 24 S.Cal.L.Rev.375,376ff (1951).

28 *Donaldson v. Becket*, 98 Engl.Rep.257, 4 Burr 2408 (H.L. 1774). - Der Rechtsstreit betraf
(Fortsetzung...)

frage. Mit 8 gegen 3 Stimmen entschied dieses Gericht zwar ebenfalls, daß dem Urheber schon nach *common law* ein Urheberrecht an seinem Werk zustehe. Mit der knappen Mehrheit von 6 gegen 5 Stimmen[29] waren die Richter aber zugleich der Meinung, daß das *common law copyright* ab der Veröffentlichung des Werkes durch das gesetzliche Copyright der Statute of Anne verdrängt werde[30]. Nach der Veröffentlichung des Werkes könne der Urheber daher seine Schutzrechte nur noch aus dem gesetzlichen Urheberrecht ableiten.

Mit dieser weitreichenden Entscheidung stellte sich der scheinbare Rechtserwerb der Urheber durch die Statute of Anne faktisch als Rechtsbeschränkung heraus. Der stärkere Schutz des Urhebers durch das *common law* hatte vom Zeitpunkt der Werkveröffentlichung an dem schwächeren, gesetzlichen Schutz zu weichen[31].

Die Entscheidung *Donaldson v. Becket* führte dazu, daß naturrechtliche Theorien zur Begründung des Urheberschutzes - mit der Ausnahme des kurzen Zeitraums zwischen Werkschöpfung und Werkveröffentlichung - fast vollkommen aus der Rechtspraxis verdrängt und durch die utilitaristische Konzeption der Statute of Anne ersetzt wurden. Für lange Zeit sollte sich das Urheberrecht im angelsächsischen Rechtskreis daher ausschließlich auf der Basis dieses utilitaristischen Urheberrechtsverständnisses und nicht der in *Millar v. Taylor* anklingenden naturrechtlichen oder persönlichkeitsrechtlichen Urheberrechtsvorstellungen

---

28 (...Fortsetzung)
erneut das Buch "The Seasons" von James Thomson. Millar war noch während des Prozesses *Millar v. Taylor* 1768 verstorben. Der Testamentsvollstrecker hatte daraufhin die Rechte an dem Buch an den Londoner Buchhändler Becket verkauft. Dieser klagte nunmehr gegen einen Nachdruck des schottischen Verlegers Donaldson. Der Chancery Court der ersten Instanz gab der Klage wie schon im Falle *Millar v. Taylor* statt. Das House of Lords hingegen wies die Klage ab. Vgl. ausführlicher dazu *Osterrieth* S.136ff; *Patterson* S.172ff und insbesondere *Abrams*, 29 Wayne L.Rev.1119,1156ff.

29 Die Auseinandersetzung zwischen den Richtern muß sehr heftig gewesen sein, denn der Gerichtsreporter berichtet: "It was notorious, that Lord Mansfield (der vorsitzende Richter der erstinstanzlichen Entscheidung; Anm.d.Verf.) adhered to his opinion (...) But it being very unusual, (from reasons of delicacy,) for a peer to support his own judgement, upon appeal to the House of Lords, he did not speak." 98 Engl.Rep.262, 4 Burr.2417.

30 98 Engl.Rep.262, 4 Burr.2417. - Dieses Verständnis von *Donaldson v. Becket* wird neuerdings von *Abrams*, 29 Wayne L.Rev.1119,1164ff (1983) in Frage gestellt.

31 Die englischen Buchhändler reagierten dementsprechend überrascht und empört. - Vgl. zu ihren erfolglosen Bemühungen, das Parlament dazu zu bewegen, durch ein neues Gesetz die für sie nachteilige Rechtsprechung des House of Lords obsolet zu machen, *Osterrieth* S.145ff und *Patterson* S.178f.

weiterentwickeln. "The nascent doctrine of moral rights in English copyright law was dealt a stunning blow."[32]

IV. DIE ÜBERNAHME DES ENGLISCHEN RECHTS IN DEN USA

Das englische utilitaristische Urheberrechtsverständnis wurde schon 13 Jahre nach der Entscheidung *Donaldson v. Becket* für die USA als gültige Copyright-Doktrin gesetzlich festgelegt: Art.I, § 8, Cl.8 der 1787 nach der Unabhängigkeit von England ausgearbeiteten US-amerikanischen Verfassung gewährte dem Kongreß die Gesetzgebungsbefugnis

"to *promote* the Progress of Science and *useful* Arts, by securing for limited Time to Authors and Investors the exclusive Right to their respective Writings and Discoveries."[33]

Aus der Wortwahl der Verfassungsväter geht deutlich hervor, daß auch die amerikanische Verfassung nicht von einem naturrechtlich begründeten, sondern von einem auf das öffentliche Wohl gerichteten Urheberrechtsverständnis ausging[34]. Dies ist umso erstaunlicher, als in den Vereinigten Staaten zum damaligen Zeitpunkt Ideen des Naturrechts nicht nur allgemein verbreitet waren, sondern einige Staaten bereits vor Gründung der USA - und auch vor ähnlichen Gesetzgebungsakten in Europa ! - Urheberrechtsgesetze erlassen hatten, aus denen klar die Anerkennung eines naturrechtlichen Verständnisses des Urheberrechts hervorging[35]. Da die sog. *Copyright Clause* der Verfassung bis zum heutigen Tage

---

32 *Katz*, 24 S.Cal.L.Rev.375,385 (1951).

33 Hervorhebungen durch Verf..

34 Vgl. *Patterson* S.193.

35 So z.B. die Urheberrechtsgesetze von *Massachusetts* und *New Hampshire* von 1783, deren Präambeln erklären, das Urheberrecht sei "one of the natural rights of all men, there being no property more peculiarly a man's own than which is produced by the labor of his mind."; abgedruckt in Copyright Enactments 1783-1962, Copyright Office Bulletin No.3 (revised), S.4f (Massachusetts), S.8f (New Hampshire).
Ähnlich auch *Connecticut* (Urheberrechtsgesetz von 1783), aaO, S.2ff, und *New York* (Urheberrechtsgesetz von 1786), aaO, S.19ff.
Grundsätzlich hierzu *Patterson* S.183ff; *Abrams*, 29 Wayne L.Rev.1119,1172ff (1983) und *Crawford*, 23 Bull.Copyright Soc'y 11,15 (1975). -
Damit waren diese frühen einzelstaatlichen Urheberrechtsgesetze wahrscheinlich sogar die ersten
(Fortsetzung...)

unverändert fortgilt, ist die utilitaristische Ausrichtung des amerikanischen Urheberrechts bis heute in den USA bereits verfassungsrechtlich festgelegt[36].

Drei Jahre nach Inkrafttreten der Verfassung verabschiedete der U.S.-Kongreß unter Ausübung seiner Gesetzgebungskompetenz das erste bundesstaatliche amerikanische Urhebergesetz. Sein Titel lautete:
"An Act for the encouragement of learning, by securing the copies of maps, charts and books, to the author and proprietors of such copies, during the time therein mentioned."[37]
Die Ähnlichkeit mit dem Titel der Statute of Anne ist offensichtlich.
Schließlich wurde im Jahre 1834 die folgenschwere Entscheidung, die das englische House of Lords in *Donaldson v. Becket* bezüglich des Vorrangs des Gesetzesrechts gegenüber dem *common law copyright* getroffen hatte, durch den Supreme Court in *Wheaton v. Peters*[38] für das amerikanische Recht bestätigt[39].
Damit hatte sich in der praktischen Rechtsanwendung in den USA endgültig wie vorher in England die Ansicht durchgesetzt, daß das Copyright dem Urheber im öffentlichen Interesse von Staats wegen gewährt wird und ihm nicht schon von Natur aus aufgrund seiner persönlichen Beziehung zum Werk zusteht.

Es ist wohl letztlich auf diese frühe gesetzliche und richterliche Festlegung auf ein allgemeinwohlorientiertes Urheberrechtskonzept zurückzuführen, daß die USA von den Diskussionen des 19. Jahrhunderts um naturrechtliche und insbesondere persönlichkeitsrechtliche Urheberrechtstheorien weitgehend unberührt geblieben

---

35 (...Fortsetzung)
Gesetze überhaupt, die ein naturrechtlich begründetes Eigentumsrecht des Urhebers an seinem Werk anerkannten. In Europa erfolgte eine solche gesetzliche Anerkennung eines naturrechtlichen Eigentumsrechts erst 1791 und 1793 durch zwei Revolutionsdekrete Frankreichs (vgl. v.Gierke § 85,II; *Boytha*, 9 ÖSGRUM 69,82f (1991); *Luf*, 7 ÖSGRUM 1,13 (1988); *Schmidt-Szalewski*, GRUR Int.1993,187; bestritten wird dies neuerdings von *Ginsburg*, 64 Tulane L.Rev.991ff (1990), die der Ansicht ist, das französische Recht sei wie das amerikanische Bundesrecht zum damaligen Zeitpunkt nicht von einem natürlichen Recht des Urhebers ausgegangen).

36 *Ulmer* § 12,V,1.

37 Act vom 31. Mai 1790, 1 Stat.124. Die nutzenbringende Zielrichtung des Gesetzes ergibt sich auch auf der Aufzählung der geschützten Werke: Pläne, Karten und Bücher.

38 *Wheaton v. Peters,*, 8 Pet.591, 8 L.Ed.1055 (U.S. 1834).

39 Vgl. hierzu *Patterson* S.203ff; *Abrams*, 29 Wayne L.Rev.1119, 1178ff (1983) und *Katz*, 24 S.Cal.L.Rev.375,385ff (1951).

sind⁴⁰. So kommt es, daß im Jahre 1909, zu einer Zeit also, in der in Deutschland durch das LUG und das KUG⁴¹ erstmals gesetzliche urheberpersönlichkeitsrechtliche Bestimmungen eingeführt wurden, der *House Report* zum Copyright Act in seltener Klarheit ausführt:

"The enactment of copyright legislation by Congress under the terms of the Constitution is *not based upon any natural right* that the author has in his writings, for the Supreme Court has held that such rights as he has are purely statutory rights, but upon the ground that the welfare of the public will be served and progress of science and useful arts will be promoted by securing to authors for limited periods the exclusive rights to their writings. The Constitution does not establish copyrights, but provides that Congress shall have the power to grant such rights if it thinks best. *Not primarily for the benefit of the author, but primarily for the benefit of the public, such rights are given.* (...)

In enacting a copyright law Congress must consider ... two questions: First, how much will legislation stimulate the producer and so benefit the public, and, second, how much will the monopoly granted be detrimental to the public? The granting of such exclusive rights, under the proper terms and conditions, *confers a benefit upon the public that outweighs the evils of the temporary monopoly.*"⁴²

Bis heute kann das hier ausgedrückte, allgemeinwohlorientierte Urheberrechtsverständnis in der USA als vorherrschend bezeichnet werden. Es spiegelt sich nicht nur in der weiterhin gültigen *Copyright Clause* der US-Verfassung wider, sondern findet auch in einer Reihe von Gerichtsentscheidungen⁴³ und Kommentierun-

---

40 Ähnlich *Katz*, 24 S.Cal.L.Rev.375,419f (1951); eine fehlende tiefgreifende Auseinandersetzungen mit dem Urheberpersönlichkeitsrecht beklagte 1957 auch *Strauss* UFITA 23 (1957),286,305.

41 "Gesetz betreffend das Urheberrecht an Werken der Literatur und der Tonkunst" (LUG) von 1901 und "Gesetz betreffend das Urheberrecht an Werken der bildenden Künste und Photographie" (KUG) von 1907. - Vgl. zu diesen Gesetzen unten 3.Kap.,A,I.

42 House Report No.60-2222 (Hervorhebungen vom Verf.).

43 *Fox Film Corp. v. Doyal, 286 U.S.123,127*, 52 S.Ct.546, 76 L.Ed.1010 (1932); *Washingtonian Pub.Co. v. Pearson, 306 U.S.30,36*, 59 S.Ct.397, 83 L.Ed.470 (1939); *United States v. Paramount Pictures, 334 U.S.131,158*, 68 S.Ct.915; 92 L.Ed.1260 (1948); *Mazer v. Stein, 347 U.S.201,219*, 98 L.Ed.630, 74 S.Ct.460 (1954); und aus jüngerer Zeit: *Sony Corp.of America v. Universal City*

(Fortsetzung...)

gen⁴⁴ seinen Ausdruck. Ja, es führte in den 70er Jahren sogar dazu, daß einige amerikanische Autoren die Berechtigung des Urheberrechts überhaupt in Frage stellten mit der Behauptung, daß die urheberrechtliche Produktion ohne Urheberrechtsschutz größer sein werde als mit ihm⁴⁵. Seitdem ist die ökonomische Begründung der Notwendigkeit eines Urheberrechts Gegenstand lebhafter Diskussion in den USA⁴⁶ - eine Diskussion, die widerum Deutschland völlig unberührt ließ⁴⁷. Nach herrschendem U.S.-amerikanischem Verständnis ist das Urheberrecht weiterhin kein natürliches Ausschließlichkeitsrecht, sondern ein staatlich gewährtes Monopolrecht zum Wohle der Allgemeinheit. Das amerikanische Copyright unterscheidet sich damit in seiner Herleitung im Grunde nicht wesentlich von dem "Privilegium" des Mittelalters⁴⁸.

---

43 (...Fortsetzung)
Studios, 464 U.S.417,429, 104 S.Ct.774 (1984): "The monopoly privileges (!; Anm.d.Verf.) that Congress may authorize are neither unlimited nor primarily designed to provide a special private benefit. Rather, the limited grant is a means by which an important public purpose may be achieved. It is intended to motivate the creative activity of authors and inventors by the provision of a special reward, and to allow the public access to the products of their genius after the limited time of exclusive control has expired. The copyright law ... makes reward to the owner a secondary consideration."

44 Vgl. "Report of the Register of Copyrights on the General Revision of the U.S.Copyright Law", 87th Cong., 1st Sess., S.6 (1961); *Nimmer* § 1.03[A], S.31; *Whale* S.193; *Abrams*, 29 Wayne L.Rev.1119,1185f (1983); *Kohs*, 40 Fed.Comm.L.J.1,28 (1987); *Leiser/Spiessbach*, 9 Pace L.Rev.1 (1989); *Rosen*, 2 Cardozo Arts & Ent.L.J.155,169,179 (1983); *Sackler*, 3 J.Law & Technology 207 und 209 (1988).

45 Insbesondere *Breyer* kam in einer Aufsehen erregenden Untersuchung aus dem Jahre 1970 zu dem Schluß, daß die urheberrechtliche Produktion ohne das Bestehen eines Urheberrechts nicht unbedingt schwächer ausfallen müßte (*Breyer*, The Uneasy Case for Copyright: A Study of Copyrights in Books, Photocopies, and Computer Programs, 84 Harv.L.Rev.281 (1970)).

46 Vgl. z.B. *Tyerman*, A Reply to Professor Breyer, 18 U.C.L.A.L.Rev.1100 (1971); *Jehoram*, Critical Reflections on the Economic Importance of Copyright, 20 IIC 485 (1989).

47 Interessanterweise wurde eine utilitaristische Ausrichtung des Urheberrechts in Deutschland nur in der nationalsozialistischen Zeit vertreten. Vgl. *Elster* GRUR 1940,404,407: "Wenn gerade der nationalsozialistische Staat die Persönlichkeit des Werkschöpfers anerkennt, so tut er das nicht aus individualistischen Erwägungen oder um dem Individuum monopolistische Vermögensrechte zuzuführen, sondern wegen der Bedeutung des Schaffens der Persönlichkeit für das Schaffen der Volksgemeinschaft. ... Daß der Werkschöpfer nur seinen Lohn bekomme, würde keine hinreichende Rechtfertigung seines 'ausschließlichen' Sonderrechtes ergeben, wenn er nicht mit seinem Werk einen Nutzen für die Volksgemeinschaft erbrächte ...".

48 So auch *Burger*, 3 J.Law & Technology 1,6 (1988); vgl. auch *Monta*, 32 S.Cal.L.Rev.
(Fortsetzung...)

Angesichts dieses weiterhin dominierenden Urheberrechtsverständnisses ist es naheliegend, daß sich bis heute persönlichkeitsrechtliche Urheberrechtskomponenten nur vereinzelt in das amerikanische Urhebergesetzes haben integrieren lassen[49]. Nicht ganz zu Unrecht benannte sich daher die politische Bewegung, die anläßlich des Beitritts der USA zur Berner Konvention 1989 gegen die Einführung von Urheberpersönlichkeitsrechten kämpfte, die "Coalition to Preserve the American Copyright Tradition"[50]. Denn tatsächlich ist nach dem amerikanischen Urheberrechtsverständnis und der verfassungsmäßigen Zielvorgabe die Einführung von Urheberpersönlichkeitsrechten nur dann gerechtfertigt, wenn diese zur Anregung der urheberrechtlichen Produktion und damit zur Förderung des Allgemeinwohls notwendig sind. Manche amerikanische Autoren beschreiten daher genau diesen Begründungsweg[51]: Der Urheber - so argumentieren sie - sei unwillig, sein Werk aus der Hand zu geben und der Öffentlichkeit zugänglich zu machen, solange er befürchten müsse, daß es ungehindert durch Dritte verändert werden könne. Insofern fördere der Schutz urheberpersönlichkeitsrechtlicher Interessen die Urheberproduktion und diene damit letztlich dem Allgemeinwohl.

Indessen kann auch ein solcher Begründungsweg kaum verdecken, daß die Propagandisten eines urheberrechtlichen Urheberpersönlichkeitsrechts in den USA bis heute in einem unüberbrückbaren Dilemma stecken. Denn wie jedes Persönlichkeitsrecht ist auch das Urheberpersönlichkeitsrecht von seiner Zielrichtung her

---

48 (...Fortsetzung)
177,178 (1959) ("I do not mean to say ... that our present copyright is founded on an idea of privilege ..., but ... I am not sure that the historical background has entirely exhausted all its consequences.") und *Henssler* S.246 und 249 ("eine Art Gnadenerweis").

49 Vgl. dazu im Einzelnen unten 2.Kap.,A.

50 Vgl. dazu *Dietz* GRUR Int.1989,627,629.

51 *Gilliam v. American Broadcasting Companies, Inc.*, 538 F.2d 14,23, 192 USPQ 1 (2d Cir. 1976); *Solomon*, 30 Rutgers L.Rev.452,477 (1977); *Hathaway*, 30 ASCAP Copyright L.Symp.121,155 (1983). -
Vgl. auch *House Report* No.101-514, S.5 zum Visual Artists Rights Act von 1990 (VARA; s. dazu C,IV): Urheberpersönlichkeitsrechte seien "... consistent with the purpose behind the copyright laws and the Constitutional provision they implement: 'To promote the Progress of Science and useful Arts'." Oder auch die Statements des Register of Copyrights *Oman* zum VARA vor dem House Subcommittee on Courts, Intellectual Property, and the Administration of Justice vom 18.10.1990: "The theory of moral rights is that they result in a climate of artistic worth and honor that encourages the author in the arduous act of creation." (zitiert im *House Report*, aaO) sowie von Prof.*Ginsburg* vor dem gleichen Subcommittee: "These safeguards may enhance the creative environment in which artists labor." (ebenfalls zitiert im *House Report*, aaO, S.14).

ausschließlich auf den Schutz der persönlichen Interessen der Urhebers und nicht auf die Förderung von Allgemeininteressen bedacht. Persönlichkeitsschutz ist zweckfrei. Eine externe Herleitung in Form einer Zweck-Nutzen-Rechnung ist dem Persönlichkeitsrecht wesensfremd. Sie widerspricht nicht nur der Idee eines Persönlichkeitsrechts, sondern der Idee einer Persönlichkeit überhaupt.

Der Gedanke eines Urheberpersönlichkeitsschutzes steht somit in einem fundamentalen Widerspruch zur amerikanischen Copyright-Tradition[52]. Solange die herkömmliche utilitaristische Begründung des Urheberrechts nicht durch ein eher naturrechtliches Rechtsverständnis verdrängt wird, das den Urheber und nicht das Allgemeinwohl in den Mittelpunkt des Urheberrechtsschutzes stellt, ist kaum zu erwarten, daß das amerikanische Urheberrecht den persönlichen Interessen des Urhebers an seinem Werk hinreichend Schutz bieten kann[53]. Das europäisches Urheberpersönlichkeitsrecht und die amerikanische Urheberrechtstradition schließen sich vom Ansatz her gegenseitig aus.

V. DAS AUFKOMMEN PERSÖNLICHKEITSRECHTLICHER INTERPRETATIONEN DES URHEBERRECHTS IN DEUTSCHLAND

Aufgrund der frühen gesetzlichen Festlegung des Urheberrechts in den USA blieb die im späten 19. Jahrhundert vor allem in Deutschland entwickelte persönlichkeitsrechtliche Interpretation des Urheberrechts in den USA weitgehend unbeachtet. In diesen persönlichkeitsrechtlichen Urheberrechtslehren lag der Grundstein für die Anerkennung eines Urheberpersönlichkeitsrechts, wie es heute in fast allen europäischen Urheberrechtsgesetzen verankert ist.

Die frühen Vertreter eines persönlichkeitsrechtlichen Verständnisses des Urheberrechts[54] knüpften dabei insofern an die naturrechtliche Lehre vom geistigen

---

52 Ebenso *DaSilva*, 28 Bull.Copyright Soc'y USA 1,56f (1980); *Monta*, 32 S.Cal.L.Rev.177,186 (1959).

53 Siehe dazu noch unten 4.Kap.,B,I,1.

54 Vorläufer eines personalistischen Urheberverständnisses war *Immanuel Kant*, der schon 1785 in seiner Schrift "Von der Unrechtmäßigkeit des Büchernachdrucks" davon sprach, das Recht des Autors an seinem Werk sei ein angeborenes "ius personalissimum", das ein Verleger nicht erwerben könne. Der Verleger sei vielmehr als Sprachrohr des Autoren zu verstehen (*Kant*, Von (Fortsetzung...)

Eigentum an, als sie wie diese die besondere Beziehung zwischen dem Urheber und seinem Werk hervorhoben. Gleichzeitig sahen sie jedoch die rechtliche Zuordnung des Urheberrechts zum Eigentum als verfehlt an: Eigentumsrechte galten zeitlich unbegrenzt und begründeten ein Recht zum Besitz. Beides war beim Urheberrecht nicht der Fall[55]. Insbesondere aber war die Lehre vom geistigen Eigentum nicht geeignet, den Schutz ideeller Interessen des Urhebers zu gewähren.

Die Herausarbeitung der Schutzwürdigkeit ideeller - im Gegensatz zu rein materiellen - Interessen des Urhebers an seinem Werk im 19. Jahrhundert steht in unmittelbarem Zusammenhang mit dem in dieser Epoche herrschenden Kunstverständnis, der Romantik[56]. Das geistige Band zwischen dem Urheber und seinem Werk war im romantischen Kunstverständnis des 19. Jahrhunderts von besonderer Wichtigkeit. Der Künstler galt als ein mit besonderen Empfindlichkeiten ausgestattetes Genie und sein Werk als ein einzigartiger Abdruck seiner schöpferischen Seele. Nach der romantischen Kunstauffassung lag daher in jedem Kunstwerk die Seele eines Genies verborgen, die, einmal dem Geist des Urhebers entsprungen, des besonderen Schutzes durch das Recht bedurfte. Diesen Schutz konnte die damalige Theorie vom geistigen Eigentum nicht bieten. Zu unterschiedlich war das Interesse des Urhebers an seinem geistigen Werk vom dem eines Sacheigentümers an seiner gegenständlichen Sache. Der Urheber bedurfte nicht nur einer wirtschaftlichen Verfügungsmacht über das Werk - diese hätte auch über die Eigentumstheorien hergeleitet werden können -, sondern auch des Schutzes hinsichtlich des geistig-persönlichen Bandes, das ihn mit seinem Werk verbindet. Einen solchen Schutz geistig-persönlicher Interessen am Werk konnte eine eigentumsrechtliche Begründung des Urheberrechts nicht gewährleisten.

---

54 (...Fortsetzung)
der Unrechtmäßigkeit des Büchernachdrucks, Berlinische Monatsschrift 1785, Band 5, S.403,416f). Weitere Vertreter einer persönlichkeitsrechtlichen Auffassung vom Urheberrecht waren *Neustetel, Gareis, Bluntschli* und *Beseler*. Vgl. zu diesen *Strömholm* S.197ff; *Schricker/Vogel* Einl,64; *Ulmer* § 17,I,1.

55 Vgl. zu den Schwachpunkten der Eigentumstheorien *Ulmer* § 16,II; *Ladas* S.7f; *Ruzicka* S.46f; *Berg*, 6 Int.Prop.J.341,349 (1991).

56 Vgl. zu dieser Verbindung insbesondere *Aide*, 48 U.Toronto Fac.L.Rev.211 (1990) und *Earle*, 6 Int.Prop.J.269,280ff (1991).

Hervorragenster Vertreter einer persönlichkeitsrechtlichen Urheberrechtsinterpretation war Ende des 19. Jahrhunderts *Otto v.Gierke*[57]. Wie die Vertreter der Eigentumstheorien sah auch *v.Gierke* das Urheberrecht als ein Ausschließlichkeitsrecht an, nämlich als das Recht, über die Veröffentlichung und Wiedergabe des Werkes frei zu verfügen[58]. Den Ursprung dieses Rechts sah er jedoch im Gegensatz zu den Eigentumstheorien in dem Schutz der Persönlichkeitssphäre begründet. Das Urheberrecht sei weder ein aus Zweckmäßgkeitsgründen gewährtes Monopolrecht[59] noch ein Eigentumsrecht[60], sondern in seinem ganzen Umfang ein Persönlichkeitsrecht[61]. Es sei ein gegen jeden Dritten wirkendes Herrschaftsrecht des Urhebers über einen Bestandteil seiner Persönlichkeitssphäre[62]. Unbeschadet dieser persönlichkeitsrechtlichen Herleitung habe das Urheberrecht zwar auch vermögensrechtliche Bedeutung. Auch die wirtschaftlichen Vermögensrechte des Urhebers leiten sich jedoch aus dem personenrechtlichen Herrschaftsrecht ab, denn der Urheber könne als Herr seines Werkes ohne weiteres frei darüber entscheiden, ob und wie dasselbe finanziell nutzbar gemacht werden solle.
V.Gierke war damit die wohl klarste Formulierung einer rein persönlichkeitsrechtlichen Herleitung des Urheberrechts gelungen[63].

Aus heutiger Sicht ist es weniger die rechtliche Zuordnung als vielmehr die interessenmäßige Einordnung des Urheberrechts zur Persönlichkeitssphäre, die die besondere Bedeutung der persönlichkeitsrechtlichen Urheberrechtsinterpretation

---

57 In ZHR 29,266ff und vor allem seinem Lehrbuch "Deutsches Privatrecht I", §§ 85ff.

58 *v.Gierke* § 85,I.

59 *v.Gierke* § 85,III,2.

60 *v.Gierke* § 85,III,4f.

61 *v.Gierke* § 85 III,7 unter ausdrücklicher Berufung auf *Kant*.

62 *v.Gierke* aaO.

63 Allerdings darf *v.Gierkes* persönlichkeitsrechtliche Terminologie nicht voreilig zu dem Schluß verleiten, er habe das Urheberrecht insgesamt als einen Teil des heutigen "allgemeinen Persönlichkeitsrechts" verstanden. *V.Gierke* benutzte den Begriff "Persönlichkeitsrecht" nämlich nicht im heutigen Sinne des zivilrechtlichen "allgemeinen Persönlichkeitsrechts". Schutzobjekt des *v.Gierke*'schen Persönlichkeitsrechts war die gesamte Persönlichkeitssphäre, d.h. die Persönlichkeit einschließlich der von der Person losgelösten, jedoch von ihr geprägten materiellen oder immateriellen Güter. Dieses Verständnis des Persönlichkeitsrechtes unterscheidet sich von dem heutigen allgemeinen Persönlichkeitsrechts, nach dem Schutzgegenstand des Persönlichkeitsrechts stets die Persönlichkeit selbst ist. Hierauf haben insbesondere *Peter* (UFITA 36(1962),257,262) und *Troller* (Bedenken, S.13) hingewiesen.

v.Gierkes ausmacht. In seiner rechtlichen Einordnung des Urheberrechts insgesamt als ein Persönlichkeitsrecht hat *v.Gierke* kaum Nachfolger finden können. In seiner Herausarbeitung der besonderen persönlichen und geistigen Interessen des Urhebers an seinem Werk liegt jedoch die Grundlage des heutigen Urheberpersönlichkeitsrechts.

VI. DER INHALT DES URHEBERPERSÖNLICHKEITSRECHTS

Nach heutigem Verständnis ist das Urheberpersönlichkeitsrecht Teil des dem Urheber zustehenden Urheberrechts. Es dient dem Schutz seiner geistig-persönlichen Interessen an seinem Werk. Zu diesen Interessen gehören insbesondere[64]:
- das Interesse des Urhebers, selbst über die erste Veröffentlichung seines Werkes zu bestimmen (geschützt durch das *Veröffentlichungsrecht*),
- das Interesse des Urhebers, als Urheber seines Werkes anerkannt zu werden (geschützt durch das *Recht auf Anerkennung der Urheberschaft*),
- das Interesse des Urhebers, die Integrität seines Werkes gegen Veränderungen durch Dritte zu verteidigen (geschützt durch das *Recht auf Werkintegrität*).

Das *Veröffentlichungsrecht* schützt das Interesse des Urhebers, selbst darüber entscheiden zu können, ob, wann und wie er sein Werk aus seiner Privatsphäre entlassen und der Öffentlichkeit zugänglich machen will[65]. Es enthält sowohl vermögensrechtliche als auch persönlichkeitsrechtliche Komponenten. Die vermögensrechtlichen Interessen des Urhebers sind insofern betroffen, als erst durch die Veröffentlichung des Werkes seine finanziell lukrative Verwertung möglich wird. Einen ideellen Einschlag hat das Veröffentlichungsrecht insofern, als die Entscheidung des Urhebers zur Werkveröffentlichung die künstlerische Aussage enthält, daß das Werk die endgültige, den Vorstellungen des Urhebers entsprechende Form gefunden hat. Darüber hinaus legt der Urheber mit der Werkver-

---

64 Andere typisch urheberpersönlichkeitsrechtliche Interessen sind das Interesse des Urhebers, stets Zugang zu seinem Werk haben zu können (vgl. § 25 UrhG), und sein Interesse, die weitere Verbreitung eines nicht mehr seinen Überzeugungen entsprechenden Werkes zu verhindern (vgl. § 42 UrhG).

65 Vgl. BGHZ 15,249,257 - Cosima Wagner; *v.Gamm* § 12,2; *Möhring/Nicolini* § 12, 2b; *Schrikker/Dietz* § 12,1; *Hubmann* § 28 I; *Rojahn* S.106; *Ulmer* § 39 I,1.

öffentlichung auch seine geistigen Anschauungen und künstlerischen Fähigkeiten gegenüber der Öffentlichkeit offen und setzt sein Werk - und damit sich selbst - der öffentlichen Kritik aus[66]. Aufgrund seiner besonderen Bedeutung sowohl in vermögens- als auch in persönlichkeitsrechtlicher Hinsicht wird das Veröffentlichungsrecht daher zuweilen als das "Grundrecht des Urheberrechtsschutzes" bezeichnet[67].

Das *Recht auf Anerkennung der Urheberschaft* schützt das Interesse des Urhebers, gegenüber Dritten als Schöpfer seines Werkes in Erscheinung zu treten. Es beinhaltet eine negative und eine positive Schutzkomponente: Die positive betrifft das Interesse des Urhebers, als Schöpfer des Werkes - im Regelfall durch Namensnennung bei der Nutzung des Werkes - anerkannt zu werden[68]; die negative das Interesse, ein Bestreiten der Urheberschaft - insbesondere im Fall der Anmaßung durch Dritte - abzuwehren[69]. Häufig wird - vor allem in den USA[70],

---

66 *Schricker/Dietz* § 12,1.

67 *Schricker/Dietz* § 12,1, ähnlich *Ulmer* § 39 I 1: "im Brennpunkt der Interessen des Urhebers".

68 In Deutschland ausdrücklich erwähnt in § 13 S.2; vgl. aus der amerikanischen Literatur: *DaSilva*, 28 Bull Copyright Soc'y USA 1,27 (1980); *Diamond*, 68 Trademark Rep. 244,254 (1978); *Hathaway*, 30 ASCAP Copyright L.Symp. 121,129ff (1983); *Nimmer*, 19 Stanford L.Rev. 499,520 (1967); *Strauss* UFITA 23(1957),286,291f.

69 Vgl. für Deutschland: Begründung zum Regierungsentwurf, BT-Drucks. IV/270, S.44; *Fromm/Nordemann/Hertin* § 13,4; *v.Gamm* § 13,7; *Möhring/Nicolini* § 13,2; *Schricker/Dietz* § 13,8; *Hubmann* § 29,I,1; *Ulmer* § 40,I.
Für die USA: *DaSilva*, 28 Bull Copyright Soc'y USA 1,27 (1980); *Diamond*, 68 Trademark Rep. 244,254 (1978); *Hathaway*, 30 ASCAP Copyright L.Symp. 121,125ff (1983); *Nimmer*, Stanford L.Rev. 499,520 ((1967); *Strauss* UFITA 23(1957),286,291f.

70 Vgl. *Comment*, 60 Geo.L.J. 1539,1540 (1972); *Comment*, 125 U.Pa.L.Rev. 611,615 (1977); *DaSilva*, 28 Bull.Copyright Soc'y USA 1,28 (1980); *Diamond*, 68 Trademark Rep. 244,255 (1978); *Hathaway*, 30 ASCAP Copyright L.Symp. 121,138ff (1983); *Kirby*, 9 Pac.L.J. 855,860,871ff(1978); *Krigsman*, 73 Trademark Rep. 251,253(1982); *Kwall*, 38 Vanderbilt L.Rev. 1,7 (1985); *Merryman*, 27 Hastings L.J. 1023,1027 (1976); *Nimmer*, 19 Stanford L.Rev. 499,520f (1967); *Roeder*, 53 Harv.L.Rev. 554,562 (1940); *Solomon*, 30 Rutgers L.Rev. 452,455f (1977); *Stevenson*, 6 ASCAP Copyright L.Symp. 89,91 (1953); *Strauss*, 4 Am.J.Comp.L. 506,508 (1955); ders., UFITA 23(1957),286,292; *White*, 36 Emory L.J. 237,245 (1989). Vgl. auch den UNESCO-Bericht in 2 UNESCO Copyright (No.2-3, 1949), S.62.
Auch der Copyright Act sieht nunmehr seit Verabschiedung des VARA von 1990 unter Sec.106A(a)(1)(B) ein Recht des Urhebers vor, "... to prevent the use of his or her name as the author of any work of visual art which he or she did not create."

gelegentlich aber auch in Deutschland[71] - im Zusammenhang mit dem Recht auf Anerkennung der Urheberschaft als dritte Komponente das Interesse des Urhebers genannt, nicht als Urheber fremder Werke genannt zu werden (sog. "droit de non-paternité"). Die Erörterung dieses Rechts im Zusammenhang mit dem Urheberpersönlichkeitsrecht ist jedoch irreführend: Das Interesse, nicht als Urheber fremder Werke genannt zu werden, wird nicht durch das Urheberpersönlichkeitsrecht, sondern durch das allgemeine Persönlichkeitsrecht geschützt. Es betrifft nicht das für das Urheberpersönlichkeitsrecht typische geistige Band zwischen einer schöpferischen Person und seinem Werk, sondern die dem Schutzbereich des allgemeinen Persönlichkeitsrechts unterfallende Beziehung einer Person zu sich selbst[72]. Niemand braucht es hinzunehmen, daß ein fremdes Werk als das seine ausgegeben wird - dies gilt für Urheber genauso wie für Nicht-Urheber[73]. Das Interesse, nicht als Urheber von fremden Werken ausgegeben zu werden, fällt daher nicht in den Schutzbereich des Urheberpersönlichkeitsrechts. Es wird durch Rechtsinstitute außerhalb des Urheberrecht umfassend geschützt. Dies gilt für die USA[74] in gleichem Maße wie für Deutschland[75].

---

71 *Schricker/Rojahn* § 43,76; *Seetzen* S.55; vgl. auch den Vorschlag von *Nordemann* in GRUR 1991,1,4, § 13 UrhG durch folgenden Absatz 2 zu ergänzen: "Der Urheber hat das Recht zu verlangen, daß ein von einem anderen geschaffenes Werk nicht als von ihm stammend bezeichnet wird."

72 Vgl. zu diesem Unterschied zwischen Urheberpersönlichkeitsrecht und allgemeinem Persönlichkeitsrecht noch ausführlich unten 3.Kap.,A,III.

73 Vgl. für Deutschland: KG UFITA 48 (1966),274,285 - "Die goldene Stimme". -
Vgl. für die USA das der Entscheidung des KG fast wörtlich entsprechende obiter dictum des Circuit Court in Illinois aus dem Jahre 1883 im Fall *Clemens v. Belford, Clark & Co.*, 14 F.728,731 (C.C.N.D.Ill. 1883) (Klage der Erben Mark Twains gegen die Veröffentlichung von Büchern unter dessen Künstlernamen): "No person has the right to hold another out to the world as the author of a literary work which he never wrote."

74 Klagen gegen Falschzuschreibungen fremder Werke (*false attribution of authorship*) sind schon früh im anglo-amerikanischen Recht als begründet angesehen worden (vgl. für England *Lord Byrons v. Johnston*, 35 Eng.Rep.851 (1816) (Klage eines Dichters gegen die Veröffentlichung fremder Gedichte unter seinem Namen); für die USA als obiter dictum: *Clemens v. Belford, Clark & Co.*, 14 F.728,730f (C.C.N.D.Ill. 1883) (s.Fn.74).
Heute können sich Urheber gleich auf vier verschiedene Rechte berufen, um eine *false attribution* untersagen zu lassen (vgl. dazu insbesondere *Hathaway*, 30 ASCAP Copyright L.Symp. 121,138ff (1983)):
1.) Falschzuschreibungen können eine Verletzung des *right of privacy* sein. Vgl. aus der Rspr.: *D'Altomonte v. New York Herald Co.*, 154 App.Div.453 (N.Y.App.Div. 1913) (Veröffent-
(Fortsetzung...)

Das *Recht auf Werkintegrität* schützt das Interesse des Urhebers, sein Werk vor unbefugten Veränderungen durch Dritte zu bewahren. Ihm liegt die Vorstellung zugrunde, daß allein der Urheber über Gestalt und Aussage seines Werkes bestimmen können muß. Das Werk soll so erhalten bleiben, wie es der Urheber in Form, Gestaltung, Gedankeninhalt und ästhetischer Wirkung geschaffen hat. Die Zielsetzung des Rechts auf Werkintegrität ähnelt in gewissem Umfang der des Denkmalschutzrechts. Dennoch darf das eine nicht mit dem anderen verwechselt wer-

---

74 (...Fortsetzung)
lichung eines absurden Erlebnisberichts in Afrika unter dem Namen eines bekannten Afrikaforschers); *Ben-Oliel v. The Press Publishing Co.*, 251 N.Y.250, 167 N.E.432 (N.Y. 1929) (Veröffentlichung eines grob fehlerhaften Artikels über Palästina unter dem Namen einer bekannten Palästina-Forscherin); *Kerby v. Hal Roach Studios*, 53 Cal.App.2d 207, 127 P.2d 577 (Cal.1942) (Fingierter Brief mit sexuellen Anspielungen im Namen einer Schauspielerin); *Neyland v. Home Pattern Co.*, 65 F.2d 363 (2d Cir. 1933) (Klage eines Malers gegen die Zuschreibung eines nicht von ihm angefertigten Sofa-Designs).
2.) Haben Falschzuschreibungen beleidigenden Charakter, so kann sich ein Urheber hiergegen unter Berufung auf das Beleidigungsrecht *(tort of defamation)* zur Wehr setzen. Aus der Rspr.: *D'Altomonte v. New York Herald Co.*, aaO; *Ben-Oliel v. The Press Publishing Co.*, aaO; *Kerby v. Hal Roach Studios*, aaO; *Clevenger v. Baker Voorhis & Co.*, 8 N.Y.2d 187 (N.Y.App.Div. 1960) (Bezeichnung eines bekannten Juristen als *editor* eines Buches, an dem er nicht mitgearbeitet hat und das mehrere Fehler aufweist); *Gershwin v. Ethical Publishing Co.*, 166 Misc.39, 1 N.Y.S.2d 904 (N.Y.Supr.Ct. 1937) (Veröffentlichung eines medizinischen Werbeartikels über ein neues Produkt unter dem Namen eines angesehenen Arztes).
3.) Ferner können sich Urheber auf Sec.43(a) des Lanham Acts berufen, welcher gegen *false designation of origin* schützt (siehe dazu noch unten 2.Kap.,B,II,2,a,cc). Aus der Rspr.: *Benson v. Paul Winley Record Sales Corp.* 452 F.Supp.516 (S.D.N.Y. 1978) (Benutzung des Namens und Bildes des Jazz-Gitarristen George Benson für eine Schallplatte, auf der dieser nur untergeordnete Rolle spielte); *Follett v. New American Library*, 497 F.Supp.304 (S.D.N.Y. 1980) (Bezeichnung des Herausgebers eines Buches als Verfasser); *Rich v. RCA Corp.*, 390 F.Supp.530 (S.D.N.Y. 1975) (Benutzung eines aktuellen Photos des Sängers Charlie Rich für eine Schallplatte mit Aufnahmen, die 10-14 Jahre alt waren); *Yameta Co., Ltd. v. Capitol Records, Inc.*, 270 F.Supp.582 (Benutzung des Namens und Bildes des Gitarristen Jimi Hendrix für eine Schallplatte, auf der dieser nur untergeordnete Rolle spielte).
4.) Denkbar, wenngleich von der Rechtsprechung bislang nicht beschritten, ist schließlich auch ein Schutz durch das *right of publicity*. Vgl. aus der Lit.: *DaSilva*, 28 Bull.Copyright Soc'y USA, 1,43 (1980); *Kwall*, 38 Vanderbilt L.Rev. 1,23,Fn.81 (1985).

75 Durch das allgemeine Persönlichkeitsrecht; vgl. *Fromm/Nordemann/Hertin* § 10,40 und vor § 12,9; *Schricker/Dietz* § 13,11; *Dietz*, Droit Moral, S.118f; *Seetzen* S.55; *Krüger-Nieland*, FS-Hauß, S.215, 224; *Neumann-Duesberg* JR 1967,441,443f; ders. NJW 1971,1640, 1641; ders. UFITA 50 (1967), 464, 465f.

den[76]: Das Denkmalschutzrecht dient der Erhaltung kulturell bedeutsamer Werke im Allgemeininteresse, das Recht auf Werkintegrität dem Schutz der Beziehung Urheber-Werk im Urheberinteresse. Durch die Ausübung des Rechts auf Werkintegrität wird zwar häufig als Reflexwirkung auch das Werk in seinem Originalzustand erhalten. Dies muß aber nicht so sein, denn der Urheber kann sein Werk grundsätzlich[77] jederzeit selbst verändern oder zerstören oder Veränderungen oder Zerstörungen durch Dritte gestatten. Es ist daher dogmatisch unbefriedigend, wenn - was insbesondere in Ländern mit langer Schutzdauer für Urheberpersönlichkeitsrechte vorkommt - denkmalschützerische Aspekte mit dem Urheberpersönlichkeitsrecht vermischt werden[78] oder - was in den USA zu beobachten ist[79] - denkmalschützerische Zielsetzungen als Begründung für die Notwendigkeit eines Urheberpersönlichkeitsrechts angeführt werden. Das Recht auf Werkintegrität ist kein individualisiertes Denkmalschutzrecht im Allgemeininteresse, sondern dient dem Schutz der Beziehung Urheber-Werk im Urheberinteresse[80]. Das Interesse des Urhebers an der Werkintegrität wird auch durch die Zerstörung des Werkes beeinträchtigt. Diese Aussage mag zunächst selbstverständlich erscheinen, denn die Vernichtung eines Werkes ist im Ergebnis die stärkste aller Werkveränderungen. Sie ist jedoch notwendig angesichts der Tatsache, daß nach den meisten Urhebergesetzen der Welt die Vernichtung eines Werkes vom Urheber nicht untersagt werden kann. Dieser Mangel an tatsächlichem Rechtsschutz

---

76 Vgl. zum Unterschied zwischen Urheberpersönlichkeitsrecht und Denkmalschutzrecht auch *Schricker/Dietz* vor § 12,34f; *Dietz* S.188ff; *Ruzicka* S.106ff, 208ff; *Schilcher* S.18ff; *Ulmer* § 79,II,2 und 3;; *Schack* GRUR 1983,56,59f und GRUR 1985,352,360. - Auch die Begründung des Regierungsentwurfes betont: "Die Erhaltung kulturell wertvoller Kunstwerke ist nicht Aufgabe des privatrechtlichen Urheberrechts, sondern des zum Gebiet des öffentlichen Rechts gehörenden Denkmalschutzes." (BT-Drucks. IV/270,S.45).

77 Es sei denn, es bestehen dingliche oder schuldrechtliche Rechte eines Dritten an dem zu verändernden Werkstück.

78 Bei Urheberrechtsgesetzen, die von einem "ewigen" Urheberpersönlichkeitsrecht ausgehen, finden sich häufig Bestimmungen, daß das Urheberpersönlichkeitsrecht nach dem Tod des Urhebers oder seiner Angehörigen von staatlichen Behörden ausgeübt werden soll (z.B. Brasilien, Dänemark, Equador, Frankreich, Italien, Portugal und die ehemaligen sozialistischen Staaten; für das deutsche Recht ebenfalls gefordert von *Hubmann*, UrhR, § 8 V 1 c; *Grohman* S.136ff; *Elster*, GRUR 1928,34,35).

79 Vgl. *Amarnick*, 29 ASCAP Copyright L.Symp.31,38; *Diamond*, 69 Trademark Rep.244,249 (1978); *Katz*, 24 S.Cal.L.Rev.375,405 (1951); *Kilgore*, 6 Univ.Miami Ent. & Sports L.Rev.87,96 (1989); *Merryman*, 27 Hastings L.J.1023,1040ff (1976). - Vgl. noch unten 2.Kap.,A,IV.

80 Vgl. ausführlicher zur Schutzrichtung des Urheberpersönlichkeitsrecht unten 3.Kap.,A,III.

darf nicht darüber hinwegtäuschen, daß das Interesse des Urhebers am Erhalt seines Werkes bei einer Werkvernichtung prinzipiell ebenso beeinträchtigt wird wie bei einer Werkveränderung.

Voraussetzungen und Ausmaß des Schutzes dieser drei typisch urheberpersönlichkeitsrechtlichen Interessen sollen im folgenden vergleichend im amerikanischen und deutschen Recht untersucht werden.

VII. ERGEBNIS ZUM 1. KAPITEL

Bis zur Mitte des 18. Jahrhunderts verlief in England und Deutschland die Entwicklung von einem Buchdruck-Privilegienwesen hin zur Anerkennung eines originären Urheberrechts weitgehend parallel. Mitte des 18. Jahrhunderts legten sich jedoch in England Gesetzgebung und Rechtsprechung auf ein allgemeinwohlorientiertes, nicht naturrechtlich begründetes Urheberrechtskonzept fest. Dieses wurde in den USA nach der Erlangung der Unabhängigkeit übernommen. Aufgrund der frühen gesetzlichen und richterlichen Festlegung auf ein bestimmtes Urheberrechtsverständnis blieben die USA von den persönlichkeitsrechtlichen Urheberrechtsinterpretationen des 19. Jahrhunderts in Kontinentaleuropa und der hieraus folgenden Herausarbeitung eines Urheberpersönlichkeitsrechts weitgehend unberührt.

2. KAPITEL: DER SCHUTZ URHEBERPERSÖNLICH-KEITSRECHTLICHER INTERESSEN NACH AMERIKANISCHEM RECHT

A. Urheberpersönlichkeitsschutz im amerikanischen Urheberrecht

Aus dem geschichtlichen Überblick wird ersichtlich, daß das Copyright in den USA traditionell als ein zeitlich begrenztes gewerbliches Monopolrecht angesehen wird, das Urhebern im öffentlichen Interesse als Anreiz zur schöpferischen Produktion gewährt wird. Ein solches utilitaristisches Urheberrechtsverständnis ist mit den naturrechtlich begründeten, stärker auf die Urheberperson bezogenen kontinentaleuropäischen Urheberrechtsvorstellungen und insbesondere der Idee eines Urheberpersönlichkeitsrechtes prinzipiell unvereinbar. Es fragt sich allerdings, ob das amerikanische Urheberrecht dennoch im Einzelfall auch nichtvermögensrechtliche Interessen des Urhebers unter Schutz stellt. Zunächst soll hierbei das Urheberrecht, wie es bis zur Urheberrechtsreform von 1976 bestanden hat, und anschließend die sich hieran anschließenden Rechtsänderungen untersucht werden.

I. DAS URHEBERRECHT BIS 1978

Bis zu der am 1.1.1978 in Kraft getretenen grundlegenden Reform des Copyright Acts von 1976 behielt das amerikanische Urheberrecht die seit der Entscheidung *Donaldson v. Becket* aus dem Jahre 1774 überlieferte Unterscheidung zwischen dem *common law*-Urheberschutz vor und dem gesetzlichem Urheberrechtsschutz nach Werkveröffentlichung bei. *Common law-* und Gesetzesschutz unterschieden sich dabei in Schutzherleitung und Schutzumfang grundlegend.

1.) Das gesetzliche Urheberrecht (statutory copyright)

Der bis zum 1.1.1978 gültige Copyright Act von 1909 ging wie die englische Statute of Anne aus dem 18.Jahrhundert von einem rein utilitaristischen Urheber-

rechtsverständnis aus[1]. Schon die Eingangsvorschrift, Sec.1 des Copyright Acts von 1909, machte deutlich, daß dem Urheber der Urheberrechtsschutz nicht allein kraft seines Schöpfungsaktes zustand, sondern von ihm durch Einhaltung bestimmter Voraussetzungen erworben werden mußte:
"Any person entitled thereto, *upon complying with the provisions of this title*, shall have the right to ...."[2].
Erworben wurde das Copyright durch eine den gesetzlichen Vorschriften entsprechende Veröffentlichung (*publication*)[3]. Eine Veröffentlichung entsprach nur dann den Voraussetzungen des Copyright Acts, wenn der Urheber an jedem Werkstück eine bis ins Detail festgelegte[4] "Copyright Notice" anbrachte[5]. Tat er dies nicht, so fiel sein Werk - manchmal schon wegen geringer Abweichungen[6] - von Beginn an ins "public domain", d.h. es wurde gemeinfrei[7].

---

1 S. die Äußerungen des *House Report* oben 1.Kap.,IV.

2 Hervorhebungen durch Verf. - Vgl. auch Sec.9 Copyright Act 1909: "The author ... of any work *made the subject of copyright by this title* ... shall have the copyright for such work *under the conditions* and for the terms specified in this title." (Hervorhebungen ebenfalls durch Verf.).

3 Sec.10 Copyright Act 1909.

4 Die Detailfreude der Sec.19f Copyright Act 1909 nahm geradezu groteske Züge an: Die Copyright Notice sollte bestehen entweder aus dem Wort "Copyright" oder der Abkürzung "Copr." oder einem eingekreisten C-Symbol, daran angeschlossen der Name des Copyright-Inhabers, bei Druck-, Musik- oder dramatischen Werken darüberhinaus unter Angabe des Erstveröffentlichungsjahres. Die Angaben mußten bei Schriftwerken auf der Titelseite oder der ersten Seite plaziert sein. Bei Karten, Kunstwerken, Zeichnungen, Drucken oder Lichtbildwerken konnte nach dem eingekreisten C statt des Namens auch nur die Initialen o.ä. des Urhebers angegeben werden, allerdings nur, wenn an anderer Stelle auf dem Werkstück der volle Name zusätzlich zu finden ist. Ausnahmen hiervon galten wiederum für Werke, die vor 1909 veröffentlicht worden waren.

5 Sec.10 Copyright Act 1909; s. hierzu grundsätzlich *Nimmer* § 4.08[A], S.41ff.
Nach Sec.21 Copyright Act 1909 führte das unverschuldete Anbringen einer fehlerhafte oder gar keiner Copyright-Angabe bei einigen Werkstücken jedoch nicht zu einer völligen Versagung des Copyrights, sondern nur zu einer weitgehenden Einschränkungen des Rechtsschutzes gegen Verletzer. Dies galt allerdings nicht für fahrlässige Fehler des Urhebers; vgl. *Sieff v. Continental Auto Supply, Inc.*, 39 F.Supp. 683 (D.Minn. 1941).

6 Vgl. z.B. *J.A.Richards, Inc. v. New York Post, Inc.*, 23F.Supp. 619 (S.D.N.Y. 1938), wo die Copyright Notice auf dem Rückblatt und nicht auf der Frontseite eines kurzen Pamphletes abgedruckt war.

7 Folglich kam der Frage, was als Veröffentlichung des Werkes gilt und was nicht, erhebliche Bedeutung zu. Der Gesetzgeber des Copyright Act 1909 hielt eine allgemeingültige Definition des
(Fortsetzung...)

Auch wenn der Urheber auf diese Weise Inhaber eines Copyrights geworden war, konnte er gegen Verletzungen seines Rechtes nur dann vorgehen, wenn er bald[8] nach der Veröffentlichung zwei Werkstücke beim Copyright Office hinterlegt hatte und sein Werk hatte registrieren lassen[9]. Der so erworbene Urheberrechtsschutz belief sich auf 28 Jahre und konnte unter der Voraussetzung, daß ein entsprechender Antrag ein Jahr vor Ablauf der ersten Urheberrechtsschutzfrist beim Copyright Office gestellt wurde, ein weiteres Mal für 28 Jahre verlängert werden[10].

All diese zu beachtenden Förmlichkeiten zur Erlangung des Urheberschutzes machen deutlich, daß der Copyright Act von 1909 sich nicht wesentlich von dem allgemeinwohlbezogenen Urheberrechtsverständnis der Statute of Anne abhob. Ein naturrechtliches oder gar persönlichkeitsrechtliches Urheberrechtsverständnis war dem Copyright Act von 1909 fremd.

a) Insbesondere: Das Right of Renewal

Dennoch ist bereits im Copyright Act von 1909 eine unauffällige, aber bemerkenswerte Bestimmung enthalten, die ihrem Wesen nach nicht dem öffentlichen

---

7 (...Fortsetzung)
Wortes "publication" für zu schwierig und überließ die genaue Grenzziehung der Rechtsprechung. Die Entscheidungen zu diesem Problemkreis sind fast unüberschaubar; vgl. z.B. *Ferris v. Frohman*, 223 U.S.424 (1912); *Demille v. Casey*, 12 Misc.78, 201 N.Y.S.20 (N.Y.Sup.Ct. 1923); *Morton v. Raphael*, 334 Ill.App. 399, 79 N.E.2d 522 (App.Ct.Ill. 1948); *Stanley v. Columbia Broadcasting System*, 35 Cal. 2d 653,221 P.2d 73, 86 USPQ 520 (Cal.Sup.Ct. 1950); *White v. Kimmell*, 193 F.2d 774, 92 USPQ 400 (9th Cir.1950); *Rushton v. Vitale*, 218 F.2d 434,104 USPQ 158 (2d Cir. 1955); *King v. Mister Maestro, Inc.* 224 F.Supp. 101, 140 USPQ 266 (S.D.N.Y. 1963) (Fall um die berühmte Rede Martin Luther Kings "I have a dream") und *Burke v. National Broadcasting Co.*, 598 F.2d 688 (1st Cir. 1979) (Fall um einen Film des deutschen Tierforschers Prof.Grzimek).
Vgl. nunmehr die Definition für "publication" in Sec.101 des Copyright Acts von 1976.

8 Das Wort "bald" ("promptly") wurde allerdings von den Gerichten recht großzügig ausgelegt; vgl. *Shapiro, Bernstein & Co. v. Jerry Vogel Music Co.*, 161 F.2d 406 (2d Cir. 1946), wo sogar eine um 27 Jahre verspätete Hinterlegung ausreichte.

9 Sec.13 Copyright Act 1909; aus der Rspr.: *Vacheron & Constantin-Le Coultre Watches, Inc. v. Benrus Watch Co.*, 260 F.2d 637; 119 USPQ 189 (2d Cir. 1958); *Imperial Toy Corp. v. Ben Cooper, Inc.*, 185 USPQ 453 (C.D. Cal. 1975).

10 Sec.24 Copyright Act 1909.

Wohl, sondern allein dem persönlichen Schutz des Urhebers zu dienen scheint: Das *right of renewal* (Erneuerungsrecht). Nach Sec.24 CopA 1909 hatte der Urheber das Recht, nach Ablauf der ersten 28-jährigen Schutzfrist den Urheberrechtsschutz durch Ausübung seines *right of renewal* um weitere 28 Jahre zu verlängern[11]. Mit der Ausnahme von Sammelwerken und Werken, die im Rahmen eines Dienstverhältnisses erstellt worden waren (sog. *works made for hire*[12])[13], durfte dieses Erneuerungsrecht nur vom Urheber selbst bzw., nach seinem Tode, von seinen nächsten Angehörigen oder, wenn keine Angehörigen vorhanden waren, von seinen Erben wahrgenommen werden. Das Recht verblieb auch dann beim Urheber, wenn dieser sein Copyright vollständig an Dritte übertragen hatte[14]. Nahm der Urheber sein Erneuerungsrecht war, so war *er* - und nicht der bis zum Zeitpunkt der Ausübung des *right of renewals* berechtigte Copyright-Inhaber - wieder im Besitz sämtlicher Copyright-Rechte.

Diese Bestimmung des Copyright Acts 1909 ist insofern von Bedeutung, als mit ihr das amerikanische Urheberrecht ebenfalls das Bestehen eines Bandes zwischen dem Urheber und seinem Werk anzuerkennen schien, das auch nach der Übertragung sämtlicher Vermögensrechte bestehen blieb. Lag hier vielleicht doch der Keim einer persönlichkeitsrechtlichen Komponente des amerikanischen Urheberrechts verborgen?

Eine genauere Analyse zeigt jedoch, daß das *right of renewal* zwar ein Ausnahmerecht im Copyright Act darstellt, in ihr aber keineswegs die Anerkennung eines urheberpersönlichkeitsrechtlichen, d.h. eines geistig-persönlichen Bandes zwischen Urheber und Werk lag.

Das Erneuerungsrecht besaß insofern Ausnahmecharakter, als es dem Urheber selbst dann erhalten blieb, wenn er sein Copyright bereits vollständig an Dritte übertragen hatte. Es gehörte folglich inhaltlich nicht zu den Copyright-Rechten. Dieser Umstand stellte sich in der Praxis bei der Werkverwertung als außerordentlich hinderlich heraus. Eine Filmproduktionsfirma war z.B. kaum bereit, die

---

11 Schon in der Statute of Anne von 1709 war in Art.XI ein solches Erneuerungsrecht des Urhebers vorgesehen.

12 S. dazu noch unten 2.Kap.,A,V.

13 Hier durfte das Erneuerungsrecht vom jeweiligen Copyright-Inhaber ausgeübt werden. Da das Copyright in den USA frei übertragbar ist (vgl. Sec.42 Copyright Act 1909; Sec.201(d) CopA 1976), sind Copyright-Inhaber und Werkurheber häufig nicht identisch ist.

14 Vgl. *Fisher Music Co. v. Wirmark & Sons*, 318 U.S. 643,653f, 87 L.Ed. 1055,1062 (1943); *Bricker*, 29 S.Cal.L.Rev.23,32 (1955).

Filmrechte an einem Werk zu kaufen, von denen sie wußte, daß sie nach vielleicht 5 oder 10 Jahren aufgrund einer Ausübung des Erneuerungsrechts durch den Urheber an diesen zurückfallen würden[15]. Diese Konsequenz vor Augen, entschied daher der amerikanische Supreme Court bereits im Jahre 1943, daß der Urheber sein Erneuerungsrecht zwar nicht durch eine Übertragung des Copyright verliere, er dieses aber gleichwohl gesondert und als eigenständiges Recht an Dritte übertragen könne[16]. Ein unübertragbares, höchstpersönliches Recht im Sinne eines deutschen Persönlichkeitsrechts war das Erneuerungsrecht folglich nicht.

Darüber hinaus diente das *right of renewal* auch nicht dem Schutz ideeller oder persönlicher Bindungen des Urhebers an sein Werk, sondern allein seinen vermögensrechtlichen Interessen. Sinn und Zweck des Rechts war es, dem Urheber und seiner Familie eine "zweite Chance" zu geben, sein Werk nochmals - mögli-

---

15 Die Frage, was mit dem Urheberrecht an einer Werkbearbeitung geschieht, wenn das Copyright an dem der Bearbeitung zugrunde liegenden Werk aufgrund der Ausübung des Erneuerungsrechts wieder an den Urheber zurückfällt, gehört bis heute zu den umstrittensten Themen im Bereich des *right of renewal*. Vgl. *Steward v. Abend*, 110 S.Ct. 1750, 109 L.Ed. 184 (1990); *Russell v. Price*, 612 F.2d 1132 (9th Cir. 1979); *Rohauer v. Killian Shows, Inc.*, 551 F.2d 484; *G.Ricori & Co. v. Paramount Pictures, Inc.*, 189 F.2d 469 (2d Cir. 1951); *Jaszi*, 28 UCLA L.Rev.715 (1981).

16 *Fred Fisher Co. v. Witmark & Sons*, 318 U.S.643, 87 L.Ed.1055 (1943). Das Gericht kam nach einer eingehenden Analyse des historischen englischen und amerikanischen Rechts mit 5 gegen 3 Stimmen zu dem Ergebnis, daß zum Zeitpunkt der Gesetzgebung im Jahre 1909 die Rechtsprechung die Abtretung des *right of renewal* zugelassen habe und daß der Gesetzgeber nicht zu erkennen gegeben habe, daß er von dieser Rechtslage habe abweichen wollen. Die Entscheidung wurde bestätigt in *Miller Music Corp. v. Charles N. Daniels, Inc.*, 362 U.S.373, 4 L.Ed.2d 804, 80 S.Ct.792, 125 USPQ 147 (1960). Siehe dazu auch *Bricker*, 29 S.Cal.L.Rev.23,31ff (1955) und *Kupferman*, 44 Columbia L.Rev.712,719ff (1944).
Nachfolgende Urteile entschieden allerdings, daß die Abtretung des Erneuerungsrechts durch den Urheber nur dessen eigenes, nicht hingegen das - im Falle seines Todes eintretende - Erneuerungsrecht seiner Angehörigen erfasse. Hatte eine Copyright-Inhaber somit das Erneuerungsrecht vom Urheber erworben und starb dieser Urheber vor der Ausübung des Rechts, so konnte der Copyright-Inhaber nur dann das Erneuerungsrecht wahrnehmen, wenn er zudem das Erneuerungsrecht der Angehörigen des Urhebers erworben hatte (Vgl. *De Sylvia v. Ballentin, 351 U.S.570, 76 S.Ct.974, 100 L.Ed.1415, 109 USPQ 431 (1956)*; Miller Music Corp. v. Daniels, Inc., *362 U.S.373, 80 S.Ct.792, 4 L.Ed.2d 804 (1960)*; Bartok v. Boosey & Hawkes,Inc., 523 F.2d 941, 187 USPQ 529 (2d Cir. 1975); *Capano Music v. Myers Music, Inc.*, 605 F.Supp.692 (S.D.N.Y. 1985)).

cherweise gewinnbringender - zu verwerten¹⁷. Da sich der angemessene Verwertungswert eines Copyright regelmäßig erst mit Ablauf einer gewissen Zeit bestimmen läßt, sollte dem Urheber die Möglichkeit gegeben werden, nach 28 Jahren über die Vergabe des Copyright neu zu entscheiden und möglicherweise einen höheren Gegenwert zu erhalten. Das Erneuerungsrecht diente somit dem Zweck, eine angemessene Beteiligung des Urhebers an der Verwertung seines - möglicherweise erst nach einigen Jahren bekannt gewordenen - Werkes zu garantieren. In dieser Zielsetzung entspricht es eher dem europäischen Folgerecht (*droit de suite*)¹⁸ als einem Urheberpersönlichkeitsrecht.

Bis 1978 enthielt das amerikanische Urheberrecht daher keinerlei Schutz urheberpersönlichkeitsrechtlicher Interessen des Urhebers. Hauptzielsetzung des Copyright Acts war die Förderung der Schaffung und Verbreitung von Kulturgut durch Gewährung eines zeitlich begrenzten Monopolrechts. Eine naturrechtliche Anerkennung des Urheberrechts wurde ausdrücklich¹⁹ abgelehnt.

2.) Der Urheberrechtsschutz nach common law copyright

Da der gesetzliche Urheberrechtsschutz in den USA bis 1978 erst mit der Veröffentlichung (*publication*) und nicht mit der Schöpfung (*creation*) des Werkes einsetzte, bestand für den Zeitraum zwischen *creation* und *publication* weiterhin eine gesetzliche Regelungslücke, in der das einzelstaatliche *common law* Anwendung finden konnte und nach Sec.2 des Copyright Acts auch sollte²⁰. Bis zur Veröffentlichung des Werkes konnte der Urheber daher zum Schutze seiner Werke auf das *common law copyright* zurückgreifen, wie es sich in der Recht-

---

17 *Steward v. Abend*, 110 S.Ct.1750, 109 L.Ed.2d 184 (1990); *Sylva v. Ballentine*, 351 U.S.570,582 (1956); *Bricker*, 29 S.Cal.L.Rev.23,27 (1955). Vgl. auch den House Report zum Copyright Act 1909, House Report No.60-2222, S.14 (1909).

18 Vgl. für das deutsche Recht § 26 UrhG.

19 S. die Stellungnahme des *House Report* zum Copyright Act von 1909, wiedergegeben oben in 1.Kap.,VI.

20 Sec.2 des Copyright Acts von 1909 lautete: "Nothing in this title shall be construed to annul or limit the right of the author or proprietor of an unpublished work, at common law or in equity, to prevent the copying, publication, or use of such unpublished work without his consent, and to obtain damages therefor."

sprechung seit der frühen englischen Entscheidung *Millar v. Taylor*[21] weiterentwickelt hatte. Er hatte das Recht, jede unbefugte Erstveröffentlichung seines Werkes zu untersagen[22]. Dieses Recht war zeitlich unbegrenzt[23] und ging nach dem Tode des Urhebers auf dessen Erben über. Damit genoß der Urheber in den USA bis zum Inkrafttreten des neuen Urheberrechtsgesetzes von 1976 unter Berufung auf sein *common law copyright* einen umfassenden Veröffentlichungsschutz[24].

Im Gegensatz zum *statutory copyright* des Copyright Acts von 1909 dominierte im *common law copyright* weiterhin das in der Entscheidung *Millar v. Taylor* zum Ausdruck gebrachte naturrechtliche Verständnis vom Urheberrecht[25]. Dogmatisch stand es einem allgemeinen Persönlichkeitsrecht, dem amerikanischen *right of privacy*, näher als einem Eigentumsrecht[26]. Dies zeigt sich u.a. daran, daß der gewährte Veröffentlichungsschutz - wie später auch in Deutschland[27] - nicht von einer besonderen urheberrechtlichen Gestaltungshöhe abhängig gemacht wurde, sondern jeder gedanklichen Äußerung gleichermaßen galt. Eine Parallele zur deutschen Rechtsentwicklung bestand auch insofern, als, ähnlich wie der BGH in seiner Leserbrief-Entscheidung[28] das allgemeine Persönlichkeitsrecht aus dem Urheberpersönlichkeitsrecht entwickelte, auch in den USA das allgemeine *right of*

---

21 Vgl. dazu bereits oben 1.Kap.,III.

22 Vgl. *Bartlett v. Crittenden*, 2 Fed.Cas.967, No.1076 (C.C.Ohio 1849); *Palmer v. DeWitt*, 47 N.Y.532 (New York 1872); *Pushman v. New York Graphic Coc., Inc.*, 287 N.Y.302, 39 N.E.2d 249 (N.Y.Ct.App. 1942); *Chamberlain v. Feldman*, 300 N.Y.135, 89 N.E.2d 863, 84 USPQ 148 (N.Y.Ct.of Appeals 1949).

23 So bereits ausgedrückt durch *Lord Mansfield* in der Entscheidung *Millar v. Taylor* 98 Eng.Rep. 201,251, 4 Burr 2303,2397: "The property of the copy ... may equally go down from generation to genration, and possibly continue forever."
Vgl. auch *DaSilva* S.40.

24 Vgl. daher zum *common law copyright* auch unten bei der Erörterung des Veröffentlichungsrechts 2.Kap.,B,I.

25 *DaSilva*, 28 Bull.Copyright Soc'y USA 1,39f (1980).

26 Hierzu ausführlich *Warren/Brandeis*, 4 Harv.L.Rev.193,198ff (1890).

27 BGHZ 13,334,337f - Leserbrief.

28 BGHZ 13,334,339 - Leserbrief.

privacy zum Ende des 19. Jahrhunderts aus den bereits bestehenden Grundsätzen zum *common law copyright* abgeleitet wurde[29]. Insofern war das *common law copyright* bis 1978 das Rechtsinstitut des amerikanischen Rechts, das sich am weitesten einem persönlichkeitsrechtlichen Urheberrechtsverständnis annäherte.

Bis 1978 war das amerikanische Urheberrecht daher zweigeteilt: Neben dem gesetzlichen Urheberrecht, das nur Vermögensrechte des Urhebers und diese im wesentlichen nur im Interesse der Allgemeinheit schützte, stand das naturrechtlich begründete *common law copyright* mit einem persönlichkeitsrechtlich ausgerichteten Veröffentlichungsschutz. Dies sollte sich mit Inkrafttreten des Copyright Acts von 1976 ändern.

II. DER COPYRIGHT ACT VON 1976

Am 1. Januar 1978 trat der - mit einigen Amendments bis heute gültige - Copyright Act von 1976 in Kraft[30]. Der Verabschiedung dieses Gesetzes waren langjährige und umfangreiche Reformarbeiten vorausgegangen[31]. Eines der wesentlichen Ziele der Gesetzesreform war es, das amerikanische Urheberrecht stärker in Einklang mit den Bestimmungen der Revidierten Berner Urheberrechtsübereinkunft (RBÜ) zu bringen, um langfristig einen Beitritt der USA zur RBÜ zu ermöglichen.

---

29 *Warren* und *Brandeis* beriefen sich in ihrem berühmten, erstmalig ein allgemeines *right of privacy* propagierenden Artikel "The Right to Privacy" (4 Harv.L.Rev.193,198ff, insbesondere 205 (1890)) ausdrücklich auf die anglo-amerikanische Rechtsprechung zum *common law copyright*, insbesondere die Entscheidung *Millar v. Taylor*.

30 Title 17 U.S.C., 90 Stat. 2541ff, Public Law 94-553; deutsche Übersetzung des Gesetzestextes in *Nordemann/Roeber*, S.317ff.

31 Forderungen nach einer Reform des Urheberrechts wurden bereits in den 30er Jahren laut (vgl. z.B. *Note*, Revision of the Copyright Law, 51 Harv.L.Rev.906 (1938)). 1955 beauftragte der Kongreß das Copyright Office mit einer Studie zur Generalrevision des Copyright Acts. Das Office legte daraufhin 1961 einen umfangreichen *Report of the Register of Copyrights on the General Revision of the U.S. Copyright Law* vor, der jeweils 1965 und 1975 weiter ergänzt wurde. - Vgl. zur Geschichte des Copyright Acts von 1976 die Ausführungen des *House Report* No.94-1476, S.47ff; über die Annäherung des U.S.-Rechts an die RBÜ insbesondere *Nimmer*,19 Stanford L.R.499ff (1967).

1.) Änderungen im Gesetzesrecht

Nach dem Copyright Act von 1976 setzt der Urheberrechtsschutz in den USA nicht mehr erst mit der Veröffentlichung, sondern bereits mit der Schöpfung des Werkes ein[32]. Mit dieser Angleichung des amerikanischen Gesetzesrechts an die europäische Urhebergesetzgebung wurde die Gesetzeslücke, die vor 1978 für die Zeit zwischen Schöpfung und Veröffentlichung zur Anwendung des *common law* geführt hatte, geschlossen. Der naturrechtlich begründete und am ehesten kontinentaleuropäischen Urheberrechtsvorstellungen entsprechende Urheberschutz des *common law* fand daher mit dem Inkrafttreten des Copyright Acts von 1976 am 1.1.1978 sein Ende. Seither richtet sich der Urheberrechtsschutz wie in Deutschland bundeseinheitlich nach Gesetzesrecht[33].

Nach dem Copyright Act von 1976 endet der Urheberrechtsschutz nunmehr grundsätzlich 50 Jahre nach dem Tode des Urhebers[34]. Die Notwendigkeit der Copyright-Notice wurde abgeschwächt[35], das Erfordernis einer Hinterlegung von Werkstücken abgeschafft[36], eine Registrierung des Copyrights allerdings zur Voraussetzung für eine Verletzungsklage erklärt[37]. Das Erneuerungsrecht des Urhebers wurde in ein Beendigungsrecht (*termination of transfers*) umgewandelt,

---

32 Vgl. Sec. 302(a) Copyright Act 1976: "Copyright in a work created on or after January 1, 1978, subsists from its creation ...".

33 Vgl. Sec.301(a): " On and after January 1, 1978, all legal or equitable rights that are equivalent to any of the exclusive rights within the general scope of copyright ..., whether created before or after that date and whether published or unpublished, are governed exclusively by this title. Thereafter, no person is entitled to any such right or equivalent right in any such work under the common law or statutes of any State."
Auch für Werke, die zur Zeit des Inkrafttretens des neuen Gesetzes am 1.Januar 1978 unter *common law*-Schutz standen, d.h. die zwar schon erschaffen aber noch nicht veröffentlicht waren, sieht Sec.303 des Copyright Acts von 1976 ausdrücklich vor, daß ihr *common law*-Schutz durch den gesetzlichen Schutz ersetzt wird.

34 Vgl. ebenfalls Sec.302(a): "... and ... endures for a term consisting of the life of the author an fifty years after the author's death."

35 Sec.401ff Copyright Act 1976. Die Kennzeichnung konnte insbesondere innerhalb von fünf Jahren nach der Veröffentlichung nachgeholt werden (Sec.405 CopA 1976).

36 Sec.407(a) a.E. Copyright Act 1976.

37 Sec.411f Copyright Act 1976.

nach dem der Urheber[38] in der Zeit zwischen dem 35. und dem 40. Jahr nach der Veröffentlichung des Werkes die Übertragung des Urheberrechts widerrufen und damit erneut Inhaber des Urheberrechts werden kann[39].

Die Urheberrechtsreform von 1976 näherte damit das amerikanische Recht an die naturrechtlich ausgerichteten Urhebergesetze Kontinentaleuropas und der RBÜ an, ohne allerdings dabei das utilitaristische Grundverständnis des Urheberrechts grundsätzlich in Frage zu stellen. Die Annäherung betraf vor allem die Vorverlegung des Schutzbeginns auf den Zeitpunkt der Schöpfung des Werkes und die Lockerung der einzuhaltenden Formalien.

Mit Blick auf einen persönlichkeitsrechtlichen Urheberschutz bedeutete der Act von 1976 insofern einen Rückschritt, als das am ehesten persönlichkeitsrechtlichen Grundsätzen nahe kommende *common law copyright* endgültig verdrängt wurde. Ein Schutz urheberpersönlichkeitsrechtlicher Interessen wurde trotz der klaren Vorgabe des Art.6bis RBÜ nicht in den Copyright Act aufgenommen. Es fehlte daher auch nach der Urheberrechtsreform von 1976 an einer allgemeinen Anerkennung urheberpersönlichkeitsrechtlicher Interessen durch den amerikanischen Gesetzgeber.

2.) Insbesondere: Sec.115(a)(2) CopA

Allerdings gilt diese Feststellung nur mit einer interessanten Ausnahme. Sie betrifft Sec.115 Copyright Act 1976. Nach dieser Vorschrift ist der Urheber eines Musikwerks, das mit seiner Genehmigung auf einem Tonträger erschienen ist, verpflichtet, auch anderen Tonträgerproduzenten eine Lizenz zur Herstellung und Verbreitung von weiteren Tonträgern mit seinem Werk zu erteilen (sogenannte *compulsory license*). Im Rahmen dieser Zwangslizenz sieht Sec.115(a)(2) Copyright Act 1976 vor:

"A compulsory license includes the privilege of making a musical arrangement of the work to the extent necessary to conform it to the style or manner of interpretation of the performance involved, *but the arrangement shall not change the basic melody or fundamental character of the work* ..."[40]

---

38 Oder seine Angehörigen; vgl. Sec.203(a)(2) Copyright Act 1976.

39 Sec.203 und 304 Copyright Act 1976.

40 Hervorhebungen durch Verf.

Sinn der Sec.115(a)(2) Copyright Act 1976 ist es, den Urheber, der von einem *compulsory licensing* erfaßt wird und daher selbst keinen Einfluß auf die Darbietung seines Werkes auf dem Tonträger hat, davor zu schützen, daß seine Musik ohne seine Zustimmung vollkommen entstellt wird. Damit erkannte der amerikanische Gesetzgeber in Sec.115(a)(2) Copyright Act 1976 erstmals in der amerikanischen Urheberrechtsgeschichte - wenngleich auch nur im Rahmen des *compulsory licensing*[41] - an, daß ein Urheber neben vermögensrechtlichen auch ein berechtigtes ideelles Interesse an seinem Werk haben kann, das Interesse am Erhalt der Werkintegrität[42].

III. DER BERNE CONVENTION IMPLEMENTATION ACT VON 1988

Im Oktober 1988 vollzogen die Vereinigten Staaten durch die Verabschiedung des Berne Convention Implementation Acts (BCIA)[43] einen weiteren Schritt, um ihr Recht endgültig den Vorgaben der RBÜ anzugleichen und einen Beitritt zu ermöglichen[44]. Auch diesem Gesetz gingen umfangreiche Anhörungen und engagierte Diskussionen der betroffenen Interessengruppen voraus[45]. In einer Kom-

---

41 *Compulsory licensing* sieht der Copyright Act 1976 auch in Sec.111(c) für die zeitgleiche Kabelweiterverbreitung von Rundfunksendungen vor. Auch hier schreibt Sec.111(c)(3) vor, daß die Rundfunksendung - mit der Ausnahme der Werbespots - nicht verändert werden darf; ähnlich in Sec.111(e)(1)(B) für die nicht zeitgleiche Kabelweiterverbreitung.

42 Angesichts der Neuartigkeit des in Sec.115(a)(2) Copyright Act 1976 gewährten Rechts überrascht die lapidare Begründung des *House Report*, es gebe schlicht ein "praktisches Bedüfnis" für ein solches Schutzrecht: "The second clause of subsection (a) is intended to recognize the practical need for a limited privilege to make arrangements of music beeing used under compulsory license, but without allowing the music to be perverted, distorted, or travestied." (*House Report* No.94-1476, S.109).

43 Public Law 100-568; 102 Stat.2853 vom 31.Oktober 1988, in Kraft getreten am 1.März 1989.

44 Vgl. ausführlicher zum BCIA *Baumgarten/Meyer* GRUR Int.1989,620; *Dietz* GRUR Int.1989,627ff; *Ginsburg/Kernochan*, 13 Columbia-VLA J.Law & Arts 1ff (1988); *Nordemann/-Scheuermann* GRUR Int.1990,945; *Peifer* ZUM 1993,325,328ff.

45 Eine erste umfangreiche Anhörung vor dem Senate Judiciary Committee erfolgte bereits am 16. Mai 1985 und 15. April 1986. Weitere Anhörungen wurden in mehreren Sitzungen von Juni 1987 bis Februar 1988 vor dem House Subcommittee on Courts, Civil Liberties, and the Administration of Justice sowie im Februar und März 1988 vor dem Senate Subcommittee on Patents,
(Fortsetzung...)

promißformel kam man schließlich überein, den Copyright Act von 1976 in Wege eines sog. "minimalist approach" nur so weit zu ändern, wie es für die Mitgliedschaft in der RBÜ unbedingt erforderlich war[46]. Diese Änderungen betrafen wegen des in Art.5 II RBÜ aufgestellten Grundsatzes der Freiheit von Förmlichkeiten vor allem die auch nach der Reform von 1976 verbliebenen Bestimmungen über einzuhaltende Formalitäten wie die "Copyright-Notice"[47] und die Copyright-Registrierung[48].

Die umstrittenste Frage der Urheberrechtsreform war, ob das amerikanische Recht angesichts des bereits erwähnten Art.6bis RBÜ ausdrückliche Bestimmungen zum Schutze von Moral Rights in den Copyright Act einfügen sollte oder nicht[49]. Während einige Abgeordnete, darunter insbesondere der Demokrat Robert *Kastenmeier*, der den ursprünglichen Entwurf des BCIA als H.R.1623 in den Kongreß eingebracht hatte[50], stark für die Einführung von Moral Rights in das amerikani-

---

45 (...Fortsetzung)
Copyright, and Trademarks abgehalten. Ein letztes Hearing fand schließlich im Juli 1988 vor dem Senate Foreign Relations Committee statt. -
Vgl. zur umfangreichen amerikanischen Literatur, welche die Diskussion um den BCIA begleitete: *Brown*, 35 J.Copyright Soc'y USA 196 (1988); *Burger*, 3 J.Law & Technology 1 (1988); *Damich*, 10 Columbia-VLA J.Law & Arts 655 (1986); *Geller*, 10 Columbia-VLA J.Law & Arts 665 (1986); *Ginsburg/Kernochan*, 13 Columbia-VLA J.Law & Arts 1 (1988); *Kernochan*, 10 Columbia-VLA J.Law & Arts 685 (1986); *Ludolph/Merenstein*, 19 Steton L.Rev.201 (1989); *Moorhead*, 3 J.Law & Technology 187 (1988); *Oman*, 3 J.Law & Technology 71 (1988); *Sackler*, 3 J.Law & Technology 207 (1988); weitere zahlreiche Nachweise bei *Dietz* GRUR Int.1989,627,629, Fn.15.

46 So ausdrücklich der *House Report* zum BCIA, *House Report* No.100-609, S.20.

47 Nach Sec.7 BCIA ist die Copyright-Notice nunmehr nicht mehr verbindlich am Werkstück anzubringen. Allerdings kann der Urheber durch die Anbringung der Notice Beweiserleichterungen in einem Verletzungsprozeß erreichen. - Vgl. hierzu insbesondere *Baumgarten/Meyer* GRUR Int.1989,,620,623f.

48 Nach Sec.9 BCIA ist für Urheber aus RBÜ-Mitgliedstaaten die Copyright-Registrierung nicht mehr Voraussetzung für eine Urheberrechtsverletzungsklage. - Vgl. *Baumgarten/Meyer* GRUR Int.1989,620,624f.

49 Vgl. dazu die Darstellung von *Dietz* GRUR Int.1989,627ff.

50 Dieser Entwurf enthielt unter Sec.7 folgende Bestimmung: "Moral Rights of the Author - Independently of the copyright in a work other than a work made for hire, and even after a transfer of copyright ownership, the author of the work or the author's successor in interest shall have the right, during the life of the author and fifty years after the author's death -
   (1) to claim authorship of the work; and

(Fortsetzung...)

sche Urheberrecht plädierten, formten andere eine "Coalition to Preserve the American Copyright Tradition"[51] gegen Urheberpersönlichkeitsrechte und brachten Gegenentwürfe ein, die Moral Rights ausdrücklich aus der jetzigen und jeder zukünftigen Gesetzgebung ausschließen wollten[52]. Mehrere Hearings des Repräsentantenhauses betrafen ausschließlich das Thema der gesetzlichen Einführung von Moral Rights[53]. Eine vom State Department eingesetzte "Ad Hoc Working Group on the U.S. Adherence to the Berne Convention" kam schließlich zu dem Ergebnis, daß das Recht der Vereinigten Staaten auch ohne Änderung des Copyright Acts den Anforderungen des Art.6bis RBÜ entspreche[54]. Die Arbeitsgruppe begründete ihre Auffassung insbesondere damit, daß auch die Urheberrechtsgesetze anderer Mitgliedstaaten der RBÜ - wie Großbritannien und Australien -

---

50 (...Fortsetzung)
(2) to object to any distortion, mutilation, or other alteration of the work that would prejudice the author's honor or reputation."
Der *Kastenmeier*-Entwurf hielt sich damit eng an den Wortlaut des Art.6bis RBÜ. Er war nicht der erste Entwurf einer Moral-Rights-Gesetzgebung. Entwürfe waren schon vorher seit 1977 regelmäßig in den Kongreß eingebracht worden; vgl. H.R.8261, 95th Cong., 2d Sess. (1977); H.R.288, 96th Cong., 1st Sess.(1979); H.R.2908, 97thCong., 1st Sess. (1981); H.R.1521, 98th Cong., 1st Sess. (1983); H.R.5772, 99th Cong., 2d Sess. (1986); S.2796, 99th Cong., 2d Sess. (1986).

51 Ihr Sprecher war *David Ladd*, der frühere Register of Copyrights des Copyright Office.

52 So H.R.2962 vom Abgeordneten *Moorhead* in Sec.2(b): "It ist the intent of the Congress that
(1) any obligation of the United States to provide the author with the right to be named as a work's author or to object to uses or changes to the work as a consequence of adherence to the Berne Convention be satisfied by the United States law as it exists on the effective date of this Act whether such rights are recognized under any relevant provision of Federal or State statutes or the common law and such rights shall neither be enlarged nor diminished by this Act;
(2) the united States, by the amendments made by this Act together with existing law, meets its obligations as a nation adhering to the Berne Convention and that no further legislation is necessary for that purpose ..."
Den gleichen Wortlaut enthielt der Gegenentwurf von Senator *Hatch* S.1971.

53 Hearings vom 16. und 30. September 1987 vor dem House Subcommittee on Courts, Civil Liberties, and the Administration of Justice.

54 Der "Final Report" der Arbeitsgruppe ist abgedruckt in: 10 Columbia-VLA J.L.& Arts 513ff (1986). Sein Ergebnis lautet auf S.547: "Given the substantial protection now available for the real equivalent of moral rights under statutory and common law in the U.S., the lack of uniformity in the protection of other Berne nations, the absence of moral rights provisions in some of their copyright laws, ... the protection of moral rights in the United States is compatible with the Berne Convention."

keine ausdrücklichen Moral-Rights-Bestimmungen enthielten und urheberpersönlichkeitsrechtliche Interessen ausschließlich über das *common law* schützten[55]. Nachdem auch der Generalsekretär der WIPO, Dr. Arpad Bogsch, in einem Schreiben gegenüber dem Kongreß angedeutet hatte, daß die Vereinigten Staaten auch ohne Einführung einer ausdrücklicher Moral-Rights-Gesetzgebung Mitglied der RBÜ werden könnten[56], setzte sich schließlich die Kompromißauffassung durch, daß derzeit keine ausdrücklichen gesetzlichen Bestimmungen zum Schutz von Moral Rights in das amerikanische Urheberrecht eingeführt werden sollten und die weitere Entwicklung den Gerichten und späteren Gesetzgebern zu überlassen sei[57]. Der BCIA führte daher in seiner verabschiedeten Fassung in Sec.3(b) aus:

"The provisions of the Berne Convention, the adherence of the United States thereto, and satisfaction of the United States obligation thereunder, do not expand or reduce any right of an author of a work, whether claimed under Federal, State, or the common law -
(1) to claim authorship of the work; or
(2) to object to any distortion, mutilation, or other modification of, or other deragatory action in relation to, the work, which would prejudice the author's honor or reputation."

Der BCIA brachte folglich das amerikanische Urheberrecht zwar durch die endgültig Aufgabe von Formerfordernissen zur Erlangung des Urheberrechtsschutzes in Einklang mit den naturrechtlich begründeten Urheberrechtsgesetzen Kontinentaleuropas und der RBÜ. Trotz der Vorgabe des Art.6bis RBÜ wurden

---

55 Final Report, aaO, S.548f. - Diesen Punkt hebt auch *Damich* in seiner Kommentierung des Reports in 10 Columbia-VLA J.L.& Arts 143 (1986) hervor. Ironischerweise verabschiedete das englische Parlament fast zur gleichen Zeit einen reformierten "Copyright, Designs and Patents Act of 1988", der ausdrücklich ein Kapitel über Moral Rights enthält; vgl. *Dietz* GRUR Int.1989,627,628.

56 Dies geht aus einem Brief hervor, den der Chairman der Ad Hoc Arbeitsgruppe, *Irwin Karp*, anläßlich seiner Stellungnahme vor dem Hearing des Senate Subcommittee on Patents, Copyrights, and Trademarks vom 18. Februar 1988 beifügte. Auf diesen Brief wird sowohl im *Senate Report* (*Senate Report* No.100-352, S.10) als auch im *House Report* (*House Report* No.100-609, S.37) zum BCIA ausdrücklich Bezug genommen.

57 So ausdrücklich der *Senate Report* zum BCIA, *Senate Report* No.100-352, S.10: "Courts should be as free to apply common law principles and to interpret statutory provisions, with respect to claims of the right of paternity and the right of integrity as they would be in the absence of U.S. adherence to Berne."

gesetzliche Bestimmungen zum Schutze urheberpersönlichkeitsrechtlicher Interessen jedoch nicht eingeführt. Auch nach dem Inkrafttreten des BCIA am 1. März 1989 gab es daher keinen - über Sec.115(a)(2) hinausgehenden - urheberrechtlichen Schutz persönlichkeitsrechtlicher Belange des Urhebers in den USA.

IV. DER VISUAL ARTISTS' RIGHTS ACT VON 1990

Auch mit der Verabschiedung des BCIA war die Diskussion um eine Einführung urheberpersönlichkeitsrechtlicher Bestimmungen in den Copyright Act von 1976 nicht beendet. Schon drei Monate nach Inkrafttreten des BCIA wurde der Entwurf eines Visual Artists' Rights Act (VARA) in den Senat[58] und das Repräsentantenhaus[59] eingebracht. Hintergrund war nicht nur die zunehmende Unzufriedenheit unter den amerikanischen Künstlern, die insbesondere durch eine engagierte Debatte über die Zulässigkeit der nachträglichen Kolorierung von Schwarz-Weiß-Filmen[60] schon zur Zeit der Verabschiedung des BCIA in die Öffentlichkeit getragen worden war, sondern auch die für die Rechtspraxis verwirrende Situa-

---

58 Eingebracht durch die Senatoren *Kennedy* und *Kasten* am 16. Juni 1989 als S.1198 (101th Cong, 1st Sess.(1989)).

59 Eingebracht vom Abgeordneten *Kastenmeyer* am 20. Juni 1989 als H.R.2690 (101th Cong., 1.Sess.(1989)).

60 Der Kampf der alternden Regisseure und Schauspieler für den Erhalt ihrer Schwarz-Weiß-Filme aus den 40er und 50er Jahren fand große Aufmerksamkeit in den Medien. Das Senate Subcommittee on Technology and the Law veranstaltete am 12. Mai 1987 ein Hearing über die Argumente für und gegen Filmkolorierungen, bei dem u.a. namhafte Regisseure wie *Woody Allen* und *Sydney Pollack* auftraten (die Stellungnahmen sind abgedruckt in: 17 J.Arts Management & Law 64ff (1987)). Während in den Kongreß eingebrachte Gesetzgebungvorschläge, welche Regisseuren ein Untersagungsrecht zugestanden (so der *Gephardt*-Entwurf eines "Film Integrity Act", H.R.2400, 100th Cong, 1st Sess (1987); schwächer schon *Kastenmeiers* "Film Disclosure and Preservation Act", H.R.4897, 100th Cong., 2d Sess. (1988)) keine Mehrheit fanden, wurde schließlich im September 1989 der "National Film Preservation Act" (Pub.L.No.100-446, 102 Stat.1782) verabschiedet. Nach diesem Gesetz wählt nunmehr ein besonderes National Film Preservation Board 25 besonders wertvolle Filme pro Jahr aus, die, falls sie koloriert werden, im Vorspann als solche besonders gekennzeichnet werden müssen. Den (vorläufigen) Schlußpunkt der Diskussion um die Kolorierung von Schwarz-Weiß-Filmen setzte eine umfangreiche Studie des Copyright Office aus dem Jahre 1989, die zu dem Schluß kam, daß umfangreiche Moral-Rights-Bestimmungen in den Copyright Act eingefügt werden sollten. -
Vgl. hierzu mit weiteren Nachweisen aus der amerikanischen Literatur v.*Lewinski/Dreier* GRUR Int.1989,635ff und *Dieselhorst* GRUR Int.1992,902,904f.

tion, daß mehr und mehr Einzelstaaten angesichts der Zögerlichkeit des Bundesgesetzgebers eigene Moral-Rights-Gesetze verabschiedeten[61]. Die Debatte um die Moral Rights des Urhebers beruhigte sich daher keineswegs, sondern nahm auch nach Inkrafttreten des BCIA an Schärfe und Umfang[62] zu.

Mit dem Visual Artists' Rights Act (VARA) sollten in einem Teilbereich der Urheberrechtsindustrie, in dem Moral Rights auf minimalen Widerstand stoßen würden - nämlich bei bestimmten Werken der darstellenden Kunst -, erstmals umfassende Urheberpersönlichkeitsrechte in den Copyright Act eingefügt werden, um die Skepsis, die insbesondere in der Film-, Rundfunk- und Verlagsbranche gegenüber solchen Rechten bestand, durch positive praktische Erfahrungen zu mindern. Auch hier gingen der Gesetzgebung wiederum umfangreiche Hearings voraus[63]. Als deren Ergebnis wurde am 1. Dezember 1990 ein Gesetz verab-

---

61 *California* Art Preservation Act, Cal.Code § 987 (1979); *New York* Artists' Authorship Rights Act, N.Y.Arts and Cultural Affairs Law § 14.03 (1984); *Maine* Moral Rights Statute, Me. Rev.Stat.Ann. Title 27, § 303 (1985); *Massachusetts* Gen.Laws Ch.110, § 231-85S (1985); *Louisiana* Artists' Authorship Rights Act, La. Statutes Ann. Ch.34, §§ 2151ff (1986); *New Jersey* Artists' Rights Act, N.J.Stat. § 2A:24A (1986); *Pennsylvania* Fine Arts Preservation Act, Pa.Stat.Ann.Title 73, § 2101ff (1986); *Rhode Island* Artists' Right Act, R.I.Gen.Laws § 5-62-2ff (1987); *New Mexico* Act Relating to Fine Art in Public Buildings, N.M.Stat.Ann §§ 13-4B-1ff (1987); *Connecticut* Art Preservation and Artists' Rights Statute, Ct.Gen.Statutes § 42-116s und § 42-116t (1988); *Nevada*61 12
Rev.Stat. § 598.970-976 (1989). - Allerdings galten sämtliche Gesetze nur für Werke der darstellenden Kunst und insbesondere nicht den delikaten Bereich der Filmwerke.
Vgl. hierzu allgemein *Clough*, 36 ASCAP Copyright L.Symp.85 (1990); *Damich*, 13 Columbia-VLA J.L.& Arts 291 (1989); *Peifer* ZUM 1993,325,337ff; *Zuber*, 23 Pac.L.J.445,448ff (1992).

62 Die juristische Literatur in den USA zum Thema "Moral Rights" ist inzwischen fast unüberschaubar. Allein zwischen 1980 und 1990 wurden etwa 140 Artikel in verschiedenen Law Reviews dazu veröffentlicht.

63 Hearing vor dem Senate Subcommittee on Patents, Copyrights, and Trademarks am 18.November 1986 zu S.2796 (99th Cong., 2d Sess.(1986)); Hearing vor dem gleichen Subcommittee am 3.Dezember 1987 zu S.1619 (100th Cong., 1st Sess.(1987)); Hearing vor dem House Subcommittee on Courts, Civil Liberties, and the Administration of Justice vom 9.Juni 1988 zu H.R.3221 (100th Cong., 1st Sess.(1987)) und vom 21.Juni 1988 zu H.R.2400 (100th Cong, 1st Sess.(1987)); Hearing vor dem Senate Subcommittee on Patents, Copyrights, and Trademarks vom 20.Juni, 20.September und 24.Oktober 1989 zu S.1198 (die Dokumentation dieses Hearings allein beträgt 1200 Seiten) und Hearing vor dem House Subcommittee on Courts, Intellectual Property, and the Administration of Justice vom 18.Oktober 1990 zu H.R.2690.

schiedet[64], das aufgrund zahlreicher Ausnahmen und Einschränkungen schließlich auch unter den grundsätzlichen Gegnern von Moral-Rights-Gesetzgebungen Zustimmung fand[65].

Der VARA ergänzte den Copyright Act um eine neue Sec.106A, nach der Urheber von bestimmten Werken darstellender Kunst (*works of visual art*) grundsätzlich ein Recht auf Anerkennung der Urheberschaft sowie auf Werkintegrität haben[66]. Solche *works of visual art* sind nach Sec.602 VARA[67]:

---

[64] Als Teil des Judicial Improvement Acts of 1990, Public Law 101-650, 104 Stat.5089, in Kraft getreten am 1.Juni 1991. -
Vgl. zu diesem Gesetz *Nimmer* § 8.21[B][2], S.265ff; *Baucks* ZUM 1992,72 (mit deutscher Übersetzung der Gesetzesbestimmungen); *Damich*, 14 Nova L.Rev.407 (1990); *ders.*, 39 Cath.Univ.L.Rev.945 (1990); *Dieselhorst* GRUR Int.1992,902; *Ginsburg*, 14 Columbia-VLA J.L.& Arts 477 (1990); *dies.*, GRUR Int.1991,593,598ff; *Peifer* ZUM 1993,325,347ff; *Schneider*, 43 Florida L.Rev.101 (1991); *Wooton*, 24 Conn.L.Rev.247 (1991); *Zuber*, 23 Pac.L.J.445 (1992).

[65] Selbst Interessenvertreter, die einer Einführung von Moral Rights grundsätzlich kritisch gegenüberstanden, hatten gegen den VARA in seiner endgültigen Fassung keine Einwendungen zu erheben; vgl. die Stellungnahmen von *Gorman* und *Klipper* beim Hearing vor dem Senate Subcommittee on Patents, Copyrights, and Trademarks vom 20.6. bzw. 20.9.1989, S.46,53 bzw. S.568,578 sowie *Gorman*, 14 Nova L.Rev.421,439f (1990). Die einzige ablehnende Stellungnahme zum VARA ist - soweit ersichtlich - der Artikel von *Kaufmann*, 15 Columbia-VLA J.Law & Arts 417,429ff (1991).

[66] Zu den einzelnen Rechten vgl. unten 2.Kap.,B,II,1 und B,III,1.

[67] Diese Definition findet sich nunmehr in Sec.101 CopA. Sie lautet:
"A 'work of visual art' is -
(1) a painting, drawing, print, or sculpture, existing in a single copy, in a limited edition of 200 copies or fewer that are signed and consecutively numbered by the author...; or
(2) a still photographic image produced for exhibition purposes only, existing in a single copy that is signed by the author, or in a limited edition of 200 copies or fewer that are signed and consecutively numbered by the author.
A work of visual art does not include -
(A) (i) any poster, map, globe, chart, technical drawing, diagram, model, applied art, motion picture or other audiovisual work, book, magazine, newspaper, periodical, data base, electronic information service, electronic publication, or similar publication;
(ii) any merchandising item or advertising, promotional, descriptive, covering, or packaging material or container;
(iii) any portion or part of any item described in clause (i) or (ii);
(B) any work made for hire; or
(C) any work not subject to copyright protection under this title."

(1) Gemälde, Zeichnungen, Drucke und Skulpturen als Unikate oder in einer limitierten Auflage von nicht mehr als 200, soweit signiert und numeriert durch den Urheber, sowie

(2) Photographien in limitierter Auflage von nicht mehr als 200, soweit sie nur zu Ausstellungszwecken hergestellt sind.

Hiervon ausgenommen sind allerdings wiederum:

(A) alle Poster, Karten, technische Zeichnungen, Diagramme, gewerbliche Kunst, Bücher, Magazine, Zeitungen, Werbematerialien u.ä. und

(B) jedes Werk, das im Rahmen eines Anstellungsverhältnis hergestellt worden ist (*work made for hire*).

Aufgrund dieser Werkauswahl kommen nur die wenigsten Urheber in den Schutzbereich des VARA. Der gesamte Bereich der kommerziellen Urheberproduktion wurde - insbesondere durch die Absätze (A) und (B) - aus dem Schutzbereich des VARA ausgenommen. Die neu eingefügten Bestimmungen des Copyright Acts betreffen daher im Ergebnis nur solche Werke, die ausschließlich als Kunst und nicht zu irgendwelchen anderen, insbesondere wirtschaftlichen Zwecken hergestellt werden. In diesem eng umgrenzten Werkbereich werden dem Urheber jedoch nunmehr erstmals zwei typische Urheberpersönlichkeitsrechte gewährt: Gemäß Sec.106A Copyright Act[68] steht dem Urheber eines *work of visual art* sowohl ein Recht auf Anerkennung der Urheberschaft (*right of paternity*)[69] als auch ein Recht auf Werkintegrität (*right of integrity*)[70] zu.

---

68 Sec. 106A(a) lautet:

"Subject to section 107 and independent of the exclusive rights provided in section 106 (sc.Verwertungsrechte), the author of a work of visual art -

(1) shall have the right -

(A) to claim authorship of that work, and

(B) to prevent the use of his or her name as the author of any work of visual art which he or she did not create;

(2) shall have the right to prevent the use of his or her name as the author of the work of visual art in the event of distortion, mutilation, or other modification of the work which would be prejudicial to his or her honor or reputation; and

(3) subject to the limitations set forth in section 113(d), shall have the right -

(A) to prevent any intentional distortion, mutilation, or other modification of that work which would be prejudicial to his or her honor or reputation, and any intentional distortion, mutilation, or modification of that work is a violation of that right, and

(B) to prevent any destruction of a work of recognized stature, and any intentional or grossly negligent destruction of that work is a violation of that right."

69 Siehe dazu unten 2.Kap.,B,II,1.

70 Dazu siehe unten 2.Kap.,B,III,1.

Seit Inkrafttreten des VARAs gewährt der amerikanische Copyright Act damit den Urhebern von Werken der darstellenden Kunst genau die beiden Urheberpersönlichkeitsrechte, die auch Art.6bis RBÜ vorsieht. Beide Rechte erfahren allerdings insofern eine Einschränkung, als sie nur vorbehaltlich der Sec.107 Copyright Act gewährt werden. Sec.107 enthält die sogenannte *"fair use doctrine"*, eine generalklauselartige Urheberrechtsschranke, nach der gewisse Nutzungen des Werkes für bestimmte Zwecke, insbesondere für Berichterstattung, Kritik, Kommentierung, Unterricht und Forschung, auch ohne Genehmigung des Urhebers möglich sind[71]. Sie entspricht ihrem Inhalt nach im wesentlichen den Schranken der deutschen §§ 45ff UrhG. Indem Sec.106A(a) auf Sec.107 Copyright Act verweist, stellt das Gesetz klar, daß nicht nur die Verwertungsrechte, sondern auch die neugeschaffenen Persönlichkeitsrechte des Urhebers an der *fair use doctrine* ihre Grenzen finden. Es fehlt daher im amerikanischen Recht eine den deutschen §§ 62f UrhG entsprechende Bestimmung, nach der die persönlichen Interessen des Urhebers auch im Rahmen von gesetzlich zulässigen Werknutzungen berücksichtigt werden müssen. In den USA kann der Werknutzer innerhalb des *fair use* das Werk frei verändern und ist auch nicht verpflichtet, den Namen des Urhebers anzugeben[72].

Die durch Sec.106A(a) Copyright Act gewährten Urheberpersönlichkeitsrechte bestehen unabhängig von den Verwertungsrechten[73]. Sie sind nicht übertrag-, aber verzichtbar[74]. Hinsichtlich des Verzichts (*waiver*) hat der amerikanische Gesetzgeber eine interessante Lösung gewählt[75]: Die Urheberpersönlichkeitsrechte sind frei verzichtbar, jedoch ist der Verzicht nur dann wirksam, wenn er schriftlich und mit eigenhändiger Unterschrift des Urhebers vereinbart worden ist. Dabei muß das Werk und die Werknutzungsart, auf die sich der Verzicht beziehen

---

71 Sec. 107 lautet: "Notwithstanding the provisions of section 106, the fair use of a copyrighted work ... for purposes such as criticism, comment, news reporting, teaching (...), scholarship, or research, is not an infringement of copyright...".

72 Allerdings dürften erhebliche Eingriffe in die neu gewährten Urheberpersönlichkeitsrechte von amerikanischen Gerichten kaum als *fair use* gewertet werden.

73 Sec.106A(a): "... independent of the exclusive rights provided in section 106 ..." Sec.106 des Copyright Acts beinhaltet einen umfassenden Katalog von Verwertungsrechten.

74 Sec.106A(e)(1): "The rights conferred by subsection (a) may not be transferred, but those rights may be waived ..."

75 Vgl. hierzu noch unten 4.Kap.,B,I,2.

soll, genau bestimmt werden[76]. Ergänzend dazu stellt Sec. 106A(e)(2) ausdrücklich klar, daß in der Übertragung von Verwertungsrechten nicht auch konkludent der Verzicht auf Urheberpersönlichkeitsrechte mitenthalten ist[77].

Damit stellen die neu eingeführten Rechte der Sec.106A CopA insofern gegenüber Sec.115(a)(2) CopA einen Fortschritt dar, als erstmals ein ideelles Interesse des Urhebers nicht nur für eine bestimmte (Zwangs-)Situation, sondern unabhängig von der jeweiligen Verwertungssituation für eine gesamte, wenn auch kleine Werkkategorie anerkannt wird. Nach der Angleichung des U.S.-Copyright Acts an das kontinentaleuropäische Urheberrecht durch die Urheberrechtsreform von 1976 und den BCIA von 1988 ist das amerikanische Recht durch die Verabschiedung des VARA daher einen weiteren Schritt dem kontinentaleuropäischen Urheberschutz nähergekommen.

Dennoch darf nicht übersehen werden, daß die politische Zielsetzung, mit welcher der amerikanische Gesetzgeber urheberpersönlichkeitsrechtliche Bestimmungen in den Copyright Act eingefügt hat, weiterhin erheblich von der europäischen Idee eines Urheberpersönlichkeitsschutzes abweicht. Ganz im Sinne des utilitaristischen Urheberrechtsverständnisses begründete der Gesetzgeber die Einführung urheberpersönlichkeitsrechtlicher Bestimmung durch den VARA nämlich in erster Linie damit, daß dadurch dem öffentliche Interesse am Erhalt von Kunstwerken gedient werde. Dies drückt der *House Report* gleich an einer ganzen Reihe von Stellen deutlich aus[78]. Er befindet sich insofern in Übereinstimmung nicht nur mit mit

---

76 Sec.106A(e)(2): "... those rights may be waived if the author expressly agrees to such waiver in a written instrument signed by the author. Such instrument shall specifically identify the work, and uses of that work, to which the waiver applies, and the waiver shall apply only to the work and uses so identified."

77 Sec.106A(e)(2) lautet: "Ownership of the rights conferred by subsection (a) with respect to a work of visual art is distinct from ownership of any copy of that work, or of a copyright or any exclusive right under a copyright in that work. Transfer of ownership of any copy of a work of visual art, or a copyright or any exclusive right under a copyright, shall not constitute a waiver of the rights conferred by subsection (a)...".

78 Z.B.: - Urheberpersönlichkeitsrechte seien "... consistent with the purpose behind the copyright laws and the Consitutional provision they implement: 'To promote the Progress of Science and useful Arts'." (*House Report* No.101-514,S.5).
- "The theory of moral rights ist that they result in a climate of artistic worth and honor that encourages the author in the arduous act of creation." (aaO, Zitat aus dem Statement des Register of Copyrights *Oman* vor dem House Subcommittee on Courts, Intellectual Property, and the Admi-
(Fortsetzung...)

weiten Teilen der Literatur, die bereits vorher die Zweckmäßigkeit der Einführung von Moral Rights damit begründet hatten, daß auf diese Weise das kulturelle Erbe der Nation der Nachwelt authentisch erhalten bleibe[79], sondern auch mit der Zielsetzung mehrerer einzelstaatlicher Moral-Rights-Gesetze, welche die von ihnen gewährten Urheberpersönlichkeitsrechte auf künstlerisch besonders wertvolle Werke, sog. *works of recognized quality*, beschränkten[80].
Hieran zeigt sich, daß auch bei der Verabschiedung des VARA das utilitaristische Verständnis der amerikanischen Urheberrechtslehre dominierte. Die Einführung der neuen urheberpersönlichkeitsrechtlichen Bestimmungen diente nicht primär dem Schutz der persönlichen Interessen des Urhebers, sondern dem Interesse der Allgemeinheit an dem Erhalt wertvoller Kulturgüter. Die amerikanischen urheberpersönlichkeitsrechtlichen Bestimmungen sind, so besehen, kein Urheberpersönlichkeitsschutz im europäischen Sinne, sondern ein individualisierter Denkmalschutz. Die Anerkennung urheberpersönlichkeitsrechtlicher Schutzrechte durch den VARA entsprach nur deswegen der verfassungsrechtlichen Zielsetzung des Urheberrechts, weil sich der Schutz auf Kunst- und Kulturgüter beschränkte, bei denen ein öffentliches Interesse daran besteht, sie in ihrem originalen Zustand zu erhalten. Es ist schwer vorstellbar, daß ein Urheberpersönlichkeitsschutz im kommerziellen Bereich ebenfalls als mit der *Copyright Clause* vereinbar erklärt worden wäre.

---

78 (...Fortsetzung)
nistration of Justice vom 18.10.1990).
- "These rights promote ... the interests of artists and public alike. (...) These safeguards may enhance the creative environment in which artists labor. Equally important, these safeguards enhance our cultural heritage." (aaO, S.14, Zitat aus dem Statement von Prof.*Ginsburg* vor dem gleich Subcommittee).
- "... paramount goal of the legislation: to preserve and protect certain categories of original works of art." (aaO, S.17f).
- "The attribution right not only affords basic fairness to artists, it promotes the public interest by increasing available information concerning artworks and their provenance, and by helping ensure that information is accurate." (aaO, S.14, ebenfalls ein Zitat von Prof.*Ginsburg*).
- "The integrity right helps preserve artworks intact for all of us to enjoy." (aaO, ebenfalls ein Zitat von Prof.*Ginsburg*).

79 Vgl. *Amarnick*, 29 ASCAP Copyright L.Symp. 31,38; *Diamond*, 69 Trademark Rep. 244,249 (1978); *Katz*, 24 S.Cal.L.Rev. 375,405 (1951); *Kilgore*, 6 Univ.Miami Ent. & Sports L.Rev. 87,96 (1989); *Merryman*, 27 Hastings L.J. 1023,1040ff (1976).

80 Z.B. *Kalifornien*: Sec.987(b)(2) Cal.Civ.Code (1979) (vgl. hierzu *Schack* GRUR 1983,56,58,Fn.35); *Louisiana*: La.Rev.Stat. 51:2152(7) (1986); *Massachusetts*: Mass.Gen.Laws Ch.110, Sec.231-85S(f).

V. DIE WORKS-MADE-FOR-HIRE-DOKTRIN

Unabhängig von einer möglichen Weiterentwicklung des amerikanischen Rechts hin zu einem stärkeren Urheberpersönlichkeitsschutz ist zu berücksichtigen, daß ein bedeutender Teil von Urhebern bereits aus einem anderen Grunde von jeglichem urheberrechtlichen Schutz ihrer nicht-vermögensrechtlichen Interessen am Werk ausgeschlossen ist. Im Gegensatz zum deutschen Urheberrechtsgesetz, nach dessen § 7 stets der Werkschöpfer Urheber des Werkes ist, kennt das amerikanische Recht eine wichtige Durchbrechung dieses Schöpfungsgrundsatzes, die sogenannte *works made for hire*-Doktrin. Nach Sec.201(b) CopA ist bei einem Werk, das im Rahmen eines Anstellungsverhältnisses geschaffen wurde, nämlich nicht der Werkschöpfer, sondern der Arbeitgeber Urheber im Sinne des amerikanischen Urheberrechts. Angestellte Werkschöpfer sind daher in den USA niemals originäre Inhaber des Copyrights. Ihnen stehen weder urheberrechtliche Verwertungsrechte noch urheberrechtliche Persönlichkeitsrechte zu. Sie können sich ihre Rechte auch nicht im Lizenzvertrag mit dem Werknutzer sichern, da dieser sein Werknutzungsrecht nicht von ihnen, sondern vom Arbeitgeber erwirbt. Angestellte Werkschöpfer sind insofern sowohl zum Schutze ihrer vermögensrechtlichen Interessen als auch ihrer urheberpersönlichkeitsrechtlichen Interessen an ihrem Werk ausschließlich auf vertragliche Abreden im Rahmen ihres Arbeitsvertrages angewiesen.

Selbst wenn daher das amerikanische Recht dem Urheber in Zukunft in stärkerem Umfange besondere Urheberpersönlichkeitsrechte zuerkennen würde, kämen als Berechtigte grundsätzlich nur solche Personen in Betracht, die Urheber im Sinne des CopA sind. Folgerichtig schloß daher auch der VARA von 1990 *works made for hire* von den neuen, durch den VARA eingefügten Urheberpersönlichkeitsrechten aus[81]. Der fehlende Urheberpersönlichkeitsschutz für angestellte Urheber in den USA beruht daher nicht auf dem Fehlen von Moral Rights im amerikanischen Urheberrecht, sondern auf der vom Schöpfungsgrundsatz abweichenden originären Zusprechung eines Urheberrechts an einen Nicht-Schöpfer. Dies ist ein eigener Problemkreis, der hier nicht weiter erörtert werden soll.

Hier bleibt festzuhalten, daß angestellte Werkschöpfer in den USA keine "Urheber" im Sinne des Copyright Acts sind und schon deswegen keinen urheberrechtlichen Schutz ihrer geistig-persönlichen Beziehungen zum Werk beanspruchen können.

---

[81] Vgl. die Definition für "work of visual art" von Sec.101 CopA.

VI. ERGEBNIS ZU A.

Das amerikanische Urheberrecht basiert weiterhin auf dem utilitaristischen Urheberrechtsverständnis der *Copyright Clause* der U.S.-Verfassung. Dennoch hat es sich in den letzten 25 Jahren in gewissem Grade in seinem praktischen Rechtsschutz an europäische Urheberrechtsvorstellungen angepaßt. Teil dieses Anpassungsprozesses ist die Gewährung eines Werkschutzrechtes für den Fall des *compulsory licensing* sowie die Einführung eines Rechts auf Anerkennung der Urheberschaft und eines Werkintegritätsrechts für Urheber von *works of visual art* durch den VARA von 1990. Über diese beiden Bereiche hinaus kann der Urheber seine urheberpersönlichkeitsrechtlichen Interessen weiterhin nicht durch das Urheberrecht, sondern nur durch andere, außerhalb des Urheberrechts liegende Rechtsinstitute schützen.

B. Der Schutz des Erstveröffentlichungsrechts, des Rechts auf Anerkennung der Urheberschaft und des Werkintegritätsrechts nach amerikanischem Recht

Angesichts des weitgehenden Fehlens urheberpersönlichkeitsrechtlicher Schutzrechte im Copyright Act, sind Urheber in den USA auch heute noch zum Schutze ihrer geistig-persönlichen Beziehungen zu ihrem Werk auf Rechtsinstitute außerhalb des Urheberrechts angewiesen. Hierzu zählen insbesondere das Vertragsrecht, das Beleidigungsrecht, das Wettbewerbsrecht und das *right of privacy*. Damit stellt sich die Frage, ob - wie gelegentlich behauptet[1] - diese Rechtsgebiete in ihrer Gesamtheit die geistig-persönlichen Interessen des Urhebers ähnlich umfassend schützen wie das kontinentaleuropäische Urheberpersönlichkeitsrecht.

I. DAS ERSTVERÖFFENTLICHUNGSRECHT (RIGHT OF DISCLOSURE)

Im amerikanischen Copyright Act findet sich auch nach den Gesetzesänderungen durch den BCIA und den VARA kein besonderes - im Amerikanischen *right of disclosure* oder *right of divulgation* genanntes - Erstveröffentlichungsrecht. Wie bereits oben erörtert[2], war das Veröffentlichungsrecht in den USA bis 1978 jedoch umfassend durch das sogenannte *common law copyright* geschützt[3]. Dieses

---

1 Vgl. *Strauss*, 4 Am.J.Comp.L. 506,521ff,537f (1955); ders., UFITA 23(1957),286ff; ebenso der Final Report der Ad-Hoc Working Group on the US Adherence to the Berne Convention, 10 Columbia-VLA J.Law & Arts 513,555.

2 S. oben 2.Kap.,A,I,2.

3 Die Rechtsprechung zum *common law copyright* hatte sich insbesondere anhand zweier Fallgestaltungen entwickelt:
Zum einen beschäftigte die Gerichte wiederholt die Frage, ob der Empfänger eines Briefes das Recht habe, diesen auch ohne Zustimmung des Briefurhebers zu veröffentlichen. Dabei wurde schon früh der Grundsatz aufgestellt, daß der Empfänger zwar Eigentümer der Briefbögen, nicht jedoch des Briefinhalts werde und daher zu einer Veröffentlichung stets die Zustimmung des Briefautors einholen müsse (so aus England bereits *Pope v. Curl*, 2 Atk.341 (1741), *Thompson v. Stanhope*, 2 Ambler 737 (1774), *Gee v. Pritchard*, 2 Swanston 402-426 (1818); für die USA s. *Denis v. Le Clerc*, 1 Mart.(La) 297, 5 Am.Dec.712 (La. 1811); *Eyre v. Higbee*, 22 How.Prac. 198 (N.Y. 1861); *Baker v. Libbie*, 210 Mass 559, 97 N.E.109 (Mass. 1912). Auf eine besondere
(Fortsetzung...)

common law copyright war dann verletzt, wenn das Werk von Dritten ohne die Zustimmung des Urhebers der Öffentlichkeit zugänglich gemacht wurde[4]. Nach einhelliger Meinung bestand daher in den USA bis zum Jahre 1978 durch das *common law copyright* ein umfassendes, zeitlich unbeschränktes Erstveröffentlichungsrecht[5].

Diese - ursprünglich dem Urheber günstige - Rechtslage hat sich durch die Verabschiedung des am 1. Januar 1978 in Kraft getretenen Copyright Acts von 1976 gewandelt. Der ehemalige Veröffentlichungsschutz durch das *common law copyright* ist nunmehr durch das Gesetzesrecht verdrängt worden[6]. Der Copyright Act

---

3 (...Fortsetzung)
schöpferische Gestaltungshöhe wurde dabei nicht abgestellt. Insofern läßt sich im anglo-amerikanischen Recht schon früh eine gerichtliche Anerkennung eines allgemeinen - nicht nur urheberrechtlichen - Veröffentlichungsschutzes finden.
Daneben gab es eine Reihe von Entscheidungen, die sich mit der Frage befaßten, ob die Zwangsvollstreckung in ein unveröffentlichtes, aber geldwertes Manuskript zulässig ist. Auch hier schützte die Mehrheit der Gerichte das unveröffentlichte Manuskript. Die Zwangsvollstreckung in ein unveröffentlichtes Manuskript sei ohne die Zustimmung des Schuldners/Urhebers unzulässig. Seine Zustimmung könne auch nicht durch gerichtlichen Beschluß ersetzt werden (*Bartlett v. Crittenden*, 2 Fed.Cas.No.1,076 (C.C.D. Ohio 1849); *Banker v. Caldwell*, 3 Minn. 94, 3 Minn.Rep.46 (Minn. 1859); *Dart v. Woodhouse*, 40 Mich.399 (Mich. 1879); vgl. dazu *Treece*, 16 Am.J.Comp.L. 487,488ff (1968)).

4 Vgl. als ein spätes Beispiel für die Anwendung des *common law copyrights Chamberlain v. Feldman*, 300 N.Y.135, 89 N.E.2d 863, 84 USPQ 148 (N.Y.Ct.App. 1949): Dort hatte der Beklagte Feldman ein Buchmanuskript Mark Twains von einem Händler gekauft und wollte dieses veröffentlichen. Wie dieses Manuskript in die Hände des Händlers geriet, konnte nicht ermittelt werden. Mark Twains Erben klagten gegen die Veröffentlichung, da ihre Zustimmung nicht vorliege. Der Court of Appeals in New York gab der Klage in dritter Instanz statt. Es sei nicht bewiesen, daß Mark Twain selbst die Erstveröffentlichungsrechte an dem Manuskript zu Lebzeiten verkauft habe. Da auch seine Rechtsnachfolger nicht zur Veröffentlichung zugestimmt hätten, sei der Klage gegen die Veröffentlichung stattzugeben.
Vgl. zum *common law copyright* aus der Rechtsprechung weiter: *Bartlett v. Crittenden*, 2 Fed.Cas.967, No.1076 (C.C.Ohio 1849); *Pushman v. New York Graphic Coc., Inc.*, 287 N.Y.302, 39 N.E.2d 249 (N.Y.Ct.App. 1942).

5 Vgl. *DaSilva*, 28 Bull.Copyright Soc'y USA 1,39f (1980); *Diamond*, 68 Trademark Rep.244,252 (1978); *Merryman*, 27 Hastings L.J.1023,1037 (1976); *Roeder*, 53 Harv.L.Rev.554,559f (1940); *Sarraute*, 16 Am.J.Comp.L.465,485 (1968); *Stevenson*, 6 ASCAP Copyright L.Symp.89,93ff (1953); *Strauss*, 4 Am.J.Comp.L.506,530f (1955); ders., UFITA 23 (1957),286,317; *Treece*, 16 Am.J.Comp.L.487,488ff (1968).

6 Vgl. dazu bereits oben 2.Kap.,A,II,1.

von 1976 enthält kein besonderes Erstveröffentlichungsrecht (*right of disclosure*). Dennoch könnte dem Urheber durch den Gesetzgeber das Recht, über die Erstveröffentlichung seines Werkes selbst zu entscheiden, inzidenter durch eine umfassende Gewährung von Erstverwertungsrechten miteingeräumt worden sein. Dies wäre dann der Fall, wenn jede Form der Erstveröffentlichung gleichzeitig eine Form der Verwertung darstellen würde, zu der der Werkverwerter die Zustimmung des Urhebers einholen müßte. Hierbei ist hinsichtlich der Situation vor und nach der erstmaligen Abtretung des Copyright zu unterscheiden.

1.) Vor der erstmaligen Abtretung des Copyright

Vor der erstmaligen Abtretung seines Copyright hat der Urheber in den USA dann ein Quasi-Erstveröffentlichungsrecht, wenn nach amerikanischem Recht jede ungenehmigte Veröffentlichung eine Verletzung seines Copyright darstellen würde.

Veröffentlichungen können erfolgen durch öffentliches Zugänglichmachen des Werkes in körperlicher Form (Verbreitung oder Ausstellung vom Original oder von Vervielfältigungsstücken) oder durch die öffentliche Wiedergabe in unkörperlicher Form (öffentliche Auf- oder Vorführung, Funk- oder Fernsehsendung). All diese Veröffentlichungsarten stellen im amerikanischen Recht Werkverwertungen dar, die nach Sec.106 CopA dem Genehmigungsrecht des Copyright-Inhabers unterliegen. Denn Sec.106 CopA gewährt dem Urheber u.a. ein Verbreitungsrecht[7], ein Auf- und Vorführungsrecht[8] sowie ein umfassendes Ausstellungsrecht[9]. Es ist daher praktisch keine Veröffentlichungsart denkbar, die nicht durch eines der Verwertungsrechte des Sec.106 CopA erfaßt wäre.

Im Ergebnis besitzt damit ein Urheber in den USA heute auch ohne ausdrückliche Gesetzesvorschrift so lange ein Quasi-Erstveröffentlichungsrecht, wie er Inhaber sämtlicher Copyright-Rechte ist[10]. Dieses Quasi-Erstveröffentlichungsrecht erlischt zusammen mit dem Copyright 50 Jahre nach dem Tode des Urhebers.

---

7 § 106 (3) CopA.

8 § 106 (4) CopA.

9 § 106 (5) CopA. - Dieses Recht umfaßt nicht nur - wie § 18 des deutschen UrhG - Werke der bildenden Kunst, sondern auch Sprach- und Musikwerke gegen ungenehmigte Ausstellung in körperlicher Form schützt

10 Ebenso *DaSilva*, 28 Bull.Copyright Soc'y USA, 1,40 (1980).

2.) Nach der Abtretung des Copyright

Überträgt der Urheber seine Copyright-Rechte an einen Dritten, so kann der Urheber die Veröffentlichung des Werkes durch den neuen Copyright-Inhaber nicht mehr unter Berufung auf sein Copyright verhindern. Ein Recht, die Veröffentlichung zu untersagen, kann sich dann nur noch aus besonderen vertraglichen Abreden im Übertragungsvertrag ergeben. Ein dinglich wirkendes Quasi-Erstveröffentlichungsrecht steht dem Urheber nicht mehr zu.

3.) Zwischenergebnis

Auch ohne die Gewährung eines spezifischen, urheberpersönlichkeitsrechtlichen Erstveröffentlichungsrechts können Urheber nach amerikanischem Recht so lange über die Erstveröffentlichung ihres Werkes bestimmen, wie sie Inhaber sämtlicher Verwertungsrechte sind.

II. DAS RECHT AUF ANERKENNUNG DER URHEBERSCHAFT (RIGHT OF PATERNITY)

1.) Urheber von works of visual art

Bis zum 1. Juni 1991 enthielt der amerikanische Copyright Act überhaupt keine Bestimmung zum Schutz des Urheberinteresses an der Anerkennung seiner Urheberschaft (*paternity interest*). Dies hat sich durch das Inkrafttreten des Visual Artists' Rights Act von 1990 geändert[11]. Durch den VARA wurde Sec. 106A(a)(1)(A) in den Copyright Act eingefügt, nach der ein Urheber eines *works of visual art*[12] das Recht haben soll, "... to claim authorship of that work".

Sec. 106A(a) CopA übernimmt damit wörtlich die Formulierung des Art.6bis RBÜ. Obwohl einschlägige Gerichtsentscheidungen zu Sec.106A(a)(1)(A) CopA noch nicht ergangen sind, ist doch angesichts des mit Art.6bis RBÜ übereinstimmenden Wortlauts davon auszugehen, daß diese Vorschrift alle durch die RBÜ geschützten

---

11 Vgl. zum VARA bereits oben 2.Kap.,A,IV.

12 Vgl. zur Definition von *works of visual art* bereits oben 2.Kap.,A,IV.

Aspekte des *paternity interests* mitumfaßt. Nach Sec.106A(a)(1)(A) CopA hat daher ein Urheber von *works of visual art* heute sowohl ein positives Recht auf Anerkennung seiner Urheberschaft - einschließlich des Benennungsrechts - als auch das negative Recht, ein Bestreiten seiner Urheberschaft oder eine Anmaßung der Urheberschaft durch Dritte abzuwehren. Das Recht auf Anerkennung der Urheberschaft schließt auch den Schutz anonymer oder pseudonymer Veröffentlichungen ein. Dies geht zwar nicht aus dem Wortlaut des Gesetzes, aber aus der im *House Report* wiedergegebenen Intention des Gesetzgebers hervor[13].

Urheber von *works of visual art* sind daher heute in ihrem Interesse an der Anerkennung ihrer Urheberschaft durch Sec.106A(a) CopA umfassend geschützt.

2.) Andere Urheber als Urheber von works of visual art

Über den eng umgrenzten Werkbereich der *works of visual art* hinaus können sich Urheber weiterhin nicht auf den Copyright Act zum Schutze ihres *paternity interests* berufen. Sie sind vielmehr auf die Nutzbarmachung anderer Rechtsinstitute angewiesen. Es fragt sich daher, ob und inwieweit ein Urheber unter Berufung auf solche Rechtsinstitute sein Interesse an der Anerkennung seiner Urheberschaft schützen kann.

a) Das positive Recht auf Anerkennung der Urheberschaft

Die positive Komponente des *paternity interests* betrifft das Interesses des Urhebers, bei einer Werknutzung als Urheber des Werkes anerkannt und benannt zu werden. Lange Zeit galt bezüglich dieses Interesses in den USA der Grundsatz, daß sich ein solches Recht des Urhebers nur aus besonderen vertraglichen Vereinbarungen ergeben kann[14]. Ob diese Regel auch heute noch Gültigkeit beanspruchen kann, ist insofern fraglich, als sich in neuerer Zeit das Wettbewerbsrecht zu

---

13 House Report No.101-514,S.14.

14 *Clemens v. Press Publishing Co.*, 67 Misc.183, 122 N.Y.S. (N.Y.Supr.Ct. 1910); *Harris v. 20th Century Fox Film Corp.*, 43 F.Supp.119 (S.D.N.Y. 1942); *Jones v. American Law Book Co.*, 125 App.Div.519, 109 N.Y.S.706 (N.Y.App.Div. 1908); *Lake v. Universal Pictures Co.*, 95 F.Supp.768 (S.D.Cal. 1950); *Vargas v. Esquire, Inc.*, 164 F.2d 522 (7th Cir. 1947). Aus der Literatur: *DaSilva*, 28 Bull.Copyright Soc'y USA 1,43 (1980); *Kirby*, 9 Pac.L.J. 855,863 (1978); *Krigsman*, 73 Trademark Rep. 251,256 (1982); *Treece*, 16 Am.J.Comp.L. 487,501 (1968); *White*, 36 Emory L.J. 237,253 (1989).

einem effektiven Mittel zum Schutz von Aspekten des *paternity interests* entwickelt hat[15]. Dennoch sollen hier die Möglichkeiten des Vertragsrechts vorangestellt werden.

aa) Vertragsrecht

Selbstverständlich kann ein Urheber in den USA jederzeit in einem urheberrechtlichen Lizenzvertrag *ausdrücklich* vereinbaren, daß er bei jeder Nutzung seines Werkes als Urheber desselben genannt wird[16]. Solche Abreden sind bei bekannteren Urhebern üblich. Sie sind darüber hinaus deswegen sinnvoll, weil sie nach einer neueren urheberrechtlichen Rechtsprechung auch gegenüber Dritten durchgesetzt werden können, zu denen der Urheber keine unmittelbaren Vertragsbeziehungen unterhält[17]. Dennoch werden sich die meisten Urheber, insbesondere solche mit geringem Bekanntheitsgrad, höchst selten auf entsprechende Namensklauseln berufen können.

Die meisten Fälle, in denen sich ein Urheber vor Gericht zur Durchsetzung seines Rechts auf Anerkennung der Urheberschaft auf eine vertragliche Vereinbarung beruft, betreffen daher Fallgestaltungen, in denen der Urheber gerade nicht auf eine ausdrückliche Vertragsklausel verweisen kann, sondern ein konkludent vereinbartes Benennungsrecht geltend gemacht wird. Damit stellt sich die Frage, unter welchen Umständen bei einer Übertragung des Copyright ein Benennungsrecht des Urhebers als *konkludent* mitvereinbart gilt. Diese Frage ist bis heute in der amerikanischen Literatur umstritten:
Nach der herrschenden Meinung[18] muß ein Benennungsrecht des Urhebers stets ausdrücklich in einem Verwertungsvertrag vereinbart werden. Schweige der Lizenzvertrag über die Frage der Urheberbenennung, so habe der Werkverwerter das Recht erhalten, das Werk ohne Urheberbenennung zu nutzen.

---

15 Siehe dazu sogleich unten 2.Kap.,B,II,2,a,cc.

16 Vgl. z.B. die Erörterung des Gerichts in *Jones v. American Law Book Co.*, 125 App.Div.519, 109 N.Y.S.706,710 (N.Y.App.Div. 1908).

17 Vgl. zu dieser Rechtsprechung im Einzelnen noch unten 2.Kap.,B,,III,2,a,cc.

18 So z.B. *Comment*, 60 Geo.L.J.1539,1541 (1972); *DaSilva*, 28 Bull. Copyright Soc'y USA 1,43 (1980); *Diamond*, 68 Trademark Rep.244,255 (1978); *Hathaway*, 30 ASCAP Copyright L.Symp.121,129 (1983); *Kirby*, 9 Pac.L.J.,855,871 (1978); *Treece*, 16 AmJ.Comp.L.487,494 (1968).

Eine Mindermeinung vertritt den gegenteiligen Standpunkt: Im Zweifel gelte ein Benennungsrecht des Urhebers als konkludent im Lizenzvertrag mitvereinbart. Der Erwerber des Copyright sei grundsätzlich verpflichtet, den Urheber des Werkes zu nennen, es sei denn, der Vertrag gestatte ihm ausdrücklich die Nutzung des Werkes ohne Urhebernennung[19].

Die Mindermeinung beruft sich zur Stützung ihrer These in erster Linie auf die Entscheidung des New York Supreme Courts *Clemens v. Press Publishing Co.*[20]. In diesem Fall klagte ein Autor dagegen, daß sein Artikel ohne die Angabe seines Namens veröffentlicht wurde. Judge *Seabury* vom New York Supreme Court gab der Klage statt. In seinen Entscheidungsgründen findet sich eine berühmt gewordene Passage, in der er die Besonderheiten des geistigen Eigentums durch einen Vergleich mit dem Eigentum an Schweinefleisch herauszustellen versucht. In diesem Zusammenhang geht er auch auf die Rechte des Copyright-Inhabers ein:

"Even the matter-of-fact attitude of the law does not require us to consider the sale of the rights to a literary production in the same way that we would consider the sale of a barrel of pork. Contracts are to be so construed as to give effect to the intention of the parties. The man who sells a barrel of pork to another may pocket the purchase price and retain no further interest in what becomes of the pork. While an author may write to earn his living and may sell his literary productions, yet *the purchaser, in the absence of a contract which permits him so to do, cannot make as free a use of them as he could of the pork which he purchased.*

The rights of the parties are to be determined, primarily, by the contract which they make... If the intent of the parties was that the defendant should purchase the rights to the literary property and publish it, the author is entitled not only to be paid for his work, but to have it published in the manner in which he wrote it. The purchaser can not garble it or put it out under another name than the author's; *nor can he omit altogether the name of the author, unless his contract with the latter permits him so to do.*"[21]

---

19 So *Harms v. Tops Music Enterprises, Inc.*, 160 F.Supp.77,83 (S.D.Cal. 1958); *Strauss*, 4 Am.J.Comp.L.506,525 und 521 (1955); *ders.*, UFITA 23 (1957),286,306.

20 76 Misc.183, 122 N.Y.S.206 (N.Y.Supr.Ct. 1910); angeführt von *Strauss*, 4 Am.J.Comp.L. 506,521f (1955); *ders.*, UFITA 23 (1957),286,306 und *Harms v. Tops Enterprises, Inc.*, 160 aaO., S.83, Fn.22

21 *Clemens v. Press Publishing Co.*, aaO, S.183f (Hervorhebungen durch Verf.); auszugsweise in deutsch wiedergegeben in *Strauss* UFITA 23 (1957),286,306.

Die Entscheidung *Clemens v. Press Publishing Co.* scheint damit die Mindermeinung zu bestätigen, daß der Erwerber des Copyright das Recht, das Werk ohne Namensnennung zu veröffentlichen, ausdrücklich erwerben muß. Sie muß jedoch genau gelesen und im Zusammenhang mit der Fallanalyse des Gerichts betrachtet werden. Nach den eben zitierten einleitenden Worten stellte das Gericht nämlich fest, daß die Probefahnen für den Abdruck des Artikels, die der Beklagte dem Kläger zur Prüfung zugesandt hatte, noch die Angabe des Urhebers enthielten, und schloß daraus, daß die Parteien selbst den Vertrag so verstanden hatten, daß er eine Urheberangabe erfordern sollte. Das Gericht stellte daher keine allgemeine Regel zur Auslegung von Lizenzverträgen auf, sondern traf seine Entscheidung anhand des konkret gegebenen Sachverhalts. *Clemens v. Press Publishing Co.* kann deswegen nicht als Beleg für die These angeführt werden, daß sich der Erwerber des Copyright stets ausdrücklich das Recht auf Unterlassung der Namensnennung zugestehen lassen müsse, sondern vielmehr nur dafür, daß das Recht, als Urheber benannt zu werden, auch konkludent im Transfervertrag enthalten sein *kann*[22]. Eine allgemeine Regel im Sinne der Mindermeinung läßt sich hieraus nicht ableiten.

Für die Mindermeinung wird desweiteren die Entscheidung *Harms v. Tops Music Enterprises, Inc.*[23] angeführt. Dort vertrat das Bundesgericht von Southern California die allgemeine Ansicht,
"courts will protect against ... the omission of the author's name unless, by contract, the right is given to the publisher to do so"[24].
In dem Fall, den das Gericht zu entscheiden hatte, ging es jedoch überhaupt nicht um das *right of paternity*, sondern um die Verletzung eines Verwertungsrechts. Das Gericht stellte nur in einem obiter dictum die - seiner Meinung nach - geltende Rechtslage hinsichtlich der Rechte des Urhebers dar. Es berief sich dabei neben der erwähnten Entscheidung *Clemens v. Press Publishing Co.*, die eine solche allgemeine Regel bezüglich des Benennungsrechts nur scheinbar aufstellte,

---

22 Insofern ist es bezeichnend, daß *Clemens* sowohl von der h.M. als auch von der Mindermeinung zur Unterstützung der jeweiligen Ansicht zitiert wird. S. zum einen *Nimmer* § 8.21[E], S.8-314,Fn.408, zum anderen *Strauss*, 4 Am.J.Comp.L.506,521 (1955), ders., UFITA 23 (1957),286,306.

23 160 F.Supp.77 (S.D.Cal. 1958).

24 aaO S.83.

auf zwei weitere Fälle[25], deren Entscheidungen jedoch ebenfalls die These des Gerichts nicht bekräftigen können[26]. Die Darstellung des geltenden Richterrechts in *Harms v. Tops Music Enterprises, Inc.* kann daher kaum als richtig angesehen werden[27].
Nach richtiger Ansicht hat vielmehr zu keiner Zeit ein Gericht als *holding* eine allgemeine Regel dahingehend aufgestellt, daß bei der Übertragung von Urheberrechten ein Benennungsrecht des Urhebers stets als konkludent mitvereinbart gilt.

Kann somit einerseits der These der Mindermeinung nicht zugestimmt werden, so führen doch andererseits auch die Entscheidungen, die die herrschende Meinung zur Stützung ihrer Ansicht anführt[28], nicht unbedingt zu einer Bestätigung der These, daß ein Benennungsrecht stets ausdrücklich vereinbart werden müsse. Denn bei genauerer Betrachtung stellte ebenfalls keines dieser Gerichte eine allgemeingültige Regel dahingehend auf, daß der Werkverwerter im Zweifel das Werk ohne Namensnennung verwerten dürfe. Die Gerichte beschränkten die Reichweite ihrer Entscheidungen vielmehr ebenfalls - wie das Gericht in *Clemens v. Press Publishing Co.* - ausdrücklich auf die besondere Sachlage des konkreten Einzelfalles:
Im Fall *Vargas v. Esquire, Inc.*[29] erwarb der beklagte Verleger die Veröffentlichungsrechte an sämtlichen, vom Kläger Vargas gemalten Bildern, bei denen es sich meist um Frauendarstellungen handelte. Die Bilder druckte er in seiner Zeitung ursprünglich als "Varga Girls" ab. Als er die Bezeichnung der Bilder später in "Esquire Girls" abänderte, klagte Varga hiergegen und verlangte die Nennung seines Namens. Das Gericht wies die Klage mit Rücksicht auf die

---

25 *Clemens v. Belford, Clark & Co.*, 14 F.728 (C.C.Ill. 1883); *Vargas v. Esquire, Inc.*, 164 F.2d 522 (7th Cir. 1947).

26 In *Clemens v. Belford, Clark & Co.*, 14 F.728 (C.C.Ill. 1883) ging es dem Kläger nicht darum, die Nennung seines Namens zu verlangen, sondern der Kläger wollte die Nennung seines (Künstler-)Namens "Mark Twain" verbieten lassen. *Vargas v. Esquire, Inc.*, 164 F.2d 522 (7th Cir. 1947) betraf einen Fall, in dem der Kläger sein Recht auf Namensnennung gerade nicht durchsetzen konnte (siehe dazu sogleich unten).

27 Ebenso *Nimmer* § 8.21[E], S.8-315: "inaccurate".

28 Angeführt werden: *Harris v. 20th Century Fox Film Corp.*, 43 F.Supp.119 (S.D.N.Y. 1942); *Jones v. American Law Book Co.*, 125 App.Div.519, 109 N.Y.S.706 (N.Y.App.Div. 1908); *Vargas v. Esquire, Inc.*, 164 F.2d 522 (7th Cir. 1947); *Morton v. Raphael*, 334 Ill.399, 79 N.E.2d 522 (1948).

29 164 F.2d 522 (7th Cir. 1947).

konkrete Vertragsgestaltung ab. Der Lizenzvertrag zwischen den Parteien enthielt nämlich eine Klausel, nach der alle Namensrechte zu "Varga, Varga Girl" und "Varga Esq" auf den Beklagten übergehen sollten. Angesichts dieser weiten Aufgabe von Namensrechten schloß der Court of Appeals, daß "...die Tatsache, daß kein Vorbehalt (sc. bezüglich der Urheberangabe) im Vertrag enthalten war, stark dafür spricht, daß er absichtlich weggelassen worden ist."[30] Das Gericht sprach folglich in *Vargas v. Esquire, Inc.* keine allgemeine Regel dahingehend aus, daß der Urheber im Zweifel seine Namensrechte verliere, sondern entschied nur, daß der Verleger in diesem konkreten Fall aufgrund der besonderen Sachlage das Recht auf Werknutzung ohne Namensnennung vertraglich erworben habe[31].

Ähnlich ist es im Fall *Harris v. 20th Century Fox Film Corp*[32]. Dort beanspruchte der Kläger Harris, in einem Film der Beklagten als *"co-screen editor"* aufgeführt zu werden. Das Gericht wies die Klage ab. Es maß dabei der Tatsache besondere Bedeutung zu, daß der Kläger von seinem Agenten darüber informiert worden war, daß die Beklagte den Vertrag so verstanden wissen wollte, daß Harris kein Recht auf Namensangabe zustehen solle. Auch hier stellte folglich das Gericht nicht auf eine allgemeine Regel, sondern auf die Vertragsausgestaltung in dem speziellen Einzelfall ab[33]. Gleiches gilt für *Jones v. American Law Book Co.*[34].

In dem letzten von der h.M. angeführten Fall schließlich, der Entscheidung *Morton v. Raphael*[35], wies der Appelate Court von Illinois die Klage der Urheberin auf Namensnennung bereits deswegen ab, weil sie ihr *common law copyright*, auf das sie ihre Klage gestützt hatte, durch die Veröffentlichung des Werkes vollständig verloren habe.

---

30 "...the fact that no reservation was contained in the contract strongly indicates that it was intentionally omitted." *Vargas v. Esquire, Inc.*, aaO,S.526.

31 Dies übersieht auch *Peifer* ZUM 1993,325,332.

32 43 F.Supp.119 (S.D.N.Y. 1942).

33 Siehe ebenso *Susy Products, Inc. v. Greeman*, 140 N.Y.S.2d 904 (N.Y.Supr.Ct. 1955) (kein automatischer Erwerb des Namensrecht des Urhebers durch Kauf seiner Gesellschaftsanteile von einer Gesellschaft, die seine Produkte vertreibt).

34 125 App.Div.519, 109 N.Y.S.706,707 (N.Y.App.Div. 1908): "The reasonable interpretation of the contract precludes him (sc. den Urheber) from this right (sc. Benennungsrecht)."

35 334 Ill.399, 79 N.E.2d 522 (1948). In diesem Fall klagte die Malerin eines Hotel-Wandgemäldes dagegen, daß ihr Gemälde auf einem Werbebild zu sehen sei, ohne daß ihr Name angegeben werde.

Die Rechtsprechung in den USA stellte daher keineswegs feste Vermutungsregeln darüber auf, ob im Zweifel ein Recht auf Urheberbenennung besteht oder nicht besteht. Die Gerichte stellten bei ihren Entscheidungen vielmehr jeweils auf die besonderen Umstände des Einzelfalles ab, ohne darüber hinaus feste Auslegungsregeln für andere Fallgestaltungen aufzustellen. Bei der Beurteilung des konkret zu entscheidenden Sachverhaltes berücksichtigte die Rechtsprechung vor allem Art und Ablauf der Vertragsverhandlung. Zeigt sich hieraus, daß beide Parteien bei Abschluß des Vertrages davon ausgegangen sind, daß die Werknutzung unter Angabe des Urhebers erfolgen würde, so gilt ein Benennungsrecht als vertraglich vereinbart[36]. Darüber hinaus kann die Branchenüblichkeit der Urheberbenennung beachtlich sein[37]. Allerdings scheinen hier von der Rechtsprechung strenge Anforderungen gestellt zu werden. So hielt das Berufungsgericht von New York z.B. den Nachweis einer Branchenüblichkeit der Verfasserangabe bei juristischen Artikeln für nicht erbracht[38]. Es ist bislang kein Fall ersichtlich, in dem ein amerikanisches Gericht die konkludente Vereinbarung eines Benennungsrechts allein aus dessen Branchenüblichkeit abgeleitet hat.

Zusammengefaßt läßt sich sagen: Die Geltendmachung einer konkludenten Namensabsprache durch den Urheber ist möglich. Es müssen jedoch erhebliche Anzeichen dafür vorliegen, daß die Parteien bei Abschluß des Lizenzvertrages tatsächlich die Benennung des Urhebers vereinbaren wollten. Insbesondere das Berufen auf entsprechende Branchenübungen reicht in der Regel nicht aus. Im Ergebnis neigt die Rechtsprechung - insofern ist der h.M. Recht zu geben - bei

---

36 *Clemens v. Press Publishing Co.*, 76 Misc.183,184, 122 N.Y.S.206 (N.Y.Sup.Ct. 1910).

37 Vgl. *Poe v. Michael Todd Co.*, 151 F.Supp.801 (S.D.N.Y. 1957), wo das Gericht in einem ähnlich wie *Harris* liegenden Fall andeutet, daß das gewöhnliche Geschäftsgebaren konkludent im Vertrag enthalten sein kann. Auch *Jones v. American Law Book Co.*, 125 App.Div.519, 109 N.Y.S.706,710 (N.Y.App.Div. 1908), wo das Gericht allerdings die Branchenüblichkeit für nicht bewiesen erachtete.
Auch in *Preminger v. Columbia Pictures Corp.*, 49 Misc.2d 363,366, 267 N.Y.S.2d 594, 148 USPQ 398 (N.Y.Sup.Ct. 1966) stellte das Gericht den Grundsatz auf, daß bei Fehlen besonderer vertraglicher Abreden eine Vermutung dafür spricht, daß die Parteien eine Werknutzung zu den branchenüblichen Bedingungen wollten (dort allerdings zum *right of integrity*).
Die Annahme einer konkludenten Abrede bei entsprechender Branchenübung sieht auch *Nimmer* § 8.21[E], S.8-318f als möglich an.

38 *Jones v. American Law Book Co.*, 125 App.Div.519, 109 N.Y.S.706,710 (N.Y.App.Div. 1908).

Fehlen einer besonderen vertraglichen Klausel eher dazu, ein Benennungsrecht des Urhebers abzulehnen als anzunehmen.

bb) Deliktsrecht

Angesichts dieser Schutzlücke haben Gerichte und Autoren in Einzelfällen versucht, die Anerkennung des Rechts auf Namensnennung auf anderen Wegen zu erreichen. Der Weg über das Deliktsrecht hat sich dabei nur selten als gangbar erwiesen. Voraussetzung für die Annahme einer unerlaubten Handlung ist das Bestehen eines allgemeinen Rechts des Urhebers auf Namensnennung, das durch eine Werknutzung ohne Namensnennung verletzt werden könnte. Gerade hieran mangelt es jedoch im amerikanischen Recht, da ein allgemeines Recht des Urhebers auf Namensnennung nach der amerikanischen Rechtsprechung und Literatur eben gerade nicht besteht, sondern vertraglich vereinbart werden muß.

Dennoch gab der Court of Appeals aus dem Bundesstaat Ohio in der Entscheidung *Bajbayee v. Rothermich*[39] einer Klage eines Urhebers auf Namensnennung unter Berufung auf das Deliktsrecht statt. In diesem Fall klagte Bajbayee gegen seinen Forscherkollegen Rothermich, weil dieser seine in einem unveröffentlichten Artikel niedergelegten Forschungsergebnisse als eigene präsentiert habe, ohne ihn als Urheber des Artikels zu nennen[40]. Bajbayee stützte seine Klage auf *"invasion of privacy"*[41] und "prima facie" Delikt[42]. Das Gericht gab der Klage statt, ohne genau zu spezifizieren, aus welchem Recht die Klage begründet war. Es meinte:

"Is there a right in plaintiff to be recognized for his work product which was violated by defendant's claiming that work product as his own? We conclude that there is such a right."[43]

und stellte lakonisch fest:

"It makes no difference whether we label this claim for relief plagiarism, invasion of privacy, or prima facie tort..."[44]

---

39 53 Ohio App.2d 117, 372 N.E.2d 817 (Ohio Ct.App. 1977).

40 Der Kläger hatte (aus Gründen, die das Gericht nicht nennt) kein *common law copyright* an seinem Artikel.

41 Das *right of privacy* entspricht in etwa dem deutschen allgemeinen Persönlichkeitsrecht.

42 Ein "prima facie tort" ist die absichtliche Schädigung eines anderen durch eine Handlung, die für sich genommen rechtmäßig ist.

43 aaO, S.821.

44 aaO, S.820.

Die Entscheidung kann mit ihrer schwachen Analyse der Gesichtspunkte, unter denen der Kläger seinen Anspruch geltend machte, wenig überzeugen. Auf die entscheidende Frage, woraus sich ein allgemeines Recht des Urhebers, die Nennung seines Namens zu verlangen, ableiten könnte, geht das Gericht mit keinem Wort ein. Gerade hier wäre jedoch angesichts des Fehlens jeglicher Vorläuferentscheidungen eine eingehendere Begründung der Entscheidung vonnöten gewesen. Dennoch ist *Bajpayee v. Rothermich* insofern von Bedeutung, als ein Urheber erstmals sein Recht auf Urheberbenennung auch ohne vertragliche Abrede durchsetzen konnte. Die Fallgestaltung würde vermuten lassen, daß der Fall heute - mit dem gleichen Ergebnis - unter Berufung auf das Wettbewerbsrecht entschieden würde.

cc) Wettbewerbsrecht

In neuerer Zeit hat eine interessante Entwicklung der amerikanischen Rechtsprechung das Wettbewerbsrecht zu einem effektiven Mittel erstarken lassen, um urheberpersönlichkeitsrechtliche Interessen aus dem Bereich des *paternity interests* vor Gericht durchzusetzen. Diese Entwicklung hat manche Autoren sogar zu der Äußerung veranlaßt, daß es das Recht auf Anerkennung der Urheberschaft sei, das von den verschiedenen Komponenten des Urheberpersönlichkeitsrechtes am besten geschützt sei[45].

Ausgangspunkt dieser Rechtsprechungsentwicklung ist die Entscheidung *Smith v. Montoro* des Bundesberufungsgerichts des 9. Circuit[46] aus dem Jahre 1981[47]. Das Gericht entschied hier erstmals[48], daß das Unterlassen einer Urheberangabe

---

45 *Ginsburg/Kernochan*, 13 Columbia-VLA J.Law & Arts 1,36 (1988); *Stevenson*, 6 ASCAP Copyright L.Symp.89,97 (1953); s.auch *DaSilva*, 28 Bull.Copyright Soc'y USA,1,42 (1980).

46 Der 9.Circuit umfaßt unter anderem die District Courts aus Kalifornien, aus denen viele der neueren Entscheidungen im Bereich des Urheber- und Medienrechts hervorgegangen sind.

47 648 F.2d 602, 211 USPQ 775 (9th Cir. 1981).

48 In einem früheren, auf den ersten Blick entlegenen Fall aus dem Jahre 1939 hat der Federal Court of Appeals des 10.Circuit schon einmal nach Wettbewerbsrecht entschieden (*Paramount Pictures, Inc. v. Leader, Inc.*, 106 F.2d 229 (10th Cir. 1939)). Dort verklagte eine Filmproduktionsfirma eine Druckerei, die für Dritte Plakate zu einem Film der Klägerin herstellte. Die Klägerin beanstandete neben minderwertigen Personendarstellungen an diesen Plakaten insbesondere, daß sie nicht als Filmproduzent genannt wurde. Da Filme nach amerikanischem Recht sog. "works made for hire" sind, gilt nach Sec.201(b) CopA der Filmproduzent als der Urheber des Werkes.

(Fortsetzung...)

eine wettbewerbswidrige Handlung darstellen kann. Kläger war der Schauspieler Paul Smith[49]. Dieser hatte in einem Vertrag mit dem italienischen Filmproduzenten Producioni Atlas Cinematografica (PAC) *"star billing"* ausgehandelt, d.h. das Recht, in Film und Werbung als erster Schauspieler genannt zu werden. PAC war zudem dazu verpflichtet, dafür zu sorgen, daß seine Vertriebsfirmen Smith ebenfalls "star billing" gewährten. PAC verkaufte die Vertriebsrechte für die USA u.a. an die Beklagte Montoro. Diese strich Smith's Namen in Film und Werbung und ersetzte ihn durch den Namen eines anderen Schauspielers, Bud Spencer. Hiergegen klagte Smith vor dem erstinstanzlichen Bundesgericht im Central District of California. Das Gericht hielt sich für unzuständig, da kein Bundesrecht verletzt sei[50]. In seiner Berufungsentscheidung hob der Court of Appeals vom 9. Circuit in einem vielbeachteten Urteil die erstinstanzliche Entscheidung auf. Er vertrat die Ansicht, daß die Beklagte durch ihr Verhalten Sec.43(a) des Lanham Acts verletzt habe. Folglich seien die Bundesgerichte zuständig.

Der Lanham Act ist das Bundeswarenzeichen- und wettbewerbsgesetz. Sec.43(a) des Lanham Acts, die zentrale wettbewerbsrechtliche Bestimmung des Gesetzes, verbietet fehlerhafte Ursprungsbezeichnungen (*false designation of origin*) oder andere falsche Kennzeichnungen (*false description or representation*) von Produkten und Dienstleistungen im Wirtschaftsverkehr. In seinem einschlägigen Teil besagt sie:

---

48 (...Fortsetzung)
Die Klägerin hätte sich also möglicherweise auf ein *right of paternity* als Urheber berufen können. Der Begriff *right of paternity* fällt jedoch in der Entscheidung überhaupt nicht. Vielmehr stellte das Gericht fest, die Darstellungen des Plakates seien irreführend und verstießen gegen das Wettbewerbsrecht. Ob das Gericht dabei in erster Linie auf die minderwertigen Personendarstellungen abstellte oder auf den unterlassenen Produzentennamen, ist der Entscheidung nicht zu entnehmen.

49 Im Fall *Smith v. Montoro* ging es daher nicht um das Benennungsrecht eines Urhebers, sondern um das eines ausübenden Künstlers. Die Erörterungen des Gerichts treffen jedoch in gleichem Maße auf das Benennungsrecht der Urheber zu.

50 *Smith* klagte unter Berufung auf Vertrag, Delikt ("false light publicity"), Verstoß gegen kalifornisches Wettbewerbsrecht und § 43(a) Lanham Act. Nur der Anspruch nach § 43(a) Lanham Act ist davon ein bundesrechtlicher Anspruch. Nach amerikanischem Recht sind die Bundesgerichte nur zuständig, wenn entweder nach Bundesrecht zu entscheiden ist oder *diversity of citizenship* besteht, d.h. Kläger und Beklagter aus verschiedenen Bundesstaaten kommen. Hier waren sowohl Kläger als auch Beklagter aus Kalifornien. Da Vertrag, Delikt und kalifornisches Wettbewerbsrecht sämtlich *state law*-Ansprüche waren, war das Federal District Court nur zuständig, wenn ein Anspruch unter dem einzigen *federal law claim* gegeben war, dem Anspruch aus § 43(a) Lanham Act. Genau diesen Anspruch lehnte das Gericht ab.

"Any person who shall affix, apply, or annex, or use in connection with any goods and services ... a false designation of origin, or any false designation or representation ... and shall cause such goods or services to enter into commerce ... shall be liable to a civil action ... by any person who believes that he is or is likely to be damaged by the use of any such false designation or representation."

Die Vorschrift entspricht in ihrem Anwendungsbereich in etwa dem deutschen § 3 UWG. Sie hat sich seit ihrem Inkrafttreten in 1946 zu einer äußerst effektiven und weitreichenden Vorschrift im Recht gegen den unlauteren Wettbewerb entwickelt[51] - u.a. aus folgenden Gründen:
(1) Die Anmeldung und Zulassung eines Waren- oder Dienstleistungszeichens ist nicht Voraussetzung für einen Anspruch nach Sec.43(a) Lanham Act[52];
(2) Klagen kann nicht nur, wer sich mit dem Beklagten in unmittelbarem Wettbewerb befindet, sondern jeder, der glaubt, durch das Handeln des Beklagten Schaden zu erleiden[53];
(3) Der Kläger braucht nicht eine tatsächlich eingetretene Verbrauchertäuschung zu beweisen, vielmehr ist die Wahrscheinlichkeit einer Verbrauchertäuschung (*likelihood of confusion*) ausreichend[54].

Nach Meinung des Court of Appeals stellte Montoros Handeln einen Fall von "reverse passing off" dar, welcher gegen Sec.43(a) Lanham Act verstoße[55]. Als "reverse passing off" bezeichnet man im amerikanischen Wettbewerbsrecht Fälle, bei denen eine Person fremde Produkte als eigene oder als die eines Dritten

---

51 Aufgrund ihres weiten Anwendungsbereichs hat die Vorschrift des Sec.43(a) Lanham Act in den letzten Jahrzehnten die einzelstaatlichen *common law*-Klagen wegen *unfair competition* mehr und mehr ersetzt (vgl. *Hathaway*, 30 ASCAP Copyright L.Symp. 121,146 (1983)).

52 *Smith v. Montoro*, 648 F.2d 602,605 (5th Cir. 1981); s. auch *Boston Professional Hockey Association v. Dallas Cap & Emblem Mfg, Inc.*, 510 F.2d 1004, 1010 (5th Vir 1975); *New West Corp. v. NYM Co. of California, Inc.*, 595 F.2d 1194, 1198 (9th Cir. 1979).

53 *Smith v. Montoro*, 648 F.2d 602,607 (9th Cir. 1981); s. auch *L'Aiglon Apparel Co. v. Lana Lobell, Inc.*, 214 F.2d 649,651 (3d Cir. 1954); *Fleischmann Distilling Corp. v. Maier Brewing Co.*, 314 F.2d 149,151 (9th Cir 1963), *cert. denied*, 374 U.S. 830, 83 S.Ct.1870 (1963); *F.E.L. Publications. Ltd. v. National Conference of Catholic Bishops*, 466 F.Supp. 1034,1044 (N.D.Ill. 1978).

54 *Geisel v. Poynter Products, Inc.*, 283 F.Supp.261,266 (S.D.N.Y. 1968).

55 *Smith v. Montoro*, 648 F.2d 602,607 (9th Cir. 1981).

anbietet, sich also eine fremde Leistung zu eigen macht[56]. Weiter unterscheidet man je nachdem, ob sich der Wettbewerber das fremde Produkt ausdrücklich oder konkludent zu eigen macht, zwischen einem "express reverse passing off" und einem "implied reverse passing off". Bei einem "implied reverse passing off" stellt sich der Wettbewerbsverletzer nur konkludent als echter Hersteller dar, indem er den Namen des tatsächlichen Herstellers unterdrückt. Demgegenüber liegt ein "express reverse passing off" vor, wenn der Name des wahren Herstellers nicht nur weggelassen, sondern durch die Angabe eines unrichtigen Herstellernamens ersetzt wird. Bei einem Fall des "express reverse passing off" geht es dem Urheber daher um zwei Komponenten seines Rechts auf Anerkennung, nämlich einmal, die Anmaßung der Urheberschaft durch Dritte abzuwehren, und zum anderen, selbst als Urheber genannt zu werden. Beim "implied reverse passing off" geht es ihm hingegen nur um die zweite Komponente, das positive Benennungsrecht.

In *Smith v. Montoro* sah das Gericht in dem Verhalten des Beklagten ein "express reverse passing off", da Smiths Namen nicht nur vom Film entfernt, sondern auch durch einen anderen ersetzt worden sei. Der Beklagte habe sich damit das Ergebnis von Smith's Schauspielleistung widerrechtlich angeeignet, denn Smith sei um den Werbewert seiner Leistung[57] beraubt worden. Diese Rechtsprechung ist seither durch die verschiedensten Gerichte in den USA bestätigt worden: Bereits 1982 urteilte das Bundesgericht von Süd-Florida in *Marling v. Ellison*[58], daß der Beklagte dadurch, daß er ein Kochbuch des Klägers weitgehend nachgeahmt habe, nicht nur dessen Copyright, sondern wegen der fehlenden Angabe des wahren Urhebers auch Sec.43(a) Lanham Act verletzt habe[59]. Zwei Jahre später, 1984, entschied das Bundesgericht in Central District of California in *Meta*

---

56 Hiervon zu unterscheiden ist der Fall des häufigeren *"passing off"* (auch *"palming off"* genannt), der vorliegt, wenn ein Hersteller seine eigenen Produkte als die eines anderen anbietet. Hier macht sich der Wettbewerber nicht die fremde Leistung, sondern den fremden Ruf zunutze.

57 Der Court of Appeals betonte ausdrücklich den hohen Wert, den die Namensnennung für Künstler in der Filmbranche habe: "... big box office names are built, in part, through being prominently featured in popular films and by receiving appropriate recognition in film credits and advertising. Since the actor's fees for pictures, and indeed, their ability to get any work at all, is often based on the drawing power their name may be expected to have at the box office, being accurately credited for films in which they have played would seems to be of critical importance in enabling actors to sell "services", i.e., their performances." (*Smith v. Montoro*, aaO, S.607).

58 218 USPQ 702 (S.D.Fla. 1982).

59 Das Gericht ging dabei mit keinem Wort auf die Entscheidung *Smith v. Montoro* ein und hatte diese offensichtlich noch nicht gekannt.

Film Associates, Inc. v. MCA[60] unter ausdrücklicher Berufung auf *Smith v. Montoro*, daß es wettbewerbswidrig sei, ein Screenplay einem Dritten zuzuschreiben. 1986 erörterte das Bundesgericht vom Southern District of New York in *Sims v. Blandris, Inc.*[61], ob sich aus Sec.43(a) Lanham Act der Anspruch eines Schlagzeugers gegen die Veröffentlichung einer Schallplatte herleiten lasse, auf der der Jazzpianist Chick Corea statt seiner als Hauptmusiker angegeben worden war. Im folgenden Jahr 1987 entschied das Bundesgericht im Western District of Arkansas im Fall *Dodd v. Fort Smith Special School District*, daß ein Buch, das Schüler und Lehrer in einer Journalismusklasse angefertigt hatten, nicht unter dem Namen eines unbeteiligten Dritten veröffentlicht werden dürfe[62]. Schließlich bekamen 1988 in *Lamothe v. Atlantic Recording Corp.*[63] zwei von drei Co-Songwriters Recht, die dagegen klagten, daß nur der dritte Co-Songwriter als Komponist auf einer Schallplatte aufgeführt worden war. Der Court of Appeals des 9. Circuit bestätigte dabei ausdrücklich seine *Smith v. Montoro*-Entscheidung und gab dieser Klage wiederum unter dem Gesichtspunkt des "reverse passing off" statt[64]. Auch in anderen Fällen konnte inzwischen das Recht auf Urheberbenennung über Sec.43(a) Lanham Act erfolgreich geltend gemacht werden[65].

Damit haben sich in den letzten Jahren bemerkenswert viele Urheber zum Schutze ihres *paternity interests* auf Sec.43(a) Lanham Act berufen können. Dennoch ist

---

60 586 F.Supp.1346,1362f (C.D.Cal. 1984) (Benutzung eines fremden Screenplays ohne Angabe des Urhebers).

61 648 F.Supp.480 (S.D.N.Y. 1986); das Gericht gab der Klage des Schlagzeugers letztendlich nicht statt, sondern entschied, daß der Kläger seine Ansprüche der Beklagten durch Vergleich erlassen hatte.

62 *Dodd v. Fort Smith Special School District No.100*, 666 F.Supp.1278 (W.D.Ark 1987).

63 847 F.2d 1403 (9th Cir. 1988).

64 Eine weiteres Mal bestätigte das Gericht seine Rechtsprechung in *Shaw v. Lindheim*, 919 F.2d 1353 (9th Cir. 1990) (Klage eines TV-Schriftstellers gegen einen Kollegen wegen angeblicher unrechtmäßiger Nutzung seines Scripts für eine TV-Serie). Das Gericht beschränkte dabei die Anwendung des § 43(a) Lanham Act allerdings auf Fälle, in denen das Werk des Urhebers ohne Namensnennung genutzt wird. Ein Urheber habe keinen Anspruch aus § 43(a) Lanham Act, wenn nur eine Bearbeitung seines Werkes veröffentlicht werde, ohne seinen Namens als Urheber des Originals anzugeben. Er sei in solchen Fällen hinreichend durch den Copyright Act geschützt.

65 Z.B. *Rosenfeld v. Saunders*, 728 F.Supp. 236 (S.D.N.Y. 1990) (Klage der Erben eines Medizinprofessors auf Nennung seines Namens als Co-Autor eines Werks über plastische Chirurgie; zustimmend im obiter dictum auch *CCNV v. Reid*, 846 F.2d 1485,1498 (1st Cir. 1988).

die Tragweite der zitierten Entscheidungen geringer, als der erste Anschein vermuten läßt. Denn zum einen betrafen sämtliche erwähnten Entscheidungen Fälle, in denen ein Dritter als Urheber benannt worden war, also Fälle eines "express reverse passing off". Keine der angegebenen Entscheidungen hatte es mit einem "implied reverse passing off" zu tun, also einer Fallgestaltung, in der nur die Nennung des Urhebers unterlassen, nicht jedoch ein Dritter an dessen Stelle als Urheber benannt worden war. Zum anderen wurde von den Gerichten zwar stets die falsche Urheberangabe als wettbewerbswidrig befunden und untersagt. In keinem Fall verpflichtete ein Gericht aber den Werknutzer, stattdessen den Namen des wahren Urhebers anzugeben. Damit stellt sich die Frage, ob sich aus Sec.43(a) Lanham Act tatsächlich über ein reines Untersagungsrecht hinaus ein positives Forderungsrecht auf Angabe des eigenen Namens als Urheber ableiten läßt.

Ein solches positives Benennungsrecht könnte sich aus Sec.43(a) Lanham Act nur dann ergeben, wenn das schlichte Weglassen der Urheberbezeichnung - das heißt, ohne daß ein Dritter fälschlich als Urheber bezeichnet wird - eine Form des "implied reverse passing off" darstellen würde und deswegen wettbewerbswidrig im Sinne der Sec.43(a) Lanham Act wäre. Der Court of Appeals des 9. Circuits scheint dieser Ansicht zuzuneigen[66], denn das Gericht betont in *Smith v. Montoro* ausdrücklich, daß auch Fälle von "implied reverse passing off" von Sec.43(a) Lanham Act erfaßt würden[67]. Ob in der Weglassung der Urheberbenennung jedoch tatsächlich ein Fall eines "implied reverse passing off" zu sehen ist, erscheint jedoch zweifelhaft. Jeder Fall von "reverse passing off" setzt nämlich voraus, daß sich ein Wettbewerber die Leistung eines anderen ausdrücklich oder konkludent zu eigen macht. Präsentiert ein Hersteller von Waren das Produkt eines anderen Herstellers unter Weglassung dessen Firma, Namens oder Warenzeichen, so suggeriert er damit gegenüber dem Verbraucher, er selbst sei der Hersteller des fremden Produktes. Diese Situation läßt sich jedoch nicht ohne weiteres auf die Beziehung Urheber-Werknutzer übertragen. Nutzt ein Copyright-Inhaber ein fremdes Werk ohne Angabe des Urhebernamens, so impliziert er damit in der Regel noch nicht, daß er selbst der Urheber des Werkes sei. Dies liegt schon daran, daß in vielen Bereichen wie z.B. der Werbebranche das Fehlen einer Urheberkennzeichnung branchenüblich ist und der Verbraucher die Angabe des Urhebers gar nicht erwartet. Sehr häufig sind Werknutzer juristische Personen, bei

---

66 Ebenso *Nimmer* § 8.21[E], 8-318; *Ginsburg/Kernochan*, 13 Columbia-VLA Law & Arts 1,36 (1988).

67 *Smith v. Montoro*, 648 F.2d 602,605,607 (9th Cir. 1981); ebenso in *Lamothe v. Atlantic Recording Corp.*, 847 F.2d 1403,1406 (9th Cir. 1988).

denen es offensichtlich ist, daß sie das Werk gar nicht selbst erschaffen haben können. Auch hier ist eine Verbrauchertäuschung durch die Weglassung des Urhebernamens nicht zu erwarten. Nur dort, wo eine für die Fälle des "implied passing off" typische Konkurrenzsituation entsteht, wo also ein Urheber das Werk eines anderen ohne Nennung des wirklichen Urhebers präsentiert, kann in dem Weglassen der Urheberangabe die konkludente Aussage liegen, das Werk des fremden Urhebers selbst geschaffen zu haben.

Es läßt sich somit festhalten, daß Fälle, in denen ein Urheber die positive Nennung seines Namens aufgrund Sec.43(a) Lanham Act verlangen kann, höchst selten sind[68]. Im Regelfall kann ein Urheber zwar die Nennung eines fremden Namens verhindern, nicht jedoch seinen eigenen Namen an dessen Stelle setzen. Ein allgemeines Recht auf Anerkennung der Urheberschaft läßt sich daher aus Sec.43(a) Lanham Act nicht ableiten.

dd) Zwischenergebnis zu a)

Urheber, die kein *work of visual art* herstellen, können ein Benennungsrecht nur unter Berufung auf eine ausdrückliche oder konkludente vertragliche Abrede durchsetzen. Hinsichtlich eines konkludent vereinbarten Benennungsrecht stellen die Gerichte hohe Beweisanforderungen. Im Regelfall lehnt die Rechtsprechung ein Benennungsrechts ohne deutliche Anzeichen für eine vertragliche Vereinbarung ab.

b) Das negative Recht, ein Bestreiten der Urheberschaft zu untersagen

Die negative Komponente des *paternity interests* betrifft das Interesse des Urhebers, ein Bestreiten seiner Urheberschaft, insbesondere durch Anmaßung der Urheberschaft durch Dritte abzuwehren.

---

68 Denkbar wäre die Herleitung eines positiven Benennungsrechts zum Beispiel in Fällen einer Miturheberschaft, bei denen sich der Miturheber A ausbedungen hat, als Urheber benannt zu werden. Würde hier der Werknutzer nur A als Schöpfer des Werkes angeben, so läge hierin ein Fall von "express reverse passing off", da das Werk unter einer nicht vollständigen und damit falschen Urheberbezeichnung präsentiert worden ist (vgl. *Lamothe v. Atlantic Recording Corp.*, 847 F.2d 1403 (9th Cir. 1988)). Da der Werknutzer aufgrund der vertraglichen Absprache mit A auf jeden Fall verpflichtet ist, A als Urheber zu benennen und es ihm daher nicht offensteht, gar keine Namensangabe zu machen, könnte das Gericht unmittelbar die Verpflichtung aussprechen, auch B als Urheber anzugeben.

aa) Die Anmaßung der Urheberschaft durch Dritte

Die Anmaßung der Urheberschaft durch Dritte stellt einen Fall eines "express reverse passing off" dar und kann daher vom Urheber nach Sec.43(a) Lanham Act untersagt werden. Insofern kann auf die oben angegebene Rechtsprechung zu Sec.43(a) Lanham Act verwiesen werden[69]. Dies entspricht heute der allgemein in der Literatur vertretenen Meinung[70].

Mehrere Umstände machen dabei Sec.43(a) zu einem wirksamen Mittel zur Durchsetzung des *right of paternity*:

(1) § 43(a) gibt dem Urheber nicht nur einen Schadensersatz-, sondern auch einen vorbeugenden Unterlassungsanspruch[71]. Voraussetzung dafür ist das Bestehen eines vernünftigen Schutzinteresses[72]. Dieses muß zwar aufgrund des wettbewerbsrechtlichen Charakters des Lanham Acts wirtschaftlicher Art sein. Ein rein persönlichkeitsrechtliches Interesse reicht nicht aus. In der Regel wird ein Urheber jedoch keine Schwierigkeiten haben, ein glaubhaftes wirtschaftliches Interesse an der Urheberbenennung vorzubringen.

(2) Eine Klage nach Sec.43(a) Lanham Act ist auch nach dem Tode des Urhebers möglich[73]. Auch dann noch kann nämlich die Öffentlichkeit über den Ur-

---

69 Vgl. oben unter 2.Kap.,B,II,2,a,cc. - S. für die Zeit vor 1981 auch die Entscheidung *Nelson v. RCA*, 148 F.Supp. 1 (S.D.Florida 1957). Dort klagte ein Sänger aus Glen Millers Big Band dagegen, daß auf einer Schallplatte ein unbeteiligter Dritter als Sänger eines Stückes genannt wurde, das tatsächlich von ihm gesungen wurde. Das Gericht entschied - allerdings ohne anzugeben, aus welchem Recht es den geltend gemachten Anspruch herleitete -, daß RCA auf seinen Schallplatten künftig die Falschbenennung unterlassen müsse. Gleichzeitig verweigerte es jedoch dem Kläger wegen seines Arbeitsvertrages zwischen ihm und Glen Miller das Recht, selbst auf dem Schallplattencover als Sänger genannt zu werden

70 *DaSilva*, 28 Bull.Copyright Soc'y USA 1,42 (1980); *Hathaway*, 30 ASCAP Copyright L.Symp.121,127ff (1983); *Kirby*, 9 Pac.L.J.855,867ff (1978).

71 Siehe für viele *Mushroom Makers, Inc. v. R.G.Barry Corp.*, 580 F.2d 44,47 (2d Cir. 1978) und *Rosenfeld v. Saunders*, 728 F.Supp.236,242 (S.D.N.Y. 1990).

72 *Johnson & Johnson v. Carter-Wallace, Inc.*, 631 F.2d 186, 190 (2d Cir. 1980); *Rosenfeld v. Saunders*, 728 F.Supp. 236,242 (S.D.N.Y. 1990).

73 Vgl. *Rosenfeld v. Saunders*, aaO, wo die Tatsache, daß die Erben hier die Nennung eines Verstorbenen als Co-Autoren geltend machen wollen, nicht einmal als problematisch diskutiert wird.

sprung eines Werks getäuscht sein. Die Erben sind klageberechtigt, da sie in der Regel ein wirtschaftliches Interesse an der korrekten Urheberbenennung geltend machen können[74].

Auf der anderen Seite ist jedoch auch zu berücksichtigen, daß Sec.43(a) Lanham Act als wettbewerbsrechtliche Vorschrift nicht dem Schutz persönlichkeitsrechtlicher Interessen, sondern der Erreichung wettbewerbsrechtlicher Zielsetzungen dient:
- Personen im Wirtschaftsverkehr sollen vor der unautorisierten Nutzung ihres Geschäftsrufs oder ihrer Geschäftsleistung durch Dritte geschützt werden;
- Verbraucher sollen vor irreführenden Herkunftsangaben bewahrt werden.

Der Schutz eines persönlichkeitsrechtlichen Interesses ist daher nicht Zweck, sondern höchstens Nebenprodukt der Sec.43(a) Lanham Act[75]. Dies unterscheidet Sec.43(a) Lanham Act nicht nur in der dogmatischen Zielsetzung erheblich von einem echten Persönlichkeitsrecht, sondern hat auch praktische Konsequenzen:

(1) Jede Rechtsstellung des Urhebers nach Sec.43(a) Lanham Act ist frei verzichtbar, denn Sec.43(a) Lanham Act stellt ein wirtschaftliches Recht dar, das gegen die unautorisierte Nutzung einer wirtschaftlichen Leistung durch Dritte schützen soll. Die Rechtsstellung des Urhebers ist daher dispositiv. Ein Verzicht des Urhebers ist selbst dann wirksam, wenn aufgrund des Verzichts die Wahrscheinlichkeit einer Verbrauchertäuschung besteht. Daher sind "Ghostwriter"-Verträge, in denen sich ein Autor zum Schreiben eines Buches verpflichtet, das anschließend unter dem Namen des Auftraggebers erscheinen soll, nach amerikanischem Recht ohne weiteres wirksam[76].

(2) Darüber hinaus wird die Meinung vertreten, der Lanham Act biete nur dann Schutz, wenn der Urheber bereits einen gewissen Bekanntheitsgrad erworben hat[77]. Ob diese Ansicht zutrifft, ist indes zweifelhaft. Denn Sec.43(a) Lan-

---

74 Z.B. deswegen, weil die Werbewirksamkeit eines erfolgreichen Buches oder Artikels zum Kauf anderer anregt, an dessen Kaufpreis die Erben mitverdienen.

75 *Hathaway*, 30 ASCAP Copyright L.Symp.121,145 (1983); *Kirby*, 9 Pac.L.J.855,870f (1978).

76 Vgl. den Fall *Vargas v. Esquire*, 164 F.2d 522 (7th Cir. 1947), in dem ein Künstler mit den von ihm gemalten Bildern sein Recht auf Namensnennung im Zusammenhang mit den Bildner veräußerte; s. zu diesem Fall bereits oben 2.Kap.,B,2,a,aa.

77 *Hathaway*, 30 ASCAP Copyright L.Symp.121,147 (1983); *Solomon*, 30 Rutgers L.Rev.452,476 (1977).

ham Act schützt gegen die Ausbeutung einer fremden wirtschaftlichen Leistung ganz unabhängig von dem Bekanntheitsgrad der Leistung oder des Leistungserbringers. Allerdings kann es für unbekannte Urheber schwieriger sein, einen möglichen Schaden nachzuweisen.

bb) Das Bestreiten der Urheberschaft

Die Frage, ob der Urheber auch gegen ein schlichtes Bestreiten seiner Urheberschaft, d.h. ohne daß sich zugleich ein Dritter die Urheberschaft anmaßt, vorgehen kann, ist von der amerikanischen Rechtsprechung bislang nicht zu entscheiden gewesen. Solche Fälle dürften auch in der Praxis selten relevant werden.
Wird die Urheberschaft des Urhebers öffentlich bestritten, so käme ein Klage wegen *disparagement* in Betracht[78]. Als *disparagement* bezeichnet man im Wettbewerbsrecht Fälle gezielter Rufschädigung. Beinhaltet das Abstreiten der Urheberschaft eine Herabsetzung des Urhebers in der Öffentlichkeit, so könnte auch das Beleidigungsrecht (*tort of defamation*) in Form von *libel* oder *slander*[79] eingreifen[80]. Ob auch eine Klagemöglichkeit nach Sec.43(a) Lanham Act vorliegt, erscheint zweifelhaft, da das bloße Abstreiten einer Urheberschaft noch keine falsche Herkunftsangabe im Sinne dieser Vorschrift sein dürfte. Zumindest steht der Urheber auch in diesen Fällen in den USA nicht völlig schutzlos da.

3.) Zwischenergebnis für das right of paternity

(1) Sec.106A(a)(1)(A) CopA gewährt Urhebern von *works of visual art* einen umfassenden Schutz ihres *paternity interests*.
(2) Darüber hinaus kann sich ein positives Recht auf Anerkennung der Urheberschaft durch Urheberbenennung nur aus einer ausdrücklichen oder konkludenten vertraglichen Abrede ergeben. Bei der Annahme einer konkludenten Vereinbarung eines Benennungsrechts sind die amerikanischen Gerichte streng.

---

[78] *Nimmer* § 8.21[F], S.8-320.1.

[79] Das amerikanische Recht unterteilt die Beleidigung in *libel* und *slander*: *Libel* ist regelmäßig eine schriftliche Beleidigung, *slander* eine mündliche. - Vgl. dazu auch 2.Kap.,B,III,2,b.

[80] *Nimmer* § 8.21[F], S.8-320.1.

(3) Das Recht, gegen Anmaßung der Urheberschaft durch Dritte vorzugehen, erwächst dem Urheber aus Sec.43(a) Lanham Act.

(4) Gegen Bestreiten der Urheberschaft durch Dritte kommt eine Klage wegen *disparagement* oder *defamation* in Betracht.

(5) Alle Rechte des Urhebers sind frei verzichtbar. Ein Verzicht der Rechte nach Sec.106A(a) CopA bedarf der Schriftform.

III. DAS RECHT AUF WERKINTEGRITÄT (RIGHT OF INTEGRITY)

Das *right of integrity* schützt das Interesse des Urhebers, sein Werk in dem von ihm geschaffenen Zustand erhalten zu können. Zu seiner Geltendmachung kommt in den USA eine Berufung auf das Urheberrecht oder auf Rechtsinstitute außerhalb des Urheberrechts in Betracht.

1.) Urheberrecht

Der amerikanische Copyright Act gewährt Urhebern in Sec.106(2) CopA das Recht, "to prepare derivative works based upon the copyrighted work", d.h. ein Bearbeitungsrecht im Sinne des § 23 UrhG. Solange der Urheber Inhaber des Copyright ist, kann er daher nach amerikanischem Recht jede Veränderung seines Werkes verbieten. Hat er hingegen sein Copyright nach Sec.201(d) CopA an einen Werknutzer abgetreten, so kann er sich nicht mehr auf sein Bearbeitungsrecht berufen. In diesen Fällen ist der Urheber grundsätzlich urheberrechtlich schutzlos.

Eine Ausnahme besteht - neben dem oben bereits erwähnten[81] Spezialfall der Sec.115(a)(2) CopA - seit Inkrafttreten des VARA am 1. Juni 1991 für Urheber von *works of visual art*. Für diese Urhebergruppe enthält der Copyright Act seither gleich mehrere Bestimmungen zum Schutz der Werkintegrität:

a) Die änderungsrechtliche Grundnorm: Sec.106A(a)(3)(A) CopA

Die änderungsrechtliche Grundvorschrift des Copyright Acts ist Section 106A(a)(3)(A). Sie lautet:

---

81 S. oben 2.Kap.,A,II,2.

"... the author of a work of visual art -
(3) ... shall have the right -
(A) to prevent any intentional distortion, mutilation, or other modification of that work which would be prejudicial to his or her honor or reputation, and any intentional distortion, mutilation, or modification of that work is a violation of that right."

Nach dem ursprünglich eingereichten Gesetzentwurf sollten nur *works of recognized stature* gegen Werkänderungen - diese allerdings unabhängig von nachteiligen Auswirkungen auf das Ansehen des Urhebers - geschützt werden. Dieser Vorschlag wurde ausdrücklich aufgegeben, denn - so führt der *House Report* aus[82] - zum einen sei das Kriterium des *work of recognized stature* nur schwerlich justiziabel, und zum anderen sollten auch solche Urheber geschützt werden, deren Werk bislang noch keine allgemeine Anerkennung gefunden hätte. Allerdings spreche eine Vermutung dafür, daß Änderungen an Kunstwerken anerkannter Qualität stets Ruf und Ansehen des Künstlers beeinträchtigten[83].

Sec.106A(a)(3)(A) CopA beschränkt den Schutz der Werkintegrität auf solche Werkänderungen, die für Ruf oder Ansehen des Urhebers nachteilig sein können ("... which would be prejudicial to his or her honor or reputation ..."). Sie übernimmt damit fast wörtlich die Regelung des Art.6bis RBÜ[84]. Die Beantwortung der Frage, unter welchen Umständen das Ansehen des Urhebers durch eine Werkveränderung beeinträchtigt sein kann, überließ der Gesetzgeber der Rechtsprechung. Die gewählte Formulierung sei hinreichend flexibel, um den Anforderungen des Einzelfalles gerecht werden zu können[85]. Als zu berücksichtigende Kriterien nennt der *House Report* die Art der Werkveränderung sowie das berufliche Ansehen des Urhebers[86]. Bislang sind durch die Rechtsprechung keine weiteren Kriterien herausgearbeitet worden. Man wird jedoch sagen können, daß nach Sec.106A CopA Werkveränderungen - auch an Werken anerkannter Qualität - stets zulässig sind, solange sie nicht von einer breiteren Öffentlichkeit wahr-

---

[82] *House Report* No.101-514, S.15.

[83] aaO S.16.

[84] Dort heißt es: "... the author shall have the right ... to object to any distortion, mutilation, or other modification of, or other derogatory action in relation to the ... work, which would be prejudicial to his honor or reputation."

[85] *House Report* No.101-514, S.15f.

[86] aaO.

genommen werden können, da der Ruf oder das Ansehen des Urhebers in diesen Fällen in aller Regel keinen Schaden nehmen kann.

Eine weitere Einschränkung des durch den VARA gewährten Werkschutzrechts liegt darin, daß Sec.106A(a)(3)(A) CopA nur gegen vorsätzliche Werkänderungen schützt ("... intentional distortion, mutilation, or other modification ..."). Auch diese Beschränkung ist erst während der Ausschußarbeiten am Gesetzentwurf eingefügt worden. Sie ist insofern bemerkenswert, als sich eine entsprechende Einschränkung weder in Art.6bis RBÜ findet, noch im internationalen Vergleich üblich ist. Die Beschränkung des Rechts auf Werkintegrität auf vorsätzliche Beeinträchtigungen dürfte sich in der Praxis auf die Möglichkeit, eine Werkveränderung zu verhindern, kaum auswirken. Denn der Urheber kann in der Regel seine vorbeugenden Unterlassungsansprüche ohnehin nur dann geltend machen, wenn er von dem Vorsatz des Werkeigentümers, das Werk zu verändern, weiß. Sie hat jedoch Auswirkungen auf mögliche Schadensersatzansprüche des Urhebers, denn ein Urheber kann dann nicht auf Schadensersatz klagen, wenn sein Werk aufgrund von Fahrlässigkeit - z.B. bei einem fahrlässig verursachten Wohnungsbrand[87] - beschädigt wird.

b) Schutz gegen Werkvernichtungen: Sec.106A(a)(3)(B) CopA

Neben der änderungsrechtlichen Grundnorm der Sec.106A(a)(3)(A) CopA findet sich in Sec.106A(a) CopA eine besondere Bestimmung zum Schutz gegen Werkvernichtungen. Nach Sec.106A(a)(3)(B) CopA hat der Urheber eines *work of visual art* das Recht...

"(B) to prevent any destruction of a work of recognized stature, and any intentional or grossly negligent destruction of that work is a violation of that right."

Diese Klausel ist bemerkenswert, da ein Zerstörungsschutz von Art.6bis RBÜ nicht gefordert wird und im übrigen auch in den wenigsten Urhebergesetzen der Welt enthalten ist. Der *House Report* begründet die Aufnahme eines Zerstörungsschutzes damit, daß auch Werkzerstörung einen nachteiligen Effekt auf das Ansehen des Urhebers haben könnten und darüber hinaus einen großen Verlust für die Gesellschaft darstellten[88]. Angesichts dieser Begründung ist es auffällig, daß

---

[87] Beispiel vom *House Report* aaO, S.16.

[88] *House Report*, aaO, S.16.

Section 106A(a)(3)(B) CopA - im Gegensatz zu der erwähnten Grundnorm der Section 106A(a)(3)(A) CopA - den Schutz gegen Zerstörung gerade nicht davon abhängig macht, daß ein Schaden für das Ansehen des Künstlers entstehen könnte. Außerdem kann der Urheber - ebenfalls unter Abweichung von der änderungsrechtlichen Grundnorm der Sec.106A(a)(3)(A) CopA - bereits bei grob fahrlässigen Werkzerstörungen Schadensersatz verlangen. Eine Begründung für diese Besserstellung lassen die Gesetzesmaterialien nicht erkennen.

Besonders kritisch ist in der amerikanischen Literatur die Beschränkung des Zerstörungsschutzes auf *works of recognized stature* aufgenommen worden. Denn das Gesetz führt damit beim Zerstörungsschutz genau das Kriterium wieder ein, das es beim Veränderungsschutz als wenig justiziabel und Benachteiligung neuerer Künstler gebrandmarkt hat[89]. Die Einführung eines Qualitätskriteriums läuft darüber hinaus dem althergebrachten Grundsatz des amerikanischen Urheberrechts zuwider, nach dem Richter nur über Fragen des Rechtes und nicht über Fragen der Kunst zu Gericht sitzen sollen[90]. Schließlich führt das *recognized-stature*-Kriterium auch zu der Konsequenz, daß junge und neuartige Künstler, die eigentlich aufgrund der fehlenden Anerkennung in der Kunstwelt eines besonderen rechtlichen Schutzes bedürften, gerade nicht gegen die Zerstörung ihrer Werke geschützt sind[91]. Es zeigt sich hier besonders deutlich, daß die sogenannten

---

[89] Grund für die Wiedereinführung dieses Kriteriums war offensichtlich die Sorge, daß z.B. eine Mutter die Kindergärtnerin ihrer Tochter dafür verklagen könnte, daß diese deren Kinderbild weggeworfen habe. Während nämlich die Entstellung eines solchen Kinderbildes der Mutter keinen Klagegrund geben würde, da regelmäßig weder Ruf noch Ansehen des Kindes Schaden nehmen würde, wäre eine Klage nach dem Wortlaut der Zerstörungsvariante des § 106A ohne den Zusatz des *recognized stature*-Kriteriums möglich (vgl. *Wooton*, 24 Conn.L.Rev.247,271,Fn.130 (1991).

[90] Ebenso *Damich*, 39 Cath.Univ.L.Rev 945,955 (1990); *Ginsburg*, 14 Columbia-VLA J Law & Arts 477,480,Fn.19 (1990); *Horowitz*, 25 Harv.J.Legislation 153,203f (1988); *Schneider*, 43 Florida L.Rev. 101,124f (1991); *Wooton*, 24 Conn.L.Rev. 247,271 ((1991) - teilweise unter Hinweis auf den vielzitierten Satz von Justice *Holmes* in der Entscheidung des Supreme Courts *Bleistein v. Donaldson Lithographing Co.*, 188 U.S.239, 251f (1903): "It would be a dangerous undertaking for persons trained only in the law to constitute themselves final judges of the worth of pictorial illustrations ...".

[91] Ebenso *Ginsburg*, 14 Columbia-VLA J.Law & Arts 477,480,Fn.19 (1990); *Wooton*, 24 Conn.L.Rev. 247,271 (1991). Insofern ist es geradezu eine Ironie, wenn der *House Report* (No.101-514, S.16) als Beispiel für die Notwendigkeit eines Zerstörungsschutzes das Schicksal des Künstlers Snelson anführt. Dieser hatte als noch unbekannter Künstler für eine Kunstausstellung Skulpturen angefertigt, die nach der Ausstellung als Rohmaterial verkauft wurden. Da Snelson zum
(Fortsetzung...)

Moral Rights der Sec.106A(a) CopA tatsächlich weniger einer urheberpersönlichkeitsrechtlichen als vielmehr einer denkmalpflegerischen Zielsetzung dienen[92].

c) Besondere Bestimmungen für Gebäude: Sec.113(d) CopA

Besondere Regelungen sieht der Copyright Act nunmehr in Sec.113(d) für das Verhältnis zwischen dem Eigentümer eines Gebäudes und dem Urheber eines mit dem Gebäude verbundenen Werkes vor[93]. Will der Eigentümer eines Gebäudes, an dem ein Werk bildender Kunst angebracht ist, dieses entfernen, so wandelt das Gesetz das Veränderungs- und Zerstörungsverbot aus Sec.106A(a) CopA in eine Benachrichtigungspflicht um. Zu unterscheiden sind dabei zwei Fälle:

(1) Hat die Entfernung eines urheberrechtlichen Werkes automatisch dessen Beschädigung oder Zerstörung zur Folge und hat der Urheber der Anbringung des Werkes an dem Gebäude zugestimmt[94], so kann er sich nach Sec.113(d)(1) CopA nicht auf sein Werkschutzrecht berufen.
(2) Kann das Werk hingegen entfernt werden, ohne daß es gleichzeitig zerstört werden muß, so kann sich der Urheber nach Sec.113(d)(2) CopA grundsätzlich auf sein Werkschutzrecht berufen, es sei denn
(A) der Eigentümer hat hinreichende Anstrengungen unternommen, um den Künstler von der beabsichtigten Entfernung des Werkes zu benachrichtigen, diesen jedoch nicht erreichen können oder
(B) der Eigentümer hat den Urheber zwar erreicht, der Urheber hat es jedoch versäumt, das Werk innerhalb von 90 Tagen entweder selbst zu entfernen oder die Kosten für die Entfernung zu zahen[95].

---

91 (...Fortsetzung)
damaligen Zeitpunkt noch völlig unbekannt war und sein Werk damals wohl kaum zu den Werken anerkannter Qualität gezählt worden wäre, hätte Snelson entgegen der Feststellung des *House Reports* auch nach dem heutigen Rechtszustand nichts gegen die Vernichtung seines Werkes unternehmen können.

92 Vgl. dazu bereits oben 2.Kap.,A,IV.

93 Dazu ausführlicher *Ginsburg* GRUR Int. 1991,593,598f.

94 Seit dem 1.Juni 1991 muß die Zustimmung des Urhebers schriftlich vorliegen.

95 Sec.113(d)(3) Copyright Act bestimmt zudem, daß beim Register of Copyrights ein Register eingerichtet werden soll, in das sich Urheber von Werken, die mit Gebäuden verbunden sind, mit Namen und Adresse eintragen lassen können.

d) Ergänzendes Namensunterdrückungsrecht: Sec.106A(a)(2) CopA

Schließlich findet sich eine weitere ergänzende Vorschrift zum Werkschutzrecht in Sec.106A(a)(2): Der Urheber eines *work of visual art*...

"(2) shall have the right to prevent the use of his or her name as the author of the work of visual art in the event of a distortion, mutilation, or other modification of the work which would be prejudicial to his or her honor or reputation."

Die Bestimmung besagt, daß der Urheber im Falle einer für sein Ansehen nachteiligen Werkveränderung - also auch dann, wenn z.B. wegen fehlenden Vorsatzes keine Ansprüche nach Sec.106A(a)(3)(A) CopA bestehen - nach Sec.106A(a)(2) CopA zumindest verlangen kann, nicht als Schöpfer des veränderten Werkes bezeichnet zu werden. Diese Vorschrift steht im Schnittpunkt von Benennungsrecht und Werkschutzrecht. Sie schützt in erster Linie das Interesse des Urhebers, nicht als Schöpfer von Werken benannt zu werden, die wesentlich von Dritten verändert worden sind. Nur indirekt wird hierdurch auch die Werkintegrität geschützt: Will ein Werknutzer das Werk unter dem Namen des Urhebers veröffentlichen, so darf er das Werk niemals so verändern, daß Sec.106A(a)(2) CopA eingreift.

Für den beschränkten Bereich der *works of visual art* enthält der Copyright Act damit heute einen relativ umfassenden Schutz des Interesses des Urhebers am Erhalt seiner Werke.

2.) Rechtsgebiete außerhalb des Urheberrechts

Allerdings betreffen bislang nur wenige Fälle, in denen Gerichte über die Zulässigkeit von Werkveränderungen zu entscheiden hatten, *works of visual art*. Dies mag daran liegen, daß im reinen Kunstbereich der Werkeigentümer meist ohnehin daran interessiert ist, das Werk in seinem Originalzustand zu erhalten. Der weitaus größere Teil der Rechtsprechung zum *integrity interest* entstammt aus Werkbereichen, in denen die künstlerischen Vorstellungen des Urhebers regelmäßig mit wirtschaftlichen den Interessen des Werknutzers kollidieren, insbesondere der Film-[96] und der Verlagsbranche[97]. In diesen kommerziellen Werkbereichen hat

---

[96] Hauptfälle aus der Filmbranche waren Klagen von Filmregisseuren, die sich gegen eine Anpassung ihrer Filme an den Fernsehmarkt durch Laufzeitveränderungen oder Unterbrechungen
(Fortsetzung...)

sich bislang noch keine einheitliche Rechtssprechung zu den Schutzmöglichkeiten des Urhebers durchsetzen können. Die amerikanischen Gerichte reagierten vielmehr auf das Schutzbegehren der Urheber recht unterschiedlich: In vielen Fällen wurde die Klage als unbegründet abgewiesen[98]. Manche Gerichte gewährten dem klagenden Urheber Rechtsschutz nach Vertragsrecht[99], andere nach Wettbewerbsecht[100]. Wieder andere gaben der Klage des Urhebers statt, ohne überhaupt nä-

---

96 (...Fortsetzung)
für Werbespots wehrten: *Fairbanks v. Winik*, 206 App.Div.449, 201 N.Y.487 (N.Y.App.Div. 1923); *McGuire v. United Artists Television Production, Inc.*, 254 F.Supp.270 (S.D.Cal. 1966); *Preminger v. Columbia Pictures Corporation*, 49 Misc.2d 363, 267 N.Y.S.2d 594, 148 USPQ 398 (N.Y.Supr.Ct. 1966); *Stevens v. National Broadcasting Company*, 148 USPQ 755 (Cal.Sup.Ct. 1966); *Jaeger v American International Pictures, Inc.*, 330 F.Supp.274, 169 USPQ 668 (S.D.N.Y. 1971); *Gilliam v. American Broadcasting Companies, Inc.*, 538 F.2d 14, 192 USPQ 1 (2d Cir. 1976).
Aus der Filmbranche stammen auch *Manners v. Famous Players-Lasky Corp.*, 262 Fed.811 (S.D.N.Y. 1919); *Autry v. Republic Productions, Inc.*, 213 F.2d 667, 101 USPQ 478 (9th Cir. 1954).

97 Hier klagten Autoren meist gegen eigenmächtige Änderungen ihrer Artikel oder Bücher durch den Verleger: *American Law Book Co. v. Chamberlayne*, 165 Fed.313 (C.C.A.N.Y. 1908); *Seroff v. Simon & Schuster, Inc.*, 6 Misc.2d 383, 162 N.Y.2d 770, 113 USPQ 388 (N.Y.Supr.Ct. 1957); *Chesler v. Avon Book Division, Hearst Publication, Inc.*, 76 Misc.2d 1048, 352 N.Y.S.2d 552, 181 USPQ 658 (N.Y.Supr.Ct. 1973); *Edison v. Viva International, Ltd.*, 70 App.Div.2d 379, 421 N.Y.2d 203, 209 USPQ 345 (N.Y.App.Div. 1979).

98 *American Law Book Co. v. Chamberlayne*, 165 Fed.313 (C.C.A.N.Y. 1908); *Autry v. Republic Productions, Inc.*, 213 F.2d 667, 101 USPQ 478 (9th Cir. 1954); *Crimi v. Rutgers Presbyterian Church*, 194 Misc. 570, 89 N.Y.S.2d 813 (Sup.Ct. 1949); *Jaeger v American International Pictures, Inc.*, 330 F.Supp.274, 169 USPQ 668 (S.D.N.Y. 1971); *McGuire v. United Artists Television Production, Inc.*, 254 F.Supp.270 (S.D.Cal. 1966); *Meliodon v. School District of Philadelphia*, 328 Pa.457, 195 Atl.905 (Pa. 1938); *Preminger v. Columbia Pictures Corporation*, 49 Misc.2d 363, 267 N.Y.S.2d 594, 148 USPQ 398 (N.Y.Supr.Ct. 1966); *Shostakovitch v. Twentieth Century-Fox Film Corp.*, 196 Misc.67,69f, 80 N.Y.S.2d 575, 77 USPQ 647 (N.Y.Sup.Ct. 1948); *Seroff v. Simon & Schuster, Inc.*, 6 Misc.2d 383, 162 N.Y.2d 770, 113 USPQ 388 (N.Y.Supr.Ct. 1957).

99 *Edison v. Viva International, Ltd.*, 70 App.Div.2d 379, 421 N.Y.2d 203, 209 USPQ 345 (N.Y.App.Div. 1979); *Fairbanks v. Winik*, 206 App.Div.449, 201 N.Y.487 (N.Y.App.Div. 1923); *Granz v. Harris*, 198 F.2d 585,588 (2d Cir 1952); *Manners v. Famous Players-Lasky Corp.*, 262 Fed. 811 (S.D.N.Y. 1911); *Royle v. Dillingham*, 53 Misc.383, 104 N.Y.S.783 (N.Y.Sup.Ct. 1907).

100 *Gilliams v. American Broadcasting Companies, Inc.*, 538 F.2d 14, 192 USPQ 1 (2d Cir. 1976); *Granz v. Harris*, 198 F.2d 585,588 (2d Cir 1952); *Prouty v. National Broadcasting Co.*, 26 F.Supp. 265 (D.Mass. 1939).

her auf Art und rechtssystematische Einordnung des gewährten Rechts einzugehen[101].

a) Vertragsrecht

Urheber hatten vor amerikanischen Gerichten bislang dann am ehesten Erfolg, gegen eine Veränderung ihres Werkes vorzugehen, wenn sie sich auf eine vertragliche Abmachung berufen konnten. Konnte ein Urheber kein vertragliches Recht geltend machen, so wurde seine Klage in der Mehrzahl der Fälle abgewiesen[102].

aa) Ausdrückliche Vereinbarungen

Möglich ist, daß die Parteien durch eine ausdrückliche Vertragsklausel in dem Copyright-Übertragungsvertrag bestimmen, daß das Urheberwerk bei zukünftigen Werknutzung nicht geändert werden darf. Solche Vertragsklauseln sind allerdings selten[103]. Nur wenige Urheber haben die notwendige Verhandlungsstärke, um

---

101 So z.B. *Drummond v. Altemus*, 60 Fed.338 (C.C.Pa. 1894) (unkorrekte Veröffentlichung von Vorlesungen), S.339: "That such right exists is too well settled, upon reason and authority, to require demonstration;...".
Ähnlich *Chesler v. Avon Book Division, Hearst Publications, Inc.*, 76 Misc.2d 1048, 352 N.Y.S.2d 552, 181 USPQ 658 (N.Y.Supr.Ct. 1973) (Veröffentlichung einer veränderten Taschenbuchversion eines Buches), S.1051: "Although the authorities are sparse, it is clear that even after a transfer or assignment of an author's work, the author has a property right that shall not be used for a purpose not intended or in a manner which does not fairly represent the creation of the author."

102 So z.B. in *American Law Book Co. v. Chamberlayne*, 165 Fed.313 (C.C.A.N.Y. 1908) (nachträgliche Veränderung eines juristischen Fachartikels); *Crimi v. Rutgers Presbyterian Church*, 194 Misc. 570, 89 N.Y.S.2d 813 (Sup.Ct. 1949) (Zerstörung eines Wandgemäldes in einer Kirche); *Autry v. Republic Productions, Inc.*, 104 F.Supp.918, 93 USPQ 284 (S.D.Cal. 1952) (nachträgliche Veränderung eines Kinofilms für den Fernsehmarkt) (vgl. jedoch auch das in der Begründung abweichende Urteil des Court of Appeals in 2.Instanz: 213 F.2d 667, 101 USPQ 478 (9th Cir. 1954)); *McGuire v. United Artists Television Production, Inc.*, 254 F.Supp.270 (S.D.Cal. 1966) (nachträgliche Kürzung eines Kinofilms für den Fernsehmarkt); *Preminger v. Columbia Pictures Corp.*, 49 Misc.2d 363, 267 N.Y.S.2d 594, 148 USPQ 398 (N.Y.Sup.Ct. 1966), bestätigt durch 25 App.Div.2d 830, 269 N.Y.S.2d 913, 149 USPQ 872 (N.Y.App.Div. 1966); *Edison v. Viva International, Ltd.*, 70 App.Div.2d 379, 421 N.Y.2d 203, 209 USPQ 345 (N.Y.App.Div. 1979) (nachträgliche Veränderung eines Artikels durch Verleger).

103 Aus den Gerichtsentscheidungen lassen sich nur vier solche Fälle entnehmen: *Gilliams v. American Broadcasting Companies, Inc.*, 538 F.2d 14, 192 USPQ 1 (2d Cir. 1976) (Verfilmung
(Fortsetzung...)

entsprechende Werkschutzklauseln gegen die Interessen der Werkverwerter durchzusetzen. Selbst dann, wenn sich der Urheber ein vertragliches Änderungsverbot ausbedungen hat, kann er kleinere Werkveränderungen, die für die Nutzung des Werkes absolut notwendig sind, in der Regel nicht verbieten[104].

bb) Konkludente Vereinbarungen

Praktisch bedeutsamer ist die Frage, ob und unter welchen Voraussetzungen in Werknutzungsverträgen ein konkludentes Veränderungsverbot enthalten sein kann. Ein solches konkludentes Änderungsverbot kann sich nach der amerikanischen Rechtsprechung aus folgenden Gesichtspunkten ergeben:

(1) *Inhaltlich:* Nach der Rechtsprechung sind auch dann, wenn der Urheber dem Werknutzer eine Werkänderung gestattet, grundsätzlich nur solche Änderungen zulässig, die den Gesamtcharakter des Werkes unberührt lassen. Wesentliche Werkänderungen (*substantial alterations*) sind daher auch bei der Einräumung eines Veränderungsrechts regelmäßig unzulässig.

So entschied das Bundesgericht vom Southern District of New York in *Curwood v. Affiliated Distributors, Inc.*[105], daß ein Filmproduzent, der die Filmrechte an einem Buch erworben hatte, trotz eines ausdrücklich eingeräumten Änderungsrechts die Verpflichtung trifft, "to retain and give appropriate expression to the theme, thought, and main action of that which was originally written."[106] Ähnlich lautete die Entscheidung des einzelstaatliche Berufungsgericht von New York

---

103 (...Fortsetzung)
einer Satire); *Manners v. Famous Players-Lasky Corp.*, 262 Fed. 811 (S.D.N.Y. 1911) (Verfilmung eines Theaterstückes); *Royle v. Dillingham*, 53 Misc.383, 104 N.Y.S.783 (N.Y.Sup.Ct. 1907) (Änderungen an einem Theaterstück); *Zim v. Western Publishing Co.*, 573 F.2d 1318 (5th Cir. 1978) (Änderungen bei neuaufgelegten Büchern).
Regisseure wie *Woody Allen* und *Orson Welles* konnten vertraglich vereinbaren, daß ihre Schwarz-Weiß-Filme nicht als Farbversionen vertrieben werden dürfen; vgl. "Orson's Sleeper", U.S.News & World Report, 27.Februar 1989, S.17.

104 *Manners v. Famous Players-Lasky Corp.*, 262 Fed.811,813 (S.D.N.Y. 1919) für den Fall eines Schriftstellers, der die Verfilmung seines Theaterstückes gestattet hatte; vgl. auch *Nimmer* § 8.21[C], S.8-303.

105 283 Fed.219 (S.D.N.Y. 1922).

106 aaO, S.222.

in *Packard v. Fox Film Corp.*[107], in dem es ebenfalls um die Benutzung einer Buchvorlage für einen Film ging[108]. Auch in *Edison v. Viva International, Ltd.*[109] führt das Gericht in Bezug auf ein vertragliches Änderungsrecht aus: "It is quite possible ... that ... the agreement merely permits reasonable modification of the original article but does not allow substantial departure therefrom."
Die Gestattung einer Bearbeitung enthält daher in den USA grundsätzlich die konkludente Nebenabrede, daß der Charakter des Werkes nicht wesentlich geändert werden darf.

(2) *Branchenüblichkeit:* Daneben kann die Gestattung einer Werknutzung die konkludente Vereinbarung enthalten, daß das Werk nur in der branchenüblichen Form verwertet und verändert werden darf.
So klagte in *Preminger v. Columbia Pictures Corp.*[110] ein Filmregisseur dagegen, daß sein Film mit Werbeunterbrechungen im Fernsehen gesendet wurde. Der Supreme Court des Bundesstaats New York wies die Klage zwar ab, stellte dabei aber den Grundsatz auf, daß die Parteien bei Fehlen anderweitiger Absprachen konkludent eine Verwertung zu den branchenüblichen Bedingungen vereinbart hätten[111]. So sei auch hier der Beklagten bei der Einräumung der Fernsehrechte konkludent die Befugnis erteilt worden, den Film in branchenüblicher Weise an die Bedürfnisse einer Fernsehauswertung anzupassen[112]. Da sich die Änderungen

---

107 207 App.Div.311, 202 N.Y.S.164 (N.Y.App.Div. 1923).

108 Vgl. auch *Seroff v. Simon & Schuster, Inc.*, 6 Misc.2d 383, 162 N.Y.2d 770, 113 USPQ 388 (N.Y.Sup.Ct. 1957). Hier hatte die Beklagte von dem Kläger die Verwertungsrechte für sein Buch in französischer Sprache übertragen bekommen. Die Beklagte beauftragte daraufhin ein französische Verlagshaus mit der Übersetzung. Gegen die von diesem Verlagshaus vorgenommene Übersetzung wehrte sich der Kläger. Das Gericht entschied, daß der Vertrag der Beklagten die konkludente Nebenpflicht auferlegte, bei der Auswahl eines Übersetzers sorgfältig zu sein. Dieser Pflicht sei die Beklagte nachgekommen. Die Begründung des Gerichts läßt durchklingen, daß, wäre die Beklagte selbst die Übersetzerin des Textes gewesen, der Kläger gegen sie hätte vorgehen können.

109 70 App.Div.2d 379,383, 421 N.Y.2d 203, 209 USPQ 345 (N.Y.App.Div. 1979).

110 *Preminger v. Columbia Pictures Corp.*, 49 Misc.2d 363, 267 N.Y.S.2d 594, 148 USPQ 398 (N.Y.Sup.Ct.), *affirmed* 25 App.Div.2d 830, 269 N.Y.S.2d 913, 149 USPQ 872 (N.Y.App.Div. 1966).

111 aaO, S.366: "... in the absence of specific contractual provision, the parties will be deemed to have adopted the custom prevailing in the trade or industry."

112 aaO, S.367: "Implicit in the grant of television rights is the privilege to cut and edit."

der Beklagten im branchenüblichen Rahmen gehalten hätten, sei die Klage abzuweisen gewesen. Das Gericht wies ausdrücklich darauf hin, daß der Kläger Filmkürzungen und -änderungen, die über das Maß der Branchenüblichkeit hinausgingen, als Vertragsverletzung untersagen könne[113].

(3) Schließlich kann sich ein konkludentes Veränderungsverbot als *Nebenpflicht aus einem vertraglich vereinbarten Benennungsrecht* des Urhebers ergeben[114]. In *Granz v. Harris*[115] hatte der Kläger Granz, ein Konzertpromoter, dem Beklagten gestattet, Mitschnitte der vom ihm präsentierten Jazzkonzerte unter der Bezeichnung "presented by Norman Granz" auf Schallplatten herauszugeben. Der Beklagte verkaufte später unter der vereinbarten Promoter-Angabe Schallplatten, auf denen die Konzertstücke um 8 Minuten gekürzt waren. Das Bundesberufungsgericht des 2.Circuit sah hierin u.a. einen Vertragsbruch. Denn - so das Gericht - die Vertragsklausel, nach der das Konzert als ein "Granz"-Konzert gekennzeichnet werden solle, "carries by implication, without the necessity of an express prohibition, the duty not to sell records which make the required legend a false representation."[116] Zwar war der Kläger in *Granz v. Harris* nicht Urheber, sondern Promoter der veröffentlichten Konzertstücke. Es ist jedoch offensichtlich, daß sich auch jeder Urheber, der vertraglich seine Angabe als Urheber vereinbart hat, nach *Granz v. Harris* auf ein konkludent vereinbartes Änderungsverbot berufen könnte.

Die Gerichte waren daher in den USA nicht zögerlich, konkludente Absprachen über ein Veränderungsverbot in urheberrechtliche Lizenzverträge hineinzulesen. Zum Teil untersagten die Gerichte aufgrund solcher konkludenter Absprachen die Veröffentlichung des unzulässig veränderten Werkes[117]. Manchmal gewährten sie dem Urheber aber auch nur das Recht, die Nennung seines Namens als Urhe-

---

113 aaO, S.372. - Ähnlich entschied das Bundesgericht von Südkalifornien in *Autry v. Republic Prods.* (213 F.2d 667, 101 USPQ 478 (9th Cir. 1954)), allerdings bei einem etwas anders gestalteten Vertrag.

114 Vgl. hierzu auch *Nimmer* § 8.21[C], S.8-308; ders., 19 Stanford L.R.499,521 (1967).

115 198 F.2d 585,588 (2d Cir 1952).

116 aaO, S.588; ebenso *Gilliam v. American Broadcasting Companies, Inc.*, 538 F.2d 14,26 (J.Gurfein, concurring).

117 *Preminger v. Columbia Pictures Corp.*, 49 Misc.2d 363,372, 267 N.Y.S.2d 594, 148 USPQ 398 (N.Y.Sup.Ct. 1066); *Granz v. Harris*, 198 F.2d 585,588 (2d Cir 1952).

ber des Werkes zu untersagen[118]. In den so entschiedenen Fällen waren die Abweichungen zwischen dem bearbeiteten Werk und dem Werkoriginal jedoch stets so erheblich, daß die Unterschiede gegenüber den Gemeinsamkeiten deutlich überwogen. Es lagen insofern keine "Bearbeitungen", sondern höchstens "freie Benutzungen" von urheberrechtlich geschützten Werken vor. Die Entscheidungen, die die Veröffentlichung der Werke zuließen, aber die Benennung des Klägers als Urheber untersagten, erscheinen insofern konsequent.

Urheber in den USA haben daher bei einer Zuwiderhandlung des Werknutzers gegen ein ausdrücklich oder konkludent vereinbartes Veränderungsrechts grundsätzlich ein Recht auf Unterlassung der Werkveröffentlichung.

cc) Drittwirkung der Vertragsvereinbarung

Das besondere Problem eines vertraglichen Werkschutzes lag lange Zeit darin, daß der Urheber seine Rechte zwar gegenüber seinem Vertragspartner, nicht jedoch gegenüber Dritten geltend machen konnte, mit denen er in keiner Vertragsbeziehung stand. Übertrug der Vertragspartner des Urhebers sein Copyright auf einen anderen Werknutzer, so war der Urheber gegenüber Werkverletzungen des neuen Copyright-Inhabers machtlos. Er konnte höchstens von seinem direkten Vertragspartner Schadensersatz verlangen.

Hier hat in den letzten zwei Jahrzehnten eine interessante Entwicklung in der Urheberrechtsprechung Abhilfe geschaffen. Ausgangspunkt war die - auch wegen ihrer Ausführungen zum Wettbewerbsrecht[119] - viel diskutierte Entscheidung *Gilliam v. American Broadcasting Companies, Inc.* des Court of Appeals des 2d Circuit aus dem Jahre 1976[120]. Ihr lag folgender Sachverhalt zugrunde: Die britische Satiregruppe Monty Python hatte ein Skript für eine TV-Satireserie erstellt. Sie verkaufte die Urheberrechte hieran an die BBC. In dem Lizenzvertrag vereinbarten BBC und Monty Python, daß bei jeder Abweichung der Serie von

---

118 So in *Curwood v. Affiliated Distributors, Inc.* (283 Fed.219 (S.D.N.Y. 1922)) und *Packard v. Fox Film Corp.* (207 App.Div.311, 202 N.Y.S.164 (N.Y.App.Div. 1923)).
Vgl. insofern auch die durch den VARA neu eingefügte Sec.106A(a)(2) CopA (dazu bereits oben unter 2.Kap.,B,III,1).

119 Siehe dazu unten 2.Kap.,B,III,2,c.

120 538 F.2d 14, 192 USPQ 1 (2d Cir. 1976).

dem ausgearbeiteten Skript die Zustimmung der Gruppe eingeholt werden müsse. Nach der Fertigstellung der Serie verkaufte BBC die amerikanischen Fernsehrechte an die amerikanische Sendeanstalt ABC, welche die 90-minütigen Sendungen um 24 Minuten kürzte, um besonders anstößige Teile aus der Satire herauszuschneiden und Werbeunterbrechungen zu ermöglichen. Gegen die Ausstrahlung dieser stark verkürzten Fassung klagte Monty Python u.a. wegen Verletzung ihres Copyright am Skript.

Das Gericht gab der Klage statt. Es stellte dabei den Grundsatz auf, daß ein Copyright-Inhaber bei einer Weiterveräußerung des Copyright nur so viele Rechte übertragen könne, wie er selbst innehabe. Jede Werknutzung des neuen Copyright-Inhabers, die über das dem ursprünglichen Werknutzer eingeräumte Recht hinausgehe, stelle eine Verletzung des beim Urheber verbliebenen Copyright dar. So besitze die BBC zwar alle ausschließlichen Rechte an der Fernsehproduktion, nicht jedoch an dem der Fernsehserie zugrunde liegenden Skript der Monty Python Gruppe. An diesem Skript seien ihre Rechte vielmehr durch das Zustimmungserfordernis bei Werkveränderungen beschränkt gewesen. Genauso wie eine unautorisierte Kürzung des Skripts durch die BBC das Urheberrecht von Monty Python verletzt hätte, stelle daher auch die Kürzung durch ABC eine Urheberrechtsverletzung dar.

Diese Entscheidung verbesserte die Schutzmöglichkeiten für Urhebern in erheblichem Umfang. Galten vor *Gilliam* Vorbehalte und Einschränkungen, unter denen der Urheber einem anderen sein Copyright abtrat, als schuldrechtliche Vereinbarungen, die Dritten gegenüber nicht geltend gemacht werden konnten, so kommt ihnen nunmehr quasi dingliche Wirkung zu. Vorbehalte wirken wie eine dingliche Belastung des abgetretenen Copyright. Auch nach Abtretung des Copyright bleibt der Urheber insoweit Copyright-Inhaber, wie er Berechtigter eines solchen Vorbehaltsrechts ist. Eine Verletzung seines Vorbehaltsrechts kann er als *copyright infringement* verfolgen.

Die vom *Gilliam*-Gericht entwickelte Urheberrechtskonzeption scheint sich in den USA allgemein durchzusetzen. Einzelne Gerichte sind ihr bereits ausdrücklich gefolgt[121]. Zumindest ist sie - soweit ersichtlich - bislang in keinem Fall ausdrücklich verworfen worden. Nach der *Gilliam*-Rechtsprechung kommt daher dem Vertrag, in dem der Urheber sein Copyright an den ersten Werkverwerter abtritt,

---

121 Z.B. *National Bank of Commerce v. Shaklee Corp.*, 503 F.Supp.533, 207 USPQ 1005 (W.D.Texas 1980).

entscheidende Bedeutung zu. Behält er sich in diesem Vertrag ausdrücklich oder konkludent Rechte vor, so kann er diese gegen sämtliche späteren Werknutzer durchsetzen. Damit ist das Vertragsrecht heute in allen Fällen, in denen der Urheber im Vertrag ein ausdrückliches oder konkludentes Veränderungsverbot vereinbart hat, zu einem effektiven Mittel zum Schutze der Werkintegrität geworden.

b) Beleidigungsrecht

Die Veröffentlichung eines veränderten Werkes unter dem Namen des Urhebers des unveränderten Werkes kann einen Fall von Beleidigung (*tort of defamation*[122]) darstellen[123].

So gab der Court of Appeals vom Bundesstaat New York in *Clevenger v. Baker, Voorhis & Co.*[124] der Klage eines bekannten Juristen statt, der sich dagegen wehrte, daß sein Kommentar "Clevenger's Annual Practice of New York" in einer vom Verlag bearbeiteten Neuauflage erscheinen sollte, in der sich zahlreiche Fehler und Auslassungen befanden. Das Gericht sah die Herausgabe des überarbeiteten, fehlerhaften Werkes unter dem Namen des Klägers als Beleidigung in Form von *libel*[125] an. Es berief sich dabei wesentlich auf den gleichgelagerten

---

122 § 559 der *Second Restatements of Torts* definiert den Beleidigungstatbestand (*defamation*) wie folgt: "A communication is defamatory if it tends so to harm the reputation of another as to lower him in the estimation of the community or to deter third persons from associating or dealing with him."

123 *Comment*, 60 Geo.L.J.1539,1548 (1972); *DaSilva*, 28 Bull.Copyright Soc'y USA, 1,45 (1980); *Diamond*, 68 Trademark Rep.244,264f (1978); *Katz*, 24 S.Cal.L.Rev.375,398 (1951); *Krigsman*, 73 Trademark Rep.251,259ff (1982); *Kwall*, 38 Vanderbilt L.Rev.1,22f (1985); *Penn*, 58 Univ.Cincinnati L.Rev., 1023,1034 (1990); *Roeder*, 53 Harv.L.Rev.554,566f (1940); *Schiller*, 9 Comm/Ent 523,531ff (1987); *Solomon*, 30 Rutgers L.Rev.452,459 (1977); *Strauss*, 4 Am.J.Comp.L.506,529 (1955); *White*, 36 Emory L.J.237,256f (1989).

124 8 N.Y.2d 187, 203 N.Y.S.2d 812, 168 N.E.2d 643, 126 USPQ 420 (N.Y.Ct.App. 1960).

125 Das amerikanische Recht unterteilt das *tort of defamation* in *libel* und *slander*. *Libel* ist im wesentlichen eine schriftliche Beleidigung, *slander* eine mündliche (vgl. Second Restatements of Torts § 568; Locke v. Gibbons, 164 Misc.877, 299 N.Y.S.188 (N.Y.Sup.Ct. 1937); *Prosser* S.785). Wenngleich die Abgrenzung zwischen beiden nicht immer leicht zu ziehen ist (vgl. den Kommentar der 2d Restatements of Torts zu § 568: "It is impossible to define and difficult to describe
(Fortsetzung...)

britischen Fall *Archbold v. Sweet*[126] aus dem Jahre 1832, bei dem ebenfalls ein Jurist gegen die Veröffentlichung einer fehlerhaften Neuauflage seines Werkes unter seinem Namen vorging und in dem das Gericht ebenfalls entscheidend darauf abgestellt hatte, daß eine Veröffentlichung des veränderten Werkes unter dem Namen des Klägers dessen Ruf und Ansehen nachhaltig beeinträchtigen würde.

Daß Urheber gegen Werkveränderungen unter Berufung auf das Beleidigungsrecht vorgehen können, haben vom Grundsatz her auch andere Gerichte anerkannt[127], wenngleich sie *in casu* dem auf Beleidigungsrecht gesetzützten Klagebegehren des Urhebers nicht stattgegeben haben. Ein Schadensersatzanspruch nach Beleidigungsrecht wurde auch bereits für möglich gehalten in Fällen, in denen das Werk an sich unverändert blieb, jedoch in einem beleidigenden Zusammenhang präsentiert wurde[128].

Trotz dieser positiven Ansätze sind die Möglichkeiten des Urhebers, aus dem Beleidigungsrecht ein umfassendes Werkschutzrecht abzuleiten, insgesamt jedoch eher begrenzt:

---

125 (...Fortsetzung)
with precision the two forms of defamation, slander and libel."; s. auch *Prosser* S.786: "The distinction itself between libel and slander is not free from difficulty and uncertainty."), so ist doch zumindest im Bereich des Urheberrechts aufgrund Verkörperung der Beleidigung in einer Werkform ausschließlich das Recht des *libel* einschlägig.

126 174 Eng.Rep.55 (Westminster 1832).

127 *American Law Book Co. v. Chamberlayne*, 165 Fed.313,316 (C.C.A.N.Y. 1908) (Klage wegen Änderungen in einem Artikel); *Edison v. Viva International, Ltd.*, 70 App.Div.2d 379,385f, 421 N.Y.2d 203, 209 USPQ 345 (N.Y.App.Div. 1979) (Klage eines Journalisten gegen eine veränderte Veröffentlichung seines Artikels); *Geisel v. Poynter Products, Inc.*, 295 F.Supp.331,357, 160 USPQ 590 (S.D.N.Y. 1968) (Klage eines Zeichners gegen die Anfertigung von Puppen nach seinen Zeichnungen); *Locke v. Gibbons*, 164 Misc.877, 299 N.Y.S.188,192f (N.Y.Sup.Ct. 1937) (Klage eines Journalisten gegen die veränderte Sendung seines Beitrages im Radio); *Locke v. Benton & Bowles, Inc.*, 253 App.Div.369, 2 N.Y.S.2d 150,151 (N.Y.Sup.Ct. 1938) (gleicher Fall wie *Locke v. Gibbons*); *Meliodon v. School District of Philadelphia*, 328 Pa.457, 195 Atl.905,906 (Pa.Sup.Ct. 1938) (Klage eines Künstlers gegen die Veränderung seiner Skulptur); *Seroff v. Simon & Schuster, Inc.*, 6 Misc.2d 383,390f, 162 N.Y.2d 770, 113 USPQ 388 (N.Y.Sup.Ct. 1957) (Klage eines Schriftstellers gegen eine schlechte französische Übersetzung seines Buches).

128 *Shostakovitch v. Twentieth Century-Fox Film Corp.*, 196 Misc.67,69f, 80 N.Y.S.2d 575, 77 USPQ 647 (N.Y.Sup.Ct. 1948) (Klage des russischen Komponisten Schostakowitsch gegen die Benutzung seiner Musik in einem anti-sowjetischen Spionagefilm).

(1) Das Beleidigungsrecht schützt nicht die Beziehung des Urhebers zu seinem Werk, sondern Ruf und Ansehen des Urhebers in der Öffentlichkeit. Der Urheber hat daher keine Möglichkeit, gegen eine Werkveränderung vorzugehen, wenn er nicht als Urheber des Werkes genannt wird oder auf sonstige Art von der Öffentlichkeit als Urheber des Werkes zu erkennen ist. Die Effektivität eines Werkschutzes über das Beleidigungsrecht hängt daher wesentlich von der Erkennbarkeit des Urhebers als Werkschöpfer ab[129].

(2) Auch wenn der Urheber als Schöpfer des Werkes erkennbar ist, greift das Beleidigungsrecht nicht ein, wenn die Werkveränderung seinen Ruf nicht schmälert oder gar verbessert[130].

(3) Nach amerikanischem Recht kann nur eine lebende Person beleidigt werden[131]. Ein Werkschutz über das Beleidigungsrecht ist daher nach dem Tode des Urhebers nicht mehr möglich.

(4) Schließlich erweist sich das Beleidigungsrecht auch in sofern als unzureichend, als der Kläger nach herkömmlicher Auffassung[132] wegen des durch das 1. Amendment zur Verfassung geschützten Rechts auf Meinungs- und Pressefreiheit nur auf Schadensersatz, nicht jedoch vorbeugend auf Unterlassung der Beleidigung klagen kann. Verhindern kann ein Urheber eine Werkveränderung daher unter Berufung auf das Beleidigungsrecht nicht.

---

129 So meint *Krigsman* (69 Trademark Rep.251,260 (1982)) sogar, es gehe hier im Ergebnis um "an aspect of the right of paternity - the right not to have one's name attributed to the work of another."

130 Vgl. *Edison v. Viva International, Ltd.*, 70 App.Div.2d 379,385, 421 N.Y.2d 203, 209 USPQ 345 (N.Y.App.Div. 1979); *Shaw v. Time-Life Records*, 38 N.Y.2d 201, 379 N.Y.S.2d 390,396 (N.Y.Ct.of Appeals 1975); *Kirby*, 9 Pac.L.J. 855,872 (1978); *Krigsman*, 69 Trademark Rep.251,260f (1982).

131 § 560 Second Restatements of Torts; *Prosser* S.778f; *Diamond*, 68 Trademark Rep.244,264 (1978); *Kwall*, 38 Vanderbilt L.Rev.,1,25, Fn.91 (1985); *Roeder*, 53 Harv.L.Rev.579,567 (1940).

132 *Diamond*, 68 Trademark Rep.244,264 (1978); *Hathaway*, 30 ASCAP Copyright L.Symp.121,143 (1983); *Kwall*, 38 Vanderbilt L.Rev.1,25, Fn.91 (1985); *Roeder*, 53 Harv.L.Rev.579,567 (1940).
Einige Gerichte haben allerdings angedeutet, sie würden in einem geeigneten Fall auch eine Unterlassungsklage gegen eine bevorstehende Beleidigung nicht ausschließen (z.B. *Shostakovich v. 20th Century-Fox Film Corp.*, 196 Misc.67,69f 80 N.Y.S.2d 575,577f (N.Y.Supr.Ct. 1948)).

Das Beleidigungsrecht erweist sich daher für den Urheber insgesamt als ein wenig geeignetes Mittel, die Integrität des urheberrechtlichen Werkes zu erhalten. Es eröffnet ihm allenfalls die Möglichkeit, bei einer rufbeeinträchtigenden Werkveränderung Schadensersatz zu verlangen.

c) Wettbewerbsrecht

Nach der bereits oben erwähnten Entscheidung *Gilliam v. American Broadcasting Companies, Inc.*[133] kommt bei einer unbefugten Werkveränderung auch eine Klage des Urhebers wegen Verletzung von Sec.43(a) Lanham Act[134] in Betracht. Eine 2:1-Mehrheit des *Gilliam*-Gerichts gab nämlich Monty Pythons Klage gegen die Veränderung ihrer Fernsehsatire nicht nur wegen *copyright infringement* statt, sondern sah durch die Werkveränderung auch Sec.43(a) Lanham Act als verletzt an. Auch in dieser Hinsicht betrat der Court of Appeals juristisches Neuland.

Interessanterweise betonte das Gericht eine Verbindung zwischen dem wettbewerbsrechtlichen Anspruch aus § 43(a) Lanham Act und dem europäischen Urheberpersönlichkeitsrecht:

"This cause of action, which seeks redress for deformation of an artist's work, finds its roots in the continental concept of droit moral, or moral right, which may generally be summarized as including the right of the artist to have his right attributed to him in the form in which he created it."[135]

Daher schütze Sec.43(a) Lanham Act im geeigneten Einzelfall auch das *right of integrity* des Urhebers. ABC habe die Integrität des Monty-Python-Werkes durch die erheblichen Kürzungen so beeinträchtigt, daß letztendlich die Ausstrahlung der Serie einer Karikatur der Talente der Gruppe gleichkomme. Die Vorführung eines solchen erheblich gekürzten Werkes als Monty-Python-Werk sei eine falsche Ursprungsbezeichnung im Sinne der Sec.43(a) Lanham Act, welche die Zuschauer über die Herkunft der Serie in die Irre führe. Denn:

"To deform his [sc. Gilliams] work is to present him to the public as the creator of a work not his own..."[136]

---

133 538 F.2d 14, 192 USPQ 1 (2d Cir. 1976) (s.o. 2.Kap.,B,III,2,a,cc).

134 S. zu dieser Vorschrift bereits oben 2.Kap.,B,II,2,a,cc.

135 538 F.2d 14,24.

136 aaO, *Roeder*, 53 Harv.L.Rev.579,569 (1940) zitierend. -
Ähnliche Formulierungen enthielten vorher - allerdings in anderem rechtlichen Zusammenhang -
(Fortsetzung...)

Der Regelungszweck der Sec.43(a) Lanham Act, der Schutz des Verbrauchers vor Herkunftstäuschungen, erwies sich daher in der *Gilliam*-Entscheidung als wirksames Mittel, die Veröffentlichung eines veränderten Urheberwerkes zu verhindern. Dabei lag der angewandte Gedanke des Gerichts nahe, denn die Veröffentlichung eines wesentlich veränderten Werkes unter dem Namen des ursprünglichen Urhebers ist im Ergebnis nichts anderes als eine urheberrechtliche Falschzuschreibung, weil der genannte Urheber tatsächlich nicht mehr der Schöpfer des veränderten Werkes ist. Wettbewerbsrechtlich stellt eine solche Falschzuschreibung einen Fall von "passing off"[137] dar: Der Werknutzer verkauft ein eigenes Produkt als Werk eines anderen. Falschzuschreibungen geben dem Urheber stets einen Unterlassungsanspruch nach Sec.43(a) Lanham Act. Dies war von der Rechtsprechung bereits früher für die Fälle anerkannt worden, in denen dem Urheber die Urheberschaft an einem Werk zugeschrieben wurde, mit denen er in keinerlei schöpferischer Beziehung stand und die vollständig von einem Dritten geschaffen waren[138]. Die Leistung des *Gilliam*-Gerichts war es, diesen Grundsatz auch auf Fälle zu übertragen, in denen dem Urheber nicht ein vollkommen fremdes, sondern ein verändertes eigenes Werkes untergeschoben wird. Zwar hatten auch ältere Entscheidungen bereits angedeutet, daß die Präsentierung eines

---

136 (...Fortsetzung)
bereits *Granz v. Harris*, 198 F.2d 585,589 (2d Cir 1952; J.Frank concurring): "it is an actionable wrong to hold out the artist as author of a version which substantially departs from the original"; *Drummond v. Altemus*, 60 Fed.338,339 (C.C.Pa. 1894): "...protection against having any literary property matter published as his work which is not actually his creation"; *Clemens v. Belford, Clark § Co*, 14 Fed.Rep.728,731 und *Packard v. Fox Film Corp.*, 207 App.Div.311,313, 202 N.Y.S.164 (N.Y.App.Div. 1923) : "No person has the right to hold out another to the world as the author of literary matter which he never wrote".

137 Häufig auch "palming off" genannt. - Als "passing off" bezeichnet man Fälle, bei denen ein Anbieter eigene Ware unter dem Namen eines anderen verkauft. Es ist streng zu unterscheiden von dem oben (2.Kap.,B,II,2,a,cc) erwähnten "reverse passing off", bei dem ein fremdes Produkt im eigenen Namen angeboten wird. Während es beim "passing off" um die Nutzbarmachung des fremden Namens geht, steht beim "reverse passing off" das Ausnutzen des fremden Leistung im Vordergrund.

138 Vgl. *Benson v. Paul Winley Record Sales Corp.* 452 F.Supp.516 (S.D.N.Y. 1978) (Benutzung des Namens und Bildes des Jazz-Gitarristen George Benson für eine Schallplatte, auf der dieser nur untergeordnete Rolle spielte); *Follett v. New American Library*, 497 F.Supp.304 (S.D.N.Y. 1980) (Bezeichnung des Herausgebers eines Buches als Verfasser); *Rich v. RCA Corp.*, 390 F.Supp.530 (S.D.N.Y. 1975) (Benutzung eines aktuellen Photos des Sängers Charlie Rich für eine Schallplatte mit Aufnahmen, die 10-14 Jahre alt waren); *Yameta Co., Ltd. v. Capitol Records, Inc.*, 270 F.Supp.582 (S.D.N.Y. 1968) (Benutzung des Namens und Bildes des Gitarristen Jimi Hendrix für eine Schallplatte, auf der dieser nur untergeordnete Rolle spielte).

veränderten Werkes unter dem Namen des ursprünglichen Urhebers wettbewerbsrechtlich zweifelhaft sein könnte[139]. In keinem dieser Fälle war jedoch letztlich aufgrund des Wettbewerbsrechts zugunsten des klagenden Urhebers entschieden worden[140]. *Gilliam v. American Broadcasting Companies, Inc.* ist daher der erste Fall, in dem ein Urheber die Veröffentlichung eines veränderte Werkes unter Berufung auf Sec.43(a) Lanham Act verhindern konnte.

Besonders bemerkenswert an der *Gilliam*-Entscheidung ist, daß das Gericht seine Entscheidung ausdrücklich mit einem Widerspruch in der amerikanischen Copyright-Systematik begründet:

"American copyright law, as presently written, does not recognize moral rights or provide a cause of action for their violation, since the law seeks to vindicate the economic, rather than the personal, rights of authors. Nevertheless, the economic incentive for the artistic and intellectual creation that serves as the foundation for American Copyright law ... cannot be reconciled with the inability of artists to obtain relief for mutilation or misrepresentation of their work to the public on which the artists are finally dependent."[141]

Während bislang die Einführung von Moral Rights mit der Begründung abgelehnt worden war, diese "persönlichen" Rechte entsprächen nicht der am Allgemeinwohl orientierten Urheberrechtsdoktrin der USA, sah das *Gilliam*-Gericht nunmehr in der Verweigerung von Moral Rights einen Widerpruch zum amerikanischen Urheberrechtsverständnis. Die Gewährung eines Werkintegritätsschutzes sei Ansporn und nicht Hindernis für weitere Urheberproduktion. Diese Nutzbarmachung des amerikanischen utilitaristischen Urheberrechtsverständnisses für die

---

139 So z.B. - allerdings nicht im Zusammenhang mit Sec.43(a) Lanham Act - *Archbold v. Sweet,* 174 Eng.Rep.55,56 (Westminster 1832); *Prouty v. National Broadcasting Co., Inc.,* 26 F.Supp. 265, 266 (D.Mass. 1939); *Granz v. Harris,* 198 F.2d 585, 588 (198 F.2d 585 1952); *Harms v. Tops Music Enterprises, Inc.,* 160 F.Supp.77,S.81, 117 USPQ 72 (S.D.Cal. 1958); *Jaeger v. American International Pictures, Inc.,* 330 F.Supp.274, 278 (S.D.N.Y 1971).
Auch manche Ausführungen des N.Y.Supreme Courts in *Chesler v. Avon Book Division,* 76 Misc.2d 1048, 1052 (N.Y.Sup.Ct. 1973) lassen sich in dieser Weise verstehen: "...although the right to do so [sc. Veränderungen vorzunehmen] exists under the contract, there is an obligation to make known to readers that the right has been exercised. This is simply telling the truth."

140 Die *Granz*-Entscheidung stützte sich in erster Linie auf Vertragsrecht. In *Harms* und *Jaeger* wurden die Klagen der Urheber als unbegründet abgewiesen. *Prouty* betraf einzig die Frage, ob generell ein solcher Anspruch aus dem Wettbewerbsrecht hergeleitet werden kann (Ablehnung einer *motion to dismiss*).

141 aaO.

Forderung nach dem Schutz von Urheberpersönlichkeitsrechten war neu. Sie ist seither zu einem gängigen Statement zur Rechtfertigung der Einführung von Urheberpersönlichkeitsrechten geworden[142].

Angesichts dieser neuartigen Äußerungen zum Urheberrecht verwundert es nicht, daß die Entscheidung *Gilliams v. American Broadcasting Companies, Inc.* zu den meistdiskutierten Urheberrechtsfällen der letzten 20 Jahre gehört. Einige Kommentatoren bejubelten Sec.43(a) Lanham Act als ein "powerfool tool" in der Hand des Urhebers zum Schutz seiner Werkintegrität[143]. Einer solchen Bewertung dürften jedoch bei einer näherer Betrachtung erhebliche Bedenken entgegenstehen:

(1) Wie bereits oben[144] erwähnt, ist die Vermischung von Wettbewerbsrecht und Urheberpersönlichkeitsrecht schon vom Ansatz her fragwürdig. Die Zielsetzung beider Rechtsgebiete ist dafür zu unterschiedlich: Sec.43(a) Lanham Act dient dem lauteren Wettbewerb und dem Verbraucherschutz, sie dient nicht dem Schutz eines urheberpersönlichkeitsrechtlichen Integritätsinteresses[145]. Insofern sind die Ausführungen des Gerichts, Sec.43(a) Lanham Act finde seine Wurzeln im Urheberpersönlichkeitsrecht, schlicht irreführend. Eine persönlichkeitsrechtliche Komponente ist dem Lanham Act fremd.

Dieser Unterschied in der Zielsetzung des Wettbewerbsrechts gegenüber dem Urheberpersönlichkeitsrecht hat auch praktische Konsequenzen:

---

[142] Vgl. *Solomon*, 30 Rutgers L.Rev.452,477 (1977); *Hathaway*, 30 ASCAP Copyright L.Symp.121,155 (1983); s. hierzu auch die in Zitate in Fn.51 des 1.Kapitels.

[143] So *Greenstone*, 5 Ent. & Sports Law.12,19 (1986); positiv auch *Comment*, 125 U.Pa.L.Rev.611,634 (1977); *Maslow*, 48 Geo.Wash.L.Rev.377,387 (1980).

[144] S. oben 2.Kap.,B,II,2,a,cc.

[145] Dies beanstandet auch die *concurring opinion* von Judge *Gurfein* in der *Gilliam*-Entscheidung, 538 F.2d S.27: "The Lanham Act does not deal with artistic integrity. It only goes to misdescription of origin and the like ... If plaintiffs complain that their artistic integrity is still compromised by the distorted version, their claim does not lie under the Lanham Act, which does not protect the copyrighted work itself but protects only against the misdescription and mislabelling.".
Kritisch aus der Literatur auch *Diamond*, 68 Trademark Rep.244,268f (1978); *Ginsburg/Kernochan*, 13 Columbia-VLA J.Law & Arts 1,34f (1988); *Kirby*, 9 Pac.L.J.855,875 (1978); *Kohs*, 40 Fed.Comm.L.J.1,25f und 32 (1987); *Krigsman*, 73 Trademark Rep.251,267f (1982).

(2) Unter Berufung auf Sec.43(a) Lanham Act kann ein Urheber niemals die Werkveränderung an sich, sondern höchstens deren Veröffentlichung verbieten. Denn die Wettbewerbswidrigkeit liegt nicht in der Werkänderung, sondern in deren Präsentation nach außen.

(3) Auch die Veröffentlichung eines veränderten Werkes kann der Urheber dann nicht verbieten, wenn er nicht als Urheber erkennbar ist[146]. Denn in diesem Falle fehlt es an einer Herkunftsbezeichnung im Sinne der Sec.43(a) Lanham Act. Hier macht sich der Nachteil des wettbewerbsrechtlichen Schutzes besonders bemerkbar: Erfolgt die Werknutzung ohne Urheberangabe, so ist eine Klage nach Sec.43(a) Lanham Act regelmäßig unbegründet, da eine Verbrauchertäuschung nicht zu erwarten ist[147].

(4) Auch dann, wenn das veränderte Werk unter dem Namen des Urhebers veröffentlicht wird oder der Urheber wenigstens erkennbar ist, kann dieser die Veröffentlichung nur dann verbieten, wenn keine anderen Möglichkeiten zur Beseitigung der Wettbewerbswidrigkeit bestehen. Es ist insofern zu berücksichtigen, daß der Anspruch aus Sec.43(a) Lanham Act grundsätzlich nur auf Beseitigung der irreführenden Herkunftsbezeichnung geht, d.h. in den hier interessierenden Fällen auf Beseitigung der Urheberangabe. Nur dann, wenn der Urheber aufgrund vertraglicher Vereinbarungen die Benennung als Urheber bei der Veröffentlichung verlangen kann oder wenn - wie beim Monty-Python-Fall - aus dem veränderten Werk auch ohne Namensnennung ersichtlich wird, daß es von einem bestimmten Urheber stammt, kann sich aus Sec.43(a) Lanham Act ein Recht ergeben, die Veröffentlichung des veränderten Werkes insgesamt zu verbieten. Im Regelfall wird der Urheber aber unter Berufung auf Sec.43(a) Lanham Act nur die Nennung seines Namens, nicht jedoch die Veröffentlichung des veränderten Werkes verbieten können.

(5) Selbst wenn der Werknutzer verpflichtet ist, den Urheber bei der Werknutzung zu nennen, kann er das veränderte Werk dennoch veröffentlichen, wenn

---

146 Hierauf verweisen auch *Comment*, 125 U.Pa.L.Rev.611,623f (1977) und *Verbit*, 9 Comm/Ent L.J.383,414 (1987).

147 Eine Ausnahme besteht nur dann, wenn der Verbraucher auch ohne Namensnennung das veränderte Werk dem ursprünglichen Urheber zuordnet. Dies dürfte z.B. beim *Gilliam*-Film der Fall gewesen sein, da hier die Monty-Python-Gruppe nicht nur Urheber, sondern auch Darsteller war.

er durch einen sogenannten "disclaimer" den Verbraucher hinreichend darüber aufklärt, daß es sich um ein verändertes Werk handelt und daß sich der Urheber von dem jetzigen Werk distanziert. Denn auch hierdurch wird die Möglichkeit einer Verbrauchertäuschung ausgeschlossen.

Diesen letzten Einwand hatte bereits Judge *Gurfein* in seiner *concurring opinion* zur *Gilliam*-Entscheidung geltend gemacht[148]. Die 2:1-Mehrheit des Gerichts zweifelte jedoch, ob "a few words could erase the indelible impression that is made by a television broadcast", und lehnte die Möglichkeit eines *disclaimers* als in diesem Falle unzureichend ab[149]. Die Kommentatoren sind zur Frage des *disclaimers* im *Gilliam*-Fall ähnlich gespalten: Einige stimmen der Entscheidung des Gerichts zu[150], andere folgen der Ansicht Judge *Gurfeins*[151]. Es bleibt jedoch festzuhalten, daß auch die Mehrheit des Gerichts nur wegen der Ausnahmesituation des Fernsehens, bei dem häufig Zuschauer erst im Verlaufe der Sendung zu einem Film zuschalten, einen *disclaimer* als unzureichend ansah. Daraus folgt, daß in anderen Fällen, bei denen ein *disclaimer* wirkungsvoll plaziert werden kann, z.B. bei Büchern, Zeitungen, Ausstellungen, möglicherweise auch bei einem Kinofilm, kein wettbewerbsrechtlicher Anspruch des Urhebers gegen die Präsentation seines entstellten Werkes gegeben ist, solange der *disclaimer* die Werkänderungen hinreichend bekanntmacht[152].

Die Entscheidung *Gilliam v. American Broadcasting Companies, Inc.* ist daher nur dem ersten Anschein nach der Beginn eines Urheberpersönlichkeitsschutzes über

---

148 "The misdescription of origin can be dealt with ... by devising an appropriate legend to indicate that the plaintiffs had not approved the editing of the ABC version. With such a legend, there is no conceivable violation of the Lanham Act. If plaintiffs complain that their artistic integrity is still compromised by the distorted version, their claim does not lie under the Lanham Act, which does not protect the copyrighted work itself but protects only against the misdescription and mislabelling." (538 F.2d 27).

149 aaO, S.25, Fn.13.

150 *Comment*, 125 Pa.L.Rev.611,626f (1977); *Maslow*, 48 Geo.Wash.L.Rev.377,387 (1980).

151 *Kohs*, 40 Fed.Comm.L.J.1,26 (1982); *Landau*, 19 J.Arts Management & Law 61,75 (1989); *Penn*, 58 Univ.Cincinnati L.Rev.1023,1033f und 1035 (1990).

152 Vgl. insofern auch den Fall *Chesler v. Avon Book Division*, 76 Misc.2d 1048, 352 N.Y.S.2d 552, 181 USPQ 658 (N.Y.Sup.Ct. 1973), in dem das Gericht - allerdings ohne Berufung auf Sec.43(a) Lanham Act - entschied, daß der Verleger eine veränderte Taschenbuchausgabe publizieren dürfe, er jedoch einen *disclaimer* im Vorspann zum Buch einfügen müsse.

den Weg des Wettbewerbsrechts. Tatsächlich ist bis heute, soweit ersichtlich, keine weitere Gerichtsentscheidung ergangen, die einer Unterlassungsklage nach Sec.43(a) Lanham Act gegen die Veröffentlichung eines veränderten Werkes stattgegeben hat. Immerhin hat die *Gilliam*-Entscheidung jedoch aufgezeigt, daß Urheber in besonders gelagerten Einzelfällen Sec.43(a) Lanham Act zur Durchsetzung ihres Interesses an einer Werkintegrität nutzen können.

3.) Sonderfall: Die Werkvernichtung

Wie bereits dargestellt[153], sind Urheber von *works of visual art* nach Sec.106A(a)(3)(B) CopA gegen eine vorsätzliche oder grob fahrlässige Zerstörung ihrer Werke geschützt, wenn es sich um Werke von anerkannter Qualität handelt. Andere Urheber können einer Vernichtung ihrer Werke grundsätzlich nicht widersprechen. So entschied der erstinstanzliche Supreme Court aus dem Bundesstaat New York in dem Fall *Crimi v. Rutgers Presbyterian Church*[154], daß die Zerstörung eines Kirchenfreskos nicht gegen die Rechte des Malers verstoße. Habe der Urheber das Werk auftragsgemäß und bedingungslos abgeliefert, so besitze er an ihm keine Rechte mehr, die dem Eigentumsrecht des Werkstückinhabers entgegenstehen könnten. Das Gericht verwies den Urheber auf die Möglichkeit der Vertragsgestaltung:

"The time for the artists to have reserved any rights was when he and his attorney participated in the drawing of the contract with the church."[155]

Diese Ansicht wird auch einhellig in der Literatur vertreten[156].

---

153 Vgl. oben 2.Kap.,B,III,1.

154 *Crimi v. Rutgers Presbyterian Church*, 194 Misc.570, 89 N.Y.S.2d 813 (N.Y.Sup.Ct. 1949). Der Maler Alfred D. Crimi hatte 1938 für die Presbyterianische Kirche ein Wandfresko gemalt. Sieben Jahre später wurde das Fresko nach zahlreichen Protesten der Gemeindemitglieder wegen einer besonders betonten nackten Brust Jesu übermalt. Crimi klagte auf Wiederherstellung des vorherigen Zustandes, hilfsweise Schadensersatz.
Vgl. den ähnlichen Fall *Fowler v. Morkovsky*, dargestellt bei *Rosen*, 2 Cardozo Arts Ent.L.J.155,161 (1983).

155 aaO, S.576f.

156 *Nimmer* § 8.21[C], S.8-309; *DaSilva*, 28 Bull.Copyright Soc'y USA 1,46 (1980); *Kilgore*, 6 Univ. Miami Ent.& Sports 87,98 (1989); *Nimmer*, 19 Stanford L.R.499,521 (1967); *Roeber*, 53 Harv.L.Rev.554,569 (1940); *Stevenson*, 6 ASCAP Copyright L.Symp.89,102f (1953); *Strauss*, 4 Am.J.Comp.L.506,529 (1955); *ders.*, UFITA 23 (1957),286,315f; *Treece*, 16 Am.J.Comp.L. 487,498 (1968).

Urheber von Werken, die keine *works of visual art* sind, können die Zerstörung ihrer Werke in den USA daher nur durch besondere vertragliche Vereinbarung verhindern.

4.) Zwischenergebnis für das right of integrity

(1) Das Recht auf Werkintegrität ist für Urheber von *works of visual art* relativ umfassend durch Sec.106A(a) CopA geschützt.
(2) Andere Urheber können dann am ehesten gegen unautorisierte Veränderungen erfolgreich vorgehen, wenn sie sich auf ein ausdrückliches oder konkludentes vertragliches Veränderungsverbot berufen können. Diese Klauseln können sie nach der neueren Rechtsprechung zum Urheberrecht auch Dritten gegenüber durchsetzen.
(3) Über das Beleidigungsrecht läßt sich eine Werkveränderung nicht verhindern. Es ermöglicht dem Urheber jedoch bei einer Rufbeeinträchtigung einen Anspruch auf Schadensersatz.
(4) Im Ausnahmefall kann ein Urheber die Integrität seines Werkes über Sec.43(a) Lanham Act schützen. In der Regel kann er nach dieser Vorschrift allerdings nur verlangen, daß er entweder nicht als Schöpfer des Werkes genannt wird oder daß ihm Gelegenheit gegeben wird, sich durch das Anbringen eines *disclaimer* öffentlich von der veränderten Version des Werkes zu distanzieren. Nur dann, wenn der Urheber einen Anspruch auf Urheberbenennung hat oder er durch das veränderte Werk auch ohne Namensangabe als Schöpfer zu identifizieren ist und wenn ein *disclaimer* nicht wirkungsvoll angebracht werden kann, kann er aus Sec.43(a) Lanham Act einen Anspruch auf Unterlassung der Veröffentlichung des veränderten Werkes geltend machen.
(5) Ein außervertraglicher Schutz gegen die Zerstörung des Werkes besteht in den USA nicht.

IV. ERGEBNIS ZU B.

(1) Der Urheber ist im amerikanischen Recht solange umfassend gegen eine unbefugte Erstveröffentlichung seines Werkes geschützt, wie er Inhaber sämtlicher Verwertungsrechte ist.
(2) Was das Rechts des Urhebers auf Anerkennung seiner Urheberschaft betrifft, so kann sich ein positives Benennungsrecht des Urhebers bei der Nutzung seines

Werkes - neben den Fällen der Sec.106A CopA - nur aus einer ausdrücklichen oder konkludenten vertraglichen Abrede ergeben. Gegen ein Bestreiten der Urheberschaft oder der Anmaßung der Urheberschaft durch Dritte ist der Urheber relativ umfassend - insbesondere über das Wettbewerbsrecht - geschützt.

(3) Zum Schutz des Integrität seines Werkes ist der Urheber - erneut mit der Ausnahme der Sec.106A - in erster Linie auf ein ausdrücklich oder konkludent vereinbartes vertragliches Veränderungsverbot angewiesen. Wettbewerbs- und Beleidigungsrecht bieten nur unzureichenden Rechtsschutz.

3. KAPITEL: DER SCHUTZ URHEBERPERSÖNLICH-KEITSRECHTLICHER INTERESSEN NACH DEUTSCHEM RECHT

A. Das Urheberpersönlichkeitsrecht des UrhG

I. DIE RECHTSLAGE VOR INKRAFTTRETEN DES URHEBERRECHTSGESETZES VON 1965

Die ersten Ansätze eines Urheberpersönlichkeitsschutzes wurden in Deutschland nicht wie z.b. in Frankreich[1] durch die Rechtsprechung, sondern durch den Reichsgesetzgeber gewährt. Dieser verabschiedete zu Beginn des 20. Jahrhunderts sowohl das "Gesetz betreffend das Urheberrecht an Werken der Literatur und der Tonkunst" (LUG) von 1901[2] als auch das "Gesetz betreffend das Urheberrecht an Werken der bildenden Künste und Photographie" (KUG) von 1907[3]. Beide Gesetze enthielten erstmals vereinzelte Bestimmungen zum Schutze ideeller Interessen des Urhebers an seinem Werk[4], ohne allerdings ausdrücklich das Bestehen eines allgemeinen, umfassenden Urheberpersönlichkeitsrechts anzuerkennen.

---

1 In Frankreich lassen sich schon zu Beginn des 19.Jahrhunderts erste Gerichtsentscheidungen finden, die Teilaspekte urheberpersönlichkeitsrechtlicher Interessen unter Schutz stellen. - Vgl. dazu ausführlich *Strömholm* S.118ff.

2 RGBl.1901, S.227, auch abgedruckt in *Runge* S.801ff.

3 RGBl.1907, S.7, auch abgedruckt in *Runge* S.813ff.

4 Das LUG von 1901 gewährte dem Urheber:
- ein Recht der ersten Mitteilung (§ 11 I S.2 LUG) sowie ein Recht des ersten öffentlichen Vortrages (§ 11 II S.2 LUG) als Teilaspekte eines *Veröffentlichungsrechts,*
- ein Recht auf Beibehaltung der Urheberbezeichnung durch den Werkverwerter (§ 9 LUG) und ein Recht auf Quellenangabe (§§ 18 I S.2 und 25 LUG) als Teilaspekte eines *Rechts auf Anerkennung der Urheberschaft,*
- ein Recht, gegen Änderungen am Werk vorzugehen (§ 9 LUG und § 24 LUG) als Teilaspekt des Rechts auf *Werkintegrität. -*
Das KUG vom 1907 gewährte dem Urheber:
- ein Recht auf Anbringung des Namens am Werkstück (§ 13 KUG), ein Recht auf Beibehaltung der Urheberbezeichnung (§ 12 KUG; entspricht wörtlich § 9 LUG) und ein Recht auf Quellenangabe (§§ 19 II KUG),
- ein Recht, gegen Änderungen am Werk vorzugehen (§ 12 und §§ 21 KUG). -
Vgl. hierzu insbesondere *Heckmann* S.17ff; auch *Ruzicka* S.50ff.

Gestützt auf die begrenzten urheberpersönlichkeitsrechtlichen Vorschriften dieser beiden Gesetze erging im Jahre 1912 eine Entscheidung des Reichsgerichts, die im allgemeinen als die Geburtsstunde eines allgemeinen Urheberpersönlichkeitsrechts in Deutschland angesehen wird[5], die Entscheidung "Felseneiland mit Sirenen"[6]. In dieser Entscheidung vertrat das RG die Ansicht, daß das LUG und das KUG die urheberpersönlichkeitsrechtlichen Befugnisse des Urhebers nicht abschließend aufzählten, sondern ein allgemeines Urheberpersönlichkeitsrecht als bestehend voraussetzten. Zwar lasse sich ein solcher umfassender Schutz der Urheberpersönlichkeit - entgegen den Vorstellungen des Gesetzgebers - nicht aus den vor Erlaß des LUG und KUG geltenden allgemeinen Rechtsgrundsätze herleiten. Es könne aber aus den ergänzungsbedürftigen Bestimmungen dieser beiden Gesetze der allgemeine Grundsatz herausgelesen werden,

"daß der Künstler, dem modernen Rechtsempfinden entsprechend, ein gesetzlich geschütztes Recht darauf hat, daß das von ihm geschaffene Werk, als ein Ausfluß seiner individuellen künstlerischen Schöpferkraft, der Mit- und Nachwelt nur in seiner unveränderten individuellen Gestaltung zugänglich gemacht bzw. hinterlassen wird"[7].

Damit hatte das Reichsgericht die Basis zur Anerkennung eines allgemeinen Urheberpersönlichkeitsrechts gelegt, aus der die Rechtsprechung in der Folgezeit einzelne urheberpersönlichkeitsrechtliche Befugnisse ableitete, so unter anderem[8] das Recht des Urhebers auf Werkintegrität[9], sein Recht auf Anerkennung der

---

5 Allerdings hatte das RG auch schon vorher in seiner Entscheidung RGZ 69,401,403 - Nietzsche Briefe persönlichkeitsrechtliche Elemente des Urheberrechts anerkannt: "Ein allgemeines subjektives Persönlichkeitsrecht ist dem geltenden bürgerlichen Recht fremd. Es gibt nur besondere gesetzlich geregelte Persönlichkeitsrechte, wie ... die persönlichen Bestandteile des Urheberrechts."

6 RGZ 79,397. - Der Fall betraf die Klage eines Malers, der im Treppenhaus der Beklagten ein Wandfresko gemalt hatte, das mehrere Nacktszenen enthielt. Diese wurden durch die Beklagte später übermalt. Der Kläger klagte daraufhin unter Berufung auf ein allgemeines Urheberpersönlichkeitsrecht auf Beseitigung der Übermalung. Das RG bestätigte die Entscheidung des KG, das der Klage stattgegeben hatte.

7 aaO, S.399f.

8 Über die im folgenden erwähnten Rechte hinaus gewährte der BGH bereits vor Inkrafttreten des UrhG ein urheberpersönlichkeitsrechtliches Zugangsrecht (BGH GRUR 1952, 257 - Krankenhauskartei).
Ausführlich zur Rechtsprechungsentwicklung nach der Entscheidung "Felseneiland mit Sirenen": *Strömholm* S.347ff und *Smoschewer* UFITA 3 (1930),229,256ff.

9 RGZ 102,134 = GRUR 1921,157 - Strindberg-Übersetzung.

Urheberschaft[10] und sein Veröffentlichungsrecht[11]. Das deutsche Urheberpersönlichkeitsrecht fand somit zwar seinen Ursprung in den Gesetzgebungen aus den Jahren 1901 und 1907. Seinen heutigen Charakter als umfassendes Schutzrecht zur Bewahrung der geistig-persönlichen Beziehungen des Urhebers zum Werk hat es jedoch erst durch die dem LUG und KUG nachfolgende Rechtsprechung, insbesondere die des Reichsgerichts, erhalten. Eine gesetzliche Normierung dieses von der Rechtsprechung herausgearbeiteten umfassenden Urheberpersönlichkeitsrechts erfolgte erst durch die Verabschiedung des bis heute gültigen Urheberrechtsgesetzes (UrhG) von 1965[12].

II. DAS URHEBERRECHTSGESETZ VON 1965

Das deutsche UrhG von 1965 unterscheidet sich grundlegend vom amerikanischen Copyright Act, da es sowohl vermögensrechtliche[13] als auch urheberpersönlichkeitsrechtliche[14] Interessen des Urhebers unter Schutz stellt. Der Gesetzgeber legte dem Gesetz dabei das sogenannte "monistische" Urheberrechtsverständnis zugrunde[15]. Nach der monistischen Urheberrechtslehre entspringen die verschie-

---

10 Vgl. RGZ 110,393 - Raumkunstwerk.

11 Vgl. BGHZ 15,249 - Cosima Wagner.

12 Erste Versuche zu einer Normierung gab es bereits in den 20er und 30er Jahren im Anschluß an die Einfügung des Art.6bis in die Berner Urheberrechts-Übereinkunft. Vgl. die Entwürfe von *Hoffmann* UFITA 2 (1929),659ff; *Marwitz* UFITA 2 (1929),668ff; *Gildbaum-Wolff* UFITA 2 (1929),185ff; *Elster* UFITA 2 (1929),652ff und des Reichsjustizministeriums von 1932 und 1933 (hierzu *Möhring* UFITA 5 (1932),462ff) sowie schließlich die nationalsozialistischen Gesetzgebungsvorhaben (z.B. der Entwurf des "Bunds Nationalsozialistischer Deutscher Juristen" in UFITA 7 (1934),390ff, insbesondere den Entwurf der Akademie für deutsches Recht (vgl. hierzu *Müller* UFITA 12 (1939),247ff; zu der Rechtsentwicklung in der NS-Zeit allgemein *Ruzicka* S.58ff).

13 Vgl. §§ 15ff UrhG unter dem Zwischentitel "Verwertungsrechte".

14 Vgl. §§ 12-14 UrhG unter dem Zwischentitel "Urheberpersönlichkeitsrecht".

15 Von einem monistischen Urheberrechtsverständnis gingen bereits die Urheberrechtsentwürfe des Reichsjustizministeriums aus dem Jahre 1932 und der Akademie für deutsches Recht von 1939 aus (beide abgedruckt und gegenübergestellt bei *Reimer* S.24ff; letzterer auch abgedruckt in GRUR 1939,244ff). Ebenso das 1936 in Österreich in Kraft getretene Urhebergesetz (abgedruckt in GRUR Int.1936,S.123ff und UFITA 9 (1936), S.272ff).
Kritisch zur monistischen Urheberrechtslehre *Groppler* UFITA 25 (1958),385ff und insbesondere
(Fortsetzung...)

denen Befugnisse des Urhebers einem einheitlichen, eben "monistischen" Urheberrecht, das in seiner Gesamtheit sowohl vermögensrechtliche als auch persönlichkeitsrechtliche Elemente umfaßt, ohne daß sich die einzelnen Schutzkomponenten klar in die eine oder andere Kategorie trennen lassen[16]. Jede Ausübung des Urheberrechts enthält danach sowohl vermögensrechtliche als auch urheberpersönlichkeitsrechtliche Elemente[17]. Das Urheberrecht sei - so die vielzitierte Beschreibung *Ulmers*[18] - wie ein einheitlicher Baumstamm, der zwei Wurzeln habe, nämlich eine vermögens- und eine persönlichkeitsrechtliche. Die vielverzweigten Äste des Baumes entsprächen den vielgestaltigen Befugnissen des Urhebers, die zwar mal mehr aus der einen, mal mehr aus der anderen, insgesamt aber stets aus beiden Wurzeln ihre Kraft zögen.

Diesem monistischen Urheberrechtsverständnis entspricht es, daß sich der Urheberpersönlichkeitsschutz nach dem UrhG von 1965 nicht auf die drei unter dem Zwischentitel "Urheberpersönlichkeitsrecht" aufgeführten Rechte[19] - das Veröffentlichungsrecht (§ 12 UrhG), das Recht auf Anerkennung der Urheberschaft (§ 13 UrhG) und das Recht auf Werkintegrität (§ 14 UrhG) - beschränkt, sondern durch das monistische Urheberrecht insgesamt gewährleistet wird[20]. Diese urheberpersönlichkeitsrechtliche Gesamtschutzrichtung des UrhG spiegelt sich neben den besonders aufgeführten Urheberpersönlichkeitsrechten der §§ 12-14 UrhG in

---

15 (...Fortsetzung)
Hirsch UFITA 22 (1956),147,165f; *ders.*, UFITA 26 (1958),1,13ff; *ders.*, UFITA 36 (1962),19,47ff; *ders.*, UFITA 42 (1964),8,17ff.

16 Hierin unterscheidet sich das "monistische" von dem "dualistischen" Urheberrechtsverständnis des romanischen Rechtskreises, nach dem persönlichkeitsrechtliche und vermögensrechtliche Befugnisse voneinander zu unterscheiden sind und verschiedenen Rechtsgrundsätzen unterworfen sein können.

17 Begründung des Regierungsentwurfs, BT-Drucks. IV/270, S.43, zu § 11; *Bappert/Maunz/-Schricker* § 8,3; *Fromm/Nordemann/Hertin* § 11,2; *v.Gamm* Einf,24 und 28; *Möhring/Nicolini* § 11,2; *Schricker/Dietz* vor § 12,6; *Hubmann*, UrhR, § 3 VII und 8 II; *Troller*, ImmaterialgüterR, Bd.2, S.780; *Ulmer* § 18.

18 *Ulmer* § 18 II 4.

19 Diese drei Rechte werden gelegentlich als "Urheberpersönlichkeitsrechte im engeren Sinne" (Terminologie von *Schricker/Dietz* vor §§ 12,7; *Dietz*, Droit moral, S.38f; *Strömholm* S.15) oder als "besondere Urheberpersönlichkeitsrechte" (so *Neumann-Duesberg*, NJW 1971,1640,1641) bezeichnet.

20 Vgl. die Formulierung der urheberrechtlichen Grundnorm des § 11 UrhG: "Das Urheberrecht schützt den Urheber in seinen geistigen und persönlichen Beziehungen zum Werk ...".

mehreren, über das UrhG verteilten Einzelbestimmungen wieder, die dem Schutz überwiegend ideeller Interessen des Urhebers dienen, wie dem Zugangsrecht (§ 25 UrhG), dem Zustimmungserfordernis bei der Weiterübertragung von Nutzungsrechten (§ 34 I, II UrhG), dem Verbot von Änderungen im Zusammenhang mit Nutzungsverträgen (§ 39 UrhG) oder genehmigungsfreier Werknutzung (§ 62 UrhG), dem Rückrufsrecht wegen Nichtausübung (§ 41 UrhG) oder gewandelter Überzeugung (§ 42 UrhG), dem Gebot der Quellenangabe (§ 63 UrhG) oder der Einschränkung der Zwangsvollstreckung (§§ 113ff UrhG). Eine besonders markante Ausprägung des monistischen Urheberrechtsverständnisses ist, daß nach deutschem Recht das Urheberrecht - mit der Ausnahme der Übertragung mortis causa - insgesamt nicht übertragen werden kann (§ 29 S.2 UrhG). Der Urheber bleibt stets Inhaber des Urheberrechts. Er kann Dritten nur ein - einfaches oder ausschließliches - Nutzungsrecht an seinem Urheberrecht einräumen (§§ 31ff UrhG)[21].

Das "Urheberpersönlichkeitsrecht" des deutschen UrhG ist daher kein tatbestandlich klar umgrenztes Recht zum Schutze der Urheberpersönlichkeit. Es erschöpft sich nicht in den "Urheberpersönlichkeitsrechten" der §§ 12-14 UrhG. Es ist vielmehr ein dem einheitlichen Urheberrecht entstammendes Bündel von vielgestaltigen Befugnissen, die sich nach Art und Umfang zum Teil erheblich voneinander unterscheiden und nur aufgrund ihrer einheitlichen Schutzrichtung unter einem einheitlichen Oberbegriff zusammengefaßt werden können. Sie können mal als Abwehrrecht[22], mal als positives Forderungsrecht[23] ausgestaltet sein oder

---

21 Das Nutzungsrecht ist ein vom Stammrecht des Urhebers abgeleitetes Tochterrecht, das nach § 97 I UrhG Rechtsschutz gegen Beeinträchtigungen durch Dritte genießt. Es ist insofern mit einer dinglichen Belastung vergleichbar (vgl. *Schricker/Schricker* vor § 28,43; *Hubmann*, UrhR, § 41 II; *Ulmer* § 83 II).
Allerdings trifft dieser Vergleich mit dem Sachenrecht nur mit Einschränkungen zu. Denn die urheberrechtliche Rechtseinräumung ist z.B. nicht typenmäßig begrenzt, sondern in Art und Umfang abhängig von dem vereinbarten Zweck ("Zweckübertragungstheorie"). Darüber hinaus ist die Übertragung des Nutzungsrechts zustimmungsbedürftig (§ 34 I UrhG). Auch kann das Nutzungsrecht nach §§ 41f UrhG zurückgerufen werden. Vor allem aber ist der gutgläubige Erwerb eines Nutzungsrechts nicht möglich (BGHZ 5,116,119 - Parkstraße 13; BGH GRUR 1959,200,203 - Der Heiligenhof).

22 Z.B. bei der Abwehr von Änderungen und Entstellungen am Werk (§§ 14, 39 UrhG).

23 Z.B. das Recht auf Urheberbezeichnung (§ 13 S.2 UrhG) oder das Zugangsrecht (§ 25 UrhG).

sogar beide Komponenten zugleich enthalten[24]. Es ist nicht die Gleichartigkeit der Befugnisse, sondern die Gleichartigkeit des geschützten Interesses, welche die Benutzung des einheitlichen Begriffs "Urheberpersönlichkeitsrecht" für so viele verschiedenartige Befugnisse rechtfertigt. Dieses einheitliche Interesse ist, negativ ausgedrückt, das nicht-materielle, positiv ausgedrückt, das ideelle[25], d.h. das "geistige und persönliche" Interesse[26] - so § 11 UrhG - des Urhebers an seinem Werk.

III. DAS VERHÄLTNIS ZWISCHEN URHEBERPERSÖNLICHKEITSRECHT UND ALLGEMEINEM PERSÖNLICHKEITSRECHT

Das Urheberpersönlichkeitsrecht des UrhG steht - das zeigt bereits sein Name - in engem Zusammenhang mit dem als sonstiges Recht im Sinne des § 823 I BGB

---

24 So z.B. bei dem Recht auf Anerkennung der Urheberschaft (§ 13 S.1). Dieses Recht gewährt dem Urheber zum einen die Befugnis, die Anmaßung anderer als Urheber abzuwehren, zum anderen einen Anspruch darauf, selbst im Zusammenhang mit dem Werk als Urheber anerkannt zu werden. Siehe dazu bereits oben 1.Kap.,VI.

25 Diese Trennung der geschützten Interessen in materielle und ideelle Interessen hat sich in der Urheberrechtsliteratur weitgehend durchgesetzt (a.A. soweit ersichtlich nur *Peter* (UFITA 36 (1962),257,271ff), der ideelle (= "geistige") und materielle (="vermögenswerte") Interessen einerseits den "persönlichen" Interessen andererseits gegenüberstellt). Sie entspricht auch der Einteilung des § 11 UrhG.
Nicht übersehen werden darf allerdings, daß die Interessen des Urhebers bei der Schaffung oder Verwertung seines Werkes wesentlich vielschichtiger sein können und nicht immer klar in eine der beiden Kategorien einzuordnen sind. So ist es möglich, daß ein Wissenschaftler eine Abhandlung nur zur Weiterführung der Wissenschaft, ein Doktorand seine Dissertation ausschließlich zum Erwerb des Doktortitels oder ein Journalist einen Artikel zur Aufdeckung von Mißständen schreibt (vgl. dazu schon *de Boor* S.34). Diese Interessen unterscheiden sich allerdings insofern von den in § 11 UrhG erwähnten, als sie keinen typisch urheberrechtlichen Inhalt haben. Dem Urheber geht es hier nicht in erster Linie um sein Werk, sondern um ein nicht werkbezogenes allgemeines oder persönliches Wohl. Daher sind diese Interessen urheberrechtlich nicht relevant.

26 Nach *Ulmer* (§ 38 II 1) liegt der Unterschied zwischen "geistigen" und "persönlichen" Interessen in dem unterschiedlichen Bezugspunkt. Bei "persönlichen" Interessen gehe es um das Ansehen und die Ehre des Urhebers, bei den "geistigen" Interessen hingegen um seine Interessen am Werk (ebenso *Peter* UFITA 36 (1962),257,271; *Seetzen* S.50f; *Stolz* S.53). Nach h.M. ist diese weitere Untergliederung der ideellen Interessen des Urhebers rechtlich ohne Bedeutung, da beide Interessenrichtungen fließend ineinander übergehen (insofern a.A. *Peter* UFITA 36 (1962),257,270ff; *Seetzen* S.49ff; siehe zur Ansicht *Peters* noch im Einzelnen unten 3.Kap.,C,II,3,a).

anerkannten allgemeinen Persönlichkeitsrecht. Dieses wie jenes enthält ein Bündel verschiedener Befugnisse mit gleichartiger Schutzrichtung. Hier wie dort geht es um den Schutz geistiger und persönlicher Interessen einer natürlichen Person. Der enge Zusammenhang zwischen Urheber- und allgemeinem Persönlichkeitsrecht zeigt sich auch in dem Umstand, daß die gleichen Autoren, die maßgeblich zur Herausarbeitung der persönlichkeitsrechtlichen Komponente des Urheberrechts beigetragen haben, zu ihrer Zeit auch die ersten und hervorragendsten Verfechter eines allgemeinen, umfassenden Persönlichkeitsrechtsschutzes im Zivilrecht waren[27]. Möglicherweise kann man das Urheberrecht sogar als das erste Rechtsgebiet überhaupt bezeichnen, in dem in Deutschland der rechtliche Schutz persönlicher Interessen herausgearbeitet und gerichtlich anerkannt worden ist[28].

Aufgrund dieses engen Zusammenhanges zwischen Urheber- und allgemeinem Persönlichkeitsrecht stellt sich die Frage nach dem Verhältnis dieser beiden Rechte zueinander. Ist das Urheberpersönlichkeitsrecht in Deutschland nur ein besonderer Fall des allgemeinen Persönlichkeitsrechts oder handelt es sich um ein Rechtsinstitut eigener Art? Diese Frage ist insofern von praktischer Bedeutung, als eine Entscheidung in dem einen oder anderen Sinne möglicherweise Konsequenzen hinsichtlich bestimmter Rechtsfragen, insbesondere der Frage der Übertrag- und Verzichtbarkeit des Urheberpersönlichkeitsrechts, mit sich bringen kann.
Die Meinungen hierzu sind geteilt: Nach einer Ansicht ist das Urheberpersönlichkeitsrecht eine besondere gesetzliche Ausformung des allgemeinen Persönlichkeitsrechts für Urheber und gehört - ähnlich wie das Namensrecht nach § 12 BGB und das Recht am eigenen Bilde nach §§ 22f KUG - zu den sogenannten besonderen Persönlichkeitsrechten. Diese Auffassung findet sich in der Begründung des Regierungsentwurfs zum UrhG[29]. Sie wird auch in verschiedenen Entscheidun-

---

27 Insbesondere *Otto v.Gierke* (Dt.Privatrecht, Bd.1, § 81, S.703ff, Bd.3 § 211 II 2, S.887ff (1895)) und *Joseph Kohler* ("Das Recht an Briefen", ArchBürgR Bd.7 (1893),94ff).

28 Vgl. bereits RGZ 69,401,403 - Nietzsche Briefe, wo die Annahme eines allgemeinen privatrechtlichen Persönlichkeitsrechts abgelehnt wird mit der Begründung, es gebe nur besondere Persönlichkeitsrechte "wie ... die persönlichen Bestandteile des Urheberrechts." Auch der BGH berief sich bei seiner erstmaligen Anerkennung eines allgemeinen Persönlichkeitsrechts ausdrücklich auf die Grundsätze zum Urheberpersönlichkeitsrecht (BGH 13,334,339 - Leserbrief). Das Urheberpersönlichkeitsrecht kann daher mit einigem Recht als "Wurzelrecht eines Persönlichkeitsschutzes" bezeichnet werden (so *Krüger-Nieland*, FS-Hauß, 215,219).

29 BT-Drucks. IV/270, S.44: Das Urheberpersönlichkeitsrecht "... ist im Verhältnis zum allgemeinen Persönlichkeitsrecht in ähnlicher Weise als ein "besonderes" Persönlichkeitsrecht
(Fortsetzung...)

gen des BGH[30] sowie von Teilen der Literatur[31] vertreten. Nach anderer, vorwiegend im Schrifttum verbreiteter Ansicht ist das Urheberpersönlichkeitsrecht kein besonderes Persönlichkeitsrecht wie das Namensrecht oder das Recht am eigenen Bilde, sondern ein mit dem allgemeinen Persönlichkeitsrecht zwar wesensverwandtes, jedoch von diesem zu unterscheidenes selbständiges Recht[32].

1.) Unterschiede zwischen Urheberpersönlichkeitsrecht und allgemeinem Persönlichkeitsrecht

In der Tat bestehen zwischen dem Urheberpersönlichkeitsrecht und dem allgemeinen Persönlichkeitsrecht einige wesentliche Unterschiede. Dies gilt zum einen für den postmortalen Schutz: Das allgemeine Persönlichkeitsrecht wirkt nach dem Tode seines Rechtsträgers nur in beschränktem Umfange fort[33]. Schutz besteht grundsätzlich nur noch gegen grobe Entstellungen des Persönlichkeitsbildes[34]. Der Persönlichkeitsschutz mindert sich mit fortschreitendem Zeitablauf im gleichen Maße, wie das Bild des Verstorbenen verblaßt und die Erinnerung an ihn er-

---

29 (...Fortsetzung)
anzusehen wie etwa das Namensrecht nach § 12 des Bürgerlichen Gesetzbuches oder das Recht am eigenen Bild nach § 22 KUG."

30 BGH NJW 1971,885,886 - Petite Jaqueline; BGHZ 13,334,339 - Leserbrief.

31 *Schulze* § 12,2; *Delp* Rn.111; *Wasserburg* S.53,60; *Runge* UFITA 23 (1957),16; *Samson* UFITA 47 (1966),1,6f; *Walchshöfer*, FS-Hubmann, S.469f; *Wronka* UFITA 69 (1973),71,72 und 78; s. auch MüKo/*Schwerdtner* § 12,167 und *Nipperdey* UFITA 30 (1960),1,20, die das Urheberpersönlichkeitsrecht unter den speziellen Persönlichkeitsrechten aufführen.

32 So die h.M. in der Literatur: *Fromm/Nordemann/Hertin* vor § 12,9; *v.Gamm* § 11,5; *Möhring/Nicolini* § 11,3a; *Schricker/Dietz* vor § 12,14; *Hubmann*, UrhR, § 10 II 2; *Ulmer* § 6 III; *de Boor* S.36; *Dietz*, Droit Moral, S.29f; *Osenberg* S.13ff; *Seetzen* S.39f; *Schilcher* S.12f; *Schöfer* S.146ff; *Troller*, ImmaterialgüterR, Bd.1, § 8 I, S.94ff; *ders.*, Bedenken, S.7f.; *Krüger-Nieland*, FS-Hauß, S.215,219f; *Neumann* GRUR 1970,544f; *Neumann-Duesberg* UFITA 50(1967),464; *ders.* JR 1967,441,443; *ders.* NJW 1971,1640; *Runge* UFITA 54 (1969),1,5 und 14; *Schiefler* GRUR 1960,156,158ff; *Troller* UFITA 29 (1959),141,151.
Als "wesensverschieden" bezeichnet die beiden Rechte *Roeber* FuR 1965,102,103.

33 Vgl. hierzu aus der Rspr.: BGHZ 15,249,259 - Cosima Wagner; 50,133,139 - Mephisto; BGH NJW 1974,1371 - Fiete Schulze. - Aus der Lit.: *Hubmann*, PersR § 49; *Schwerdtner*, S.101ff; *Schack* GRUR 1985,352.

34 BGHZ 50,133,139 - Mephisto; BGH MDR 1984,997; MüKo/*Schwerdtner* § 12,208; *Palandt/Thomas* § 823,180.

lischt[35]. Er wird durch die Angehörigen des Urhebers geltend gemacht, nicht durch seine Erben. Die Angehörigen sind dabei nicht Träger des Persönlichkeitsrechts, sondern nur zu seiner Wahrnehmung befugt[36]. Schmerzensgeldansprüche sind ausgeschlossen[37].

Anders das postmortale Urheberpersönlichkeitsrecht: Entsprechend der monistischen Ausgestaltung des deutschen Urheberrechts geht das Urheberpersönlichkeitsrecht wie das gesamte Urheberrecht mit dem Tode des Urhebers nach §§ 28ff UrhG auf die Erben - nicht die Angehörigen[38] - über. Gemäß § 30 UrhG werden diese selbst Träger des Rechtes. Das Urheberpersönlichkeitsrecht bleibt auch nach dem Tode des Urhebers unbeschränkt bestehen. Es erlischt nicht allmählich mit fortschreitendem Zeitablauf wie das allgemeine Persönlichkeitsrecht, sondern gemäß § 64 UrhG erst 70 Jahre nach dem Tod des Urhebers, dann allerdings vollständig.

Hinsichtlich des postmortalen Schutzes weicht das Urheberpersönlichkeitsrecht folglich wesentlich vom allgemeinen Persönlichkeitsrecht ab.

Daneben besteht ein weiterer, grundlegenderer Unterschied zwischen dem allgemeinen und dem Urheberpersönlichkeitsrecht in der verschiedenartigen Schutzrichtung der beiden Rechte. Das allgemeine Persönlichkeitsrecht schützt die Beziehungen einer Person zu sich selbst, das Urheberpersönlichkeitsrecht die Beziehungen einer Person zu einem Objekt, nämlich dem zwar vom Urheber erschaffenen, jedoch nach der Schöpfung auf Dauer von ihm getrennten Werk[39].

---

35 BVerfGE 30,173,196 - Mephisto; BGHZ 50,133,140f - Mephisto; LG Berlin GRUR 1980,187 - Der Eiserne Gustav; MüKo/*Schwerdtner* § 12,213.

36 Vgl. nur MüKo/*Schwerdtner* § 12,211; *Hubmann*, PersR, § 49, S.341f.

37 BGH NJW 1974,1371 - Fiete Schulz; GRUR 1974,794,795 - Todesgift.

38 Dies war - selbst unter den Vertretern einer monistischen Urheberrechtslehre - nicht immer unumstritten. So setzte sich *de Boor* bei seiner Kommentierung des RJM-Entwurfs von 1932 mit beachtlichen Argumenten dafür ein, daß das Urheberpersönlichkeitsrecht nach dem Tode des Urhebers nicht auf dessen Erben, sondern auf seine Angehörigen übergehen sollte, da diese dem Verstorbenen am ehesten geistig verbunden seien. Regelmäßig würde der Erblasser seine Erben nämlich nach finanziellen Gesichtspunkten - d.h. danach, ob diese auch nach seinem Tode finanziell versorgt seien, - auswählen und nicht nach ideellen Kriterien (*de Boor* S.40ff).

39 Das Urheberpersönlichkeitsrecht ist damit Ausfluß der Diskrepanz zwischen der rechtlichen Selbständigkeit des Werkes einerseits und der bleibenden ideellen Bindung des Urhebers an sein Werk andererseits. Es überbrückt diese Diskrepanz durch die rechtliche Anerkennung dieser ideellen Bindungen, ohne gleichzeitig die rechtliche Selbständigkeit des Werkes aufzugeben. Zu weitgehend daher *Möhring/Nicolini* § 11,2, die das Werk als "Teil der Persönlichkeit" ansehen.

Dies ist in § 11 UrhG deutlich ausgedrückt:
"Das Urheberrecht schützt den Urheber in seinen geistigen und persönlichen Beziehungen *zum Werk* ...".
Das Urheberpersönlichkeitsrecht weist daher im Gegensatz zum allgemeinen Persönlichkeitsrecht stets Werkbezug auf[40]. Es ist ein sachbezogenes Persönlichkeitsrecht.

2.) Dennoch: Das Urheberpersönlichkeitsrecht ist ein besonderes Persönlichkeitsrecht

Trotz dieser Besonderheiten - postmortaler Schutz und besonderer Sachbezug - erscheint es nicht richtig, im Urheberpersönlichkeitsrecht eine eigenständige, vom allgemeinen, nicht-sachbezogenen Persönlichkeitsrecht unabhängige Rechtsfigur zu sehen. Beiden Persönlichkeitsrechten liegt die gleiche Wertvorstellung zugrunde - der Schutz der Menschenwürde[41]. Beide bezwecken - zumindest mittelbar - den Schutz der geistigen Integrität einer Person[42]. Es ist dem allgemeinen Persönlichkeitsrecht daher wesensimmanent, daß es seine Schutzwirkung auch auf Sachen bezieht, die sich zwar gegenständlich von der Persönlichkeit getrennt haben, dieser jedoch unmittelbar entstammen, weiterhin ihre Züge tragen und ihr daher zuzuordnen sind. Dies gilt nicht nur für das urheberrechtliche Werk, sondern auch für andere Gegenstände, die in irgendeiner Form Abdruck einer Persönlichkeit sind, wie z.B. urheberrechtlich nicht geschützte Briefe[43], persönliche

---

40 *V.Gamm* Einf,93f, § 11,5 und § 14,2; *Schricker/Dietz* vor § 12,16; *Ruzicka* S.81; *Troller*, ImmaterialgüterR, Bd.1, § 8 I, S.95; *de Boor*, UFITA 16 (1944),345,355; *ders.*, UFITA 18 (1954),260,262; *v.Gamm* NJW 1955,1826; *ders.*, NJW 1959,318; *Krüger-Nieland*, FS-Hauß, S.215,219f; *Neumann-Duesberg* NJW 1971,1640,1641; *ders.*, JR 1967,441,443; *ders.*, UFITA 59 (1967),464; *Peifer* ZUM 1993,325,335; *Roeber* FuR 1965,102,103f; *Runge* UFITA 23 (1957),16; *Schack* GRUR 1985,352,353; *Walchshöfer*, FS-Hubmann, S.469,470.
Dies ist auch vom Gesetzgeber durchaus erkannt worden: vgl. BT-Drucks. IV/270, S.43f (siehe dazu auch Fn.52).

41 *Fromm/Nordemann/Hertin* vor § 12,9; *Schricker/Dietz* vor § 12,14; *Schilcher S.12*; *Krüger-Neuland*, FS-Hauß S.215,221; *Schack* GRUR 1985,352,353.

42 *Runge* UFITA 54 (1969), S.1,5; *Schack* GRUR 1985,352,353, Fn.22.

43 St.Rspr. seit BGHZ 13,334,338f - Leserbrief: BGHZ 15,249,257; 24,72,79; 36,77,83; 73,120,123; BVerfGE 44,353,372.

Daten[44] oder insbesondere Bildnisse: Auch das Recht am eigenen Bilde nach §§ 22 KUG schützt ein sachbezogenes Persönlichkeitsinteresse, nämlich das Interesse einer Person an der eigenen Abbildung. Wie das urheberrechtliche Werk besitzt eine Abbildung zwar ein rechtliches und wirtschaftliches Eigenleben. Wie beim Urheberpersönlichkeitsrecht bestehen aber zwischen dem Abgebildeten und der Abbildung weiterhin besondere persönliche Bindungen, die des Schutzes bedürfen. Der Abgebildete möchte z.b. nicht, daß das Bild entstellt oder mit entstellendem Bezug veröffentlicht wird[45]. Möglicherweise hat er auch ein Interesse daran, bei jeder Nutzung des Bildes als Abgebildeter bezeichnet zu werden[46] oder, sollte er mit der Veröffentlichung des Bildnisses nicht mehr einverstanden sein, seine Einwilligung zur Nutzung zu widerrufen[47]. Die Interessenlage des Abgebildeten entspricht daher weitgehend der des Urhebers[48].

Trotz dieser weitgehend ähnlichen Interessenlage wird das Recht am eigenen Bilde, im Gegensatz zum Urheberpersönlichkeitsrecht, allgemein und - soweit ersichtlich - unbeanstandet als ein besonderer Fall des allgemeinen Persönlich-

---

44   BGHZ 80,311, wo der BGH allerdings das allgemeine Persönlichkeitsrecht als durch die Spezialregelung im BDSG verdrängt ansieht; vgl. zur Rechtsnatur des Datenschutzes auch *Bull* NJW 1979,1177,1182 und *Meister* JZ 1978,328.

45   Vgl. BGHZ 26,349 - Herrenreiter; 20,345,347 - Paul Dahlke; BGH NJW 1971,689 und 801 - Pariser Liebestropfen; OLG München AfP 1983,276 - Sex-Therapie; weitere Beispiele bei *Wenzel* Rn.7.39.

46   Merkwürdigerweise ist ein solcher Namensnennungsanspruch in der Literatur bislang - soweit ersichtlich - nicht diskutiert worden. Dabei liegt die Parallele zu § 13 UrhG offen auf der Hand: Das Bildnis ist wie das urheberrechtliche Werk ein Abdruck der Persönlichkeit in der Außenwelt.

47   Ähnlich dem Rückrufsrecht des § 42 UrhG; vgl. dazu *Wenzel* Rn.7.41f.

48   Es kann sich sogar auf die selbe Sache beziehen, nämlich dann, wenn das Bildnis als Lichtbildwerk (§ 1 I Nr.5 UrhG), als Werk der bildenden Kunst (§ 2 I Nr.4 UrhG) oder wie ein Lichtbildwerk (§ 72 I UrhG) urheberrechtlich geschützt ist. In einem solchen Falle bestehen an dem Bildnis zwei voneinander zu unterscheidende Persönlichkeitsinteressen - das des Urhebers und das des Abgebildeten. Beide bedürfen des gleichen Schutzes ihrer persönlichen Bindungen an eine ihrer Persönlichkeitssphäre entstammenden Sache.
Darüber hinaus bestehen auch bezüglich des postmortalen Bildnisschutzes Ähnlichkeiten zum Urheberpersönlichkeitsrecht. Denn § 22 S.3 KUG sieht einen geregelten postmortalen Schutz von 10 Jahren vor, ähnlich wie der 70-jährige Schutz des Urheberrechts. Die Parallelität trifft allerdings ihre Grenze darin, daß das Recht am eigenen Bilde nicht wie das Urheberrecht auf die Erben übergeht, sondern nur von den Angehörigen des Verstorbenen im fremden Namen wahrgenommen werden kann.

keitsrechts angesehen[49]. Es ist kein Grund ersichtlich, warum dies für das Urheberpersönlichkeitsrecht nicht gelten sollte.

Es dürfte kaum einem Zweifel unterliegen, daß die Rechtsprechung, gäbe es keine gesetzliche Ausformung des Urheberpersönlichkeitsrechts, die gleichen oder zumindest ähnliche Rechte aus dem allgemeinen Persönlichkeitsrecht herleiten würde[50], genauso wie sie dies bereits vor der Verabschiedung des UrhG getan hat[51]. Denn das Heraustreten des Werkes aus der unmittelbaren Persönlichkeitssphäre führt zwar dazu, daß sich die Schutzrichtung des Persönlichkeitsrechts ändert. Sein Rechtscharakter bleibt jedoch der gleiche: Das Urheberpersönlichkeitsrecht bleibt ein - wenn auch sachbezogenes - Persönlichkeitsrecht. Es schützt die Beziehung zwischen dem Urheber und seinem Werk nicht um des Werkes, sondern um des Urhebers willen. Es ist - wenn man will - ein "mittelbares Persönlichkeitsrecht".

Es bleibt damit festzuhalten: Das Urheberpersönlichkeitsrecht ist Ausfluß des allgemeinen Persönlichkeitsrechts[52]. Es ist gegenüber diesem lex specialis für

---

49 BGHZ 20,345,347 - Paul Dahlke; 26,349,355 - Herrenreiter; BGH GRUR 1962,324,325 - Doppelmörder; GRUR 1965,495,497 - Satter Deutscher; LG Berlin GRUR 1974,415,416 - Saat der Sünde; MüKo/*Schwerdtner* § 12,168; *Palandt/Thomas* § 823,179; *Soergel/Schäfer* § 823,212; *Wenzel* Rn.7.1; *Neumann-Duesberg* UFITA 50 (1967),464,467; *Roeber* FuR 1965,102,106.

50 So auch die Begründung des Regierungsentwurfs BT-Drucks. IV/270, S.44; ebenso *Schiefler* GRUR 1960,156,159.

51 Vgl. zu der urheberpersönlichkeitsrechtlichen Rechtsprechung vor 1965 bereits oben 3.Kap.,A,I.

52 So auch v.*Gamm* § 11,5; *ders.*, NJW 1959,318.
Dieses Ergebnis steht im Einklang mit den Vorstellungen des Gesetzgebers. Auch dieser hatte nämlich den besonderen Sachbezug des Urheberpersönlichkeitsrechts durchaus erkannt und das Urheberpersönlichkeitsrecht dennoch als ein besonderes Persönlichkeitsrecht angesehen. In der Begründung zum Regierungsentwurf heißt es:
"Es sind Bedenken dagegen erhoben worden, den Begriff "Urheberpersönlichkeitsrecht" als Bezeichnung für die dem Schutz der ideellen Interessen dienenden Befugnisse des Urhebers zu verwenden, aus der Erwägung heraus, daß diese im Gegensatz zu anderen Persönlichkeitsrechten nicht unmittelbar die Person des Urhebers selbst, sondern lediglich seine Beziehungen zu einem außerpersönlichen Gut, dem Werk, schützen. Es kann jedoch keinem Zweifel unterliegen, daß die dem Schutz ideeller Interessen dienenden Befugnisse des Urhebers, wenn das Urheberrecht sie nicht gewähren würde, von der Rechtsprechung aus dem heute anerkannten allgemeinen Persönlichkeitsrecht abgeleitet werden würden. Das Urheberpersönlichkeitsrecht ist ... insofern echtes Persönlichkeitsrecht ..." (BT-Drucks. IV/270, S.43f).

Fälle von Persönlichkeitsverletzung durch Werkverletzung und verdrängt es in seinem Anwendungsbereich[53]. Außerhalb dieses Bereichs bleibt es dem Urheber unbenommen, sich bei Persönlichkeitsbeeinträchtigungen ohne Werkbezug auf sein allgemeines Persönlichkeitsrecht zu berufen[54].

IV. ERGEBNIS ZU A.

(1) Urheberpersönlichkeitsrechtliche Interessen werden nach deutschem Recht nicht nur durch die besonderen Bestimmungen der §§ 12-14 UrhG, sondern auch durch weitere Vorschriften des Gesetzes (§§ 25, 29, 34 I, 39, 41f, 62f, 113ff UrhG) sowie durch die monistische Gesamtkonzeption des UrhG insgesamt geschützt.

(2) Das deutsche Urheberpersönlichkeitsrecht ist ein besonderes Persönlichkeitsrecht mit Werkbezug. Der besondere Werkbezug des Urheberpersönlichkeitsrechts ändert jedoch nichts an seinem Rechtscharakter als Persönlichkeitsrecht.

---

53 Ebenso *Schricker/Dietz* vor § 12,15; *Schilcher* S.13; *Krüger-Nieland*, FS-Hauß, S.215,221; *Leinveber* GRUR 1960,599,600; *Schack* GRUR 1985,352,354; *Schiefler* GRUR 1960,156,158; a.A. Wronka UFITA 69 (1973),71,82f.

54 Vgl. BGHZ 15,249,258; OLG Hamburg Schulze OLGZ 64,15ff; *Fromm/Nordemann/Hertin* vor § 12,9; *Schricker/Dietz* vor § 12,15; *Hubmann*, UrhR, § 10 II; *ders.*, PersR S.237f; *Schilcher* S.13; *Baum* GRUR 1960,156,160f; *Krüger-Nieland*, FS-Hauß, S.215,221f; *Schack* GRUR 1985,352,354; *Schramm* GRUR 1972,348,349; *Walchshöfer*, FS-Hubmann, S.469,476. Ein besonders anschauliches Beispiel für den ergänzenden Schutz des allgemeinen Persönlichkeitsrechts bietet das sogenannte "Recht auf Nichturheberschaft" (*droit de non-paternité*) (vgl. dazu bereits oben 1.Kap.,IV).

B. Der Schutz des Erstveröffentlichungsrechts, des Rechts auf Anerkennung der Urheberschaft und des Werkintegritätsrechts nach deutschem Recht

Das UrhG gewährt dem Urheber unter dem Zwischentitel "Urheberpersönlichkeitsrecht" in den §§ 12-14 UrhG ein besonderes Erstveröffentlichungsrecht, ein Recht auf Anerkennung der Urheberschaft und ein Recht gegen Werkentstellungen.

I. *DAS ERSTVERÖFFENTLICHUNGSRECHT*

Nach § 12 UrhG hat der Urheber in Deutschland das Recht zu bestimmen, ob und wie sein Werk erstmals[1] zu veröffentlichen ist.
Noch in den Entwürfen zum UrhG von 1965 herrschte Unklarheit darüber, ob das Veröffentlichungsrecht den Verwertungsrechten, den Urheberpersönlichkeitsrechten oder keinen von beiden zuzuordnen ist[2]. Da nach dem monistischen

---

1 Die Formulierung des Gesetzes läßt die Deutung zu, § 12 UrhG greife nicht nut bei der Erstveröffentlichung, sondern auch bei jeder weiteren Veröffentlichung ein. Dies wird auch von einem Teil der Literatur so vertreten (z.B. *v.Gamm* § 12,7; *Fromm/Nordemann/Hertin* § 12,1; *Vinck* S.37). Nach h.M. betrifft das Veröffentlichungsrecht des § 12 UrhG jedoch nur die Erstveröffentlichung (ebenso *Schricker/Dietz* § 12,7; *Ulmer* § 39 I 2; *Strömholm* GRUR 1963,350,358; *Ulmer*, FS-Hubmann, S.435ff; wohl auch *Möhring/Nicolini* § 12 1,b und 4, mißverständlich jedoch in Anm.2,c, die sich wohl nur auf den Fall einer unbefugten Erstveröffentlichung beziehen soll). Die Gesetzgebungsmaterialien bestätigen die Ansicht der Mindermeinung, der Gesetzgeber habe in § 12 UrhG ein "Mehrfach"-Veröffentlichungsrecht gewähren wollen, nicht.

2 Der Urheberrechtsentwurf des Reichsjustizministeriums aus dem Jahre 1932 erwähnt das Veröffentlichungsrecht noch unter den Nutzungsrechten. Für eine urheberpersönlichkeitsrechtliche Einordnung des Veröffentlichungsrecht traten hingegen schon *Hoffmanns* Urheberrechtsentwurf von 1933 (*Hoffmann* UFITA 2 (1929), S.659ff) sowie der Akademieentwurf von 1939 (abgedruckt in GRUR 1939,242ff) ein.
Auch die Vorentwürfe zum UrhG zögerten, das Veröffentlichungsrecht als ein Urheberpersönlichkeitsrecht auszuweisen: Im Referentenentwurf von 1954 fehlte ein gesonderter Titel "Urheberpersönlichkeitsrecht". Das Veröffentlichungsrecht wurde als § 17 I unter den "sonstigen Rechten" plaziert. Der Ministerialentwurf von 1959 unterteilte zwar zwischen Verwertungsrechten (§§ 12-20) und Urheberpersönlichkeitsrechten (§§ 21-22), ordnete das Veröffentlichungsrecht jedoch keiner der beiden Gruppen zu, sondern zog es als eigenes Recht sozusagen vor die Klammer (§ 11). Erst der Regierungsentwurf von 1962 sah die später übernommene Einordnung des Veröffentlichungsrechts unter die Urheberpersönlichkeitsrechte vor.

Urheberrechtsverständnis des deutschen Rechts[3] eine eindeutige Entscheidung in dem einen oder anderen Sinne ohnehin nicht getroffen zu werden braucht, das Veröffentlichungsrecht sogar häufig als typisches Beispiel für die untrennbare Vermengung vermögensrechtlicher und persönlichkeitsrechtlicher Interessen genannt wird[4], kommt es eigentlich auf eine genaue Einordnung des Rechts in dem einen oder anderen Sinne nicht an. Da das UrhG von 1965 in seiner verabschiedeten Fassung das Veröffentlichungsrecht jedoch ausdrücklich unter dem Unterabschnitt "Urheberpersönlichkeitsrecht" aufführt, kann kein Zweifel bestehen, daß zumindest nach den Vorstellungen des Gesetzgebers, das Veröffentlichungsrecht in erster Linie dem Schutz der geistig-persönlichen Interessen des Urhebers an seinem Werk dient.

Nach der Definition des § 6 I UrhG ist ein Werk veröffentlicht, wenn es mit Zustimmung des Berechtigten der Öffentlichkeit zugänglich gemacht worden ist. Ein öffentliches Zugänglichmachen liegt entweder in der öffentlichen Präsentation des Werkes in körperlicher Form (Verbreitung oder Ausstellung des Originals oder von Vervielfältigungsstücken) oder in der öffentlichen Wiedergabe in unkörperlicher Form (öffentlicher Vortrag, öffentliche Auf- bzw. Vorführung, Funk- und Fernsehsendungen). Alle diese Veröffentlichungsarten stellen Verwertungsarten dar, die im deutschen Recht durch die §§ 15ff UrhG geschützt sind. Es stellt sich damit - wie bereits zuvor für das amerikanischen Recht[5] - auch für das deutsche Recht die Frage, ob alle Veröffentlichungsarten Verwertungshandlungen darstellen, die der Urheber schon unter Berufung auf seine Verwertungsrechte der §§ 15 ff UrhG untersagen kann mit der Folge, daß die Gewährung eines besonderen, urheberpersönlichkeitsrechtlichen Veröffentlichungsrechts für ihn letztlich ohne Vorteil wäre. Bei der Erörterung dieser Frage soll erneut zwischen den Situationen vor und nach der erstmaligen Einräumung von Nutzungsrechten unterschieden werden.

1.) Vor der erstmaligen Einräumung von Nutzungsrechten

Vor der erstmaligen Einräumung eines Nutzungsrechts ist ausschließlich der Urheber zur Ausübung der Verwertungsrechte der §§ 15ff UrhG berechtigt. Es

---

3 Vgl. hierzu oben 3.Kap.,A,II.

4 Vgl. z.B. *Ulmer* § 18 I.

5 S. oben 2.Kap.,B,I.

fragt sich, ob das besondere Erstveröffentlichungsrecht des § 12 UrhG die Rechtsstellung des Urhebers zu diesem Zeitpunkt in irgendeiner Weise verbessert.

Das deutsche Recht gewährt dem Urheber in den § 15ff UrhG umfassende Verwertungsrechte an seinem Werk, die sämtliche erwähnte Veröffentlichungsarten - öffentliche Präsentation in körperlicher Form[6] oder öffentliche Wiedergabe in unkörperlicher Form[7] - erfassen. Allerdings ist zu beachten, daß zwar das Verbreitungsrecht (§ 17 UrhG), das Vortrags-, Aufführungs- und Vorführungsrecht (§ 19 UrhG) und das Senderecht (§ 20 UrhG) für alle Werkarten gelten, nicht jedoch das Ausstellungsrecht des § 18 UrhG. Dieses beschränkt sich in seinem Anwendungsbereich auf Werke der bildenden Kunst und Lichtbildwerke. In der Literatur wird daher als Beispiel für eine verwertungsrechtlich nicht erfaßte Erstveröffentlichung eines Werkes der Fall genannt, daß ein Autor das Manuskript seines Werkes bei einer Bibliothek hinterlegt habe, ohne dieser irgendwelche Nutzungsrechte hieran einzuräumen. Stelle dann die Bibliothek das Manuskript z.B. im Rahmen einer besonderen Ausstellung öffentlich zur Schau, so sei weder das Verbreitungsrecht[8] noch das Vortragsrecht[9] des Urhebers verletzt. Auch das Ausstellungsrecht sei nicht beeinträchtigt, da das Manuskript weder ein Werk der bildenden Kunst (§ 2 I Nr.4 UrhG) noch ein Lichtbildwerk (§ 2 I Nr.5 UrhG) sei, wie es § 18 UrhG voraussetze. In diesem Fall könne der Urheber die Ausstellung seines Manuskriptes einzig unter Berufung auf sein Veröffentlichungsrecht untersagen, denn das Werk sei ohne Einwilligung des Urhebers öffentlich zugänglich gemacht worden[10].

Abgesehen davon, daß ein solcher Fall eher theoretischer Natur ist und in der Praxis selten vorkommen dürfte, fragt es sich, ob die aufgetane Schutzlücke bei den Verwertungsrechten nicht durch eine analoge Anwendung des § 18 UrhG zu schließen ist. Denn eine solche analoge Anwendung des § 18 UrhG erscheint durchaus naheliegend. Der Gesetzgeber ging bei der Formulierung dieser Vor-

---

6 Geschützt durch das Verbreitungsrecht (§ 17 UrhG) und das Ausstellungsrecht (§ 18 UrhG).

7 Geschützt durch das Vortrags-, Aufführungs- und Vorführungsrecht (§ 19 UrhG) und das Senderecht (§ 20 UrhG).

8 Das Werk ist weder der Öffentlichkeit angeboten noch in den Verkehr gebracht worden.

9 Das Manuskript wird nur ausgestellt, nicht jedoch vorgetragen.

10 Fall bei *Ulmer* § 39 I,2; siehe auch *Fromm/Nordemann/Hertin* § 18,1; *v.Gamm* § 18,3; *Möhring/Nicolini* § 12,1; *Schricker/Dietz* § 12,15; *Hubmann, UrhR,* § 28 I; *Ulmer,* FS-Hubmann,435,441.

schrift ersichtlich davon aus, daß nur Werke in körperlicher Form - wie insbesondere Werke der darstellenden Kunst - ausgestellt werden könnten, Sprach- oder Musikwerke als "nicht-gegenständliche" Werke hingegen nur vorgetragen oder aufgeführt würden. Wird ein solches Werk nun durch die Ausstellung des Manuskriptes doch einmal als körperlicher Gegenstand präsentiert, so ist es angebracht, die vom Gesetzgeber versehentlich gelassene Schutzlücke durch eine analoge Anwendung des § 18 UrhG zu schließen[11]. Denn das Manuskript wird dann wie ein Werk der bildenden Kunst präsentiert.

Damit läßt sich festhalten, daß, solange der Urheber keiner Person ein Nutzungsrecht an seinem Werk eingeräumt hat, jeder Fall der Werkveröffentlichung durch einen Dritten als Verletzung eines der Verwertungsrechte nach §§ 15ff UrhG geahndet werden kann. Diese Einschätzung entspricht der Wertung des Gesetzgebers[12]. Sollte es dennoch Fälle geben, in denen die §§ 15ff UrhG die konkrete Veröffentlichungsart nach ihrem Wortlaut nicht abdecken, kann durch eine analoge Anwendung dieser Vorschriften eine etwaige gesetzliche Lücke geschlossen werden.

Dem Veröffentlichungsrecht nach § 12 UrhG kommt daher vor der erstmaligen Einräumung von Nutzungsrechten - mit Ausnahme der besonderen Fälle des § 121 VI UrhG[13] - nur deklaratorische Bedeutung zu: Durch die gesonderte Erwähnung des Veröffentlichungsrechts als Urheberpersönlichkeitsrecht erkennt das Gesetz an, daß bei der Erstveröffentlichung eines Werkes auch besondere ideelle Interessen des Urhebers berührt werden[14].

---

11 So auch *Ulmer*, FS-Hubmann, 435,441.

12 Vgl. die Begründungen zum Ministerialentwurf auf S.33: "Mit Ausnahme des Vervielfältigungsrechts können die Verwertungsrechte bei unveröffentlichten Werken nur gleichzeitig mit dem Veröffentlichungsrecht ausgeübt werden." S.auch die Begründung zum Regierungsentwurf BT-Drucks IV/270,S.44: "Die Veröffentlichung des Werkes schließt ... stets eine Verwertung des Werkes ein."

13 Nach § 121 VI UrhG können sich Ausländer aus Nicht-Konventionsstaaten, die in Deutschland keinen Schutz ihrer Verwertungsrechte beanspruchen können, zumindest auf die Urheberpersönlichkeitsrechte der §§ 12-14 UrhG berufen.

14 In aller Regel wird daher in Fällen, in denen neben einem Verwertungsrecht auch das Erstveröffentlichungsrecht verletzt ist, nicht nur ein Schadensersatz-, sondern zusätzlich ein Schmerzensgeldanspruch des Urhebers nach § 97 II UrhG zu gewähren sein. Voraussetzung für einen Schmerzensgeldanspruch nach § 97 II UrhG ist die Verletzung des Veröffentlichungsrechts allerdings nicht (vgl. *Schricker/Dietz* § 12,10; *Ulmer*, FS-Hubmann S.435,438).

2.) Nach der erstmaligen Einräumung von Nutzungsrechten

Hat der Urheber Nutzungsrechte an seinem Werk Dritten gegenüber eingeräumt, so kann er eine Erstveröffentlichung, die in Ausübung des eingeräumten Nutzungsrechts erfolgt, nicht mehr unter Berufung auf seine Verwertungsrechte untersagen. Es fragt sich, ob er in diesem Fall die Veröffentlichung seines Werkes unter Berufung auf sein besonderes Erstveröffentlichungsrecht nach § 12 UrhG verhindern kann.

Auch diese Frage ist zu verneinen. Denn nach allgemeiner Meinung enthält die erstmalige Einräumung eines Nutzungsrechts konkludent die Gestattung der Veröffentlichung[15]. In ihr liegt damit zugleich die Ausübung des Veröffentlichungsrechts nach § 12 UrhG[16]. Das Recht ist folglich bereits mit der erstmaligen Einräumung eines Nutzungsrechts verbraucht und kann vom Urheber gegenüber dem Nutzungsberechtigten nicht mehr geltend gemacht werden. Will sich der Urheber beim Abschluß des Lizenzvertrages die Entscheidung, ob das Werk tatsächlich veröffentlicht werden soll, vorbehalten, so muß er dies ausdrücklich im Lizenzvertrag zum Ausdruck bringen. Tut er dies nicht, so kann er die Veröffentlichung durch den berechtigten Werknutzer nicht untersagen.

Dem Urheber unter Berufung auf sein Veröffentlichungsrecht die Möglichkeit zu geben, eine einmal gestattete Werknutzung zu untersagen, wäre nicht nur unbillig, es widerspräche auch der Systematik des UrhG. Das UrhG hat in den §§ 41f UrhG besondere Tatbestände geschaffen, bei deren Vorliegen der Urheber die erteilte Gestattung der Verwertung seines Werkes zurückziehen kann. Insbesondere gewährt das Gesetz dem Urheber ein Rückrufsrecht wegen gewandelter Überzeugung (§ 42 UrhG). Dieses Recht kann der Urheber jederzeit ausüben, jedoch nur unter den dort genannten Bedingungen. Insbesondere hat er dem Werknutzungsberechtigten nach § 42 III UrhG eine Entschädigung zu zahlen. Es ist kein Grund dafür ersichtlich, warum diese Regelung über die Rücknahme einer einmal getroffenen Verwertungserlaubnis bei der Entscheidung zur Erstveröffentlichung nicht gelten sollen. Denn die Interessen des auf den Vertrag mit dem Urheber

---

15 Vgl. BGHZ 15,149,158 - Cosima Wagner; *Fromm/Nordemann/Hertin* § 12,2ff; *v.Gamm* § 11,7 und § 12,6; *Möhring/Nicolini* § 12,3c; *Schricker/Dietz* § 12,18; *Ulmer* § 39,II,1; *Forkel* S.178ff; *Schiefler* GRUR 1960,156,159.

16 H.M.: *Fromm/Nordemann/Hertin* § 12,2; *v.Gamm* § 12,1; *Schricker/Dietz* § 12,1 und 18; **a.A.** *Rojahn* S.106f; *Ulmer* § 39 II 1, die die Ausübung des Veröffentlichungsrechts erst in dem Veröffentlichungsakt sehen.

vertrauenden Nutzungsberechtigten sind bei der Erstveröffentlichung des Werkes genauso schutzwürdig wie bei jeder nachfolgenden Veröffentlichung. Der Urheber kann daher die einmal gestattete Verwertung seines Werkes nur unter Berufung auf die §§ 41f UrhG untersagen, nicht jedoch unter Berufung auf sein Veröffentlichungsrecht nach § 12 I UrhG. § 12 UrhG ist für den Urheber nach der Einräumung von Nutzungsrechten ohne Bedeutung.

Gelegentlich wird die besondere Bedeutung des Veröffentlichungsrechts des § 12 UrhG auch in der Möglichkeit der Vergabe von Uraufführungsrechten gesehen. Es sei z.B. der Fall denkbar, daß ein Schriftsteller mehreren Theatern gleichzeitig die Aufführung seines neuen Werkes gestatte, nur einem jedoch das Uraufführungsrecht einräume. Komme ein Theater, das das Uraufführungsrecht nicht besitze, der geplanten Uraufführung des Werkes mit seiner Inszenierung zuvor, so gebe das besondere Veröffentlichungsrecht des § 12 UrhG dem Urheber ein besonderes Untersagungsrecht, das mit dinglicher Wirkung auch Dritten gegenüber geltend gemacht werden könne[17].

Nach dem Vorgesagten kann jedoch auch diese Begründung für den angeblichen Vorteil eines besonderen Erstveröffentlichungsrechts nicht überzeugen. Abgesehen davon, daß bereits in der Vergabe des Werkes an mehrere aufführungswillige Theater eine Veröffentlichung im Sinne des § 6 I UrhG liegen kann[18], übersieht diese Ansicht, daß durch die Einräumung eines Nutzungsrechtes - wie bereits erwähnt - im Zweifel die Erstveröffentlichung eines Werkes mitgestattet wird. Will ein Urheber, der die Aufführungsrechte an seinem neuen Werk gleichzeitig mehreren Personen einräumt, das Recht zur Uraufführung nur einer dieser Personen zukommen lassen, so muß er mit den anderen vertraglich vereinbaren, daß diese das Werk erst nach der Uraufführung zeigen dürfen. Tut er dies nicht, so kann jeder der Nutzungsberechtigten das Werk zur Uraufführung bringen, ohne daß der Urheber hiergegen vorgehen kann.

Daraus folgt, daß auch nach der Einräumung eines Nutzungsrechts das besondere Veröffentlichungsrecht des § 12 I UrhG für den Urheber ohne Vorteil ist, da in der Einräumung des Nutzungsrechts regelmäßig die Ausübung und damit die Aufgabe des Veröffentlichungsrechts liegt. Will der Urheber sich das Recht zur Veröffentlichung vorbehalten, so muß er dies im Nutzungsvertrag ausdrücklich vereinbaren.

---

17 So insbesondere *Hubmann*, UrhR, § 28 I; ebenso *Schricker/Dietz* § 12,14; *Ulmer* § 39 II,1.

18 Diese Bedenken äußert auch *Schricker/Dietz* § 12,14.

3.) Die Vorab-Einräumung von Nutzungsrechten

Denkbar ist schließlich, daß das besondere Veröffentlichungsrecht des § 12 I UrhG bei der Vorab-Einräumungen von Nutzungsrechten eine eigenständige Bedeutung gewinnt, insbesondere dann, wenn ein Urheber, der Arbeitnehmer ist, seinem Arbeitgeber im voraus sämtliche Nutzungsrechte an seinen zukünftig zu erstellenden Werken einräumt. Es fragt sich, ob der Urheber in derartigen Fällen trotz der Vorab-Einräumung der Nutzungsrechte unter Berufung auf sein Veröffentlichungsrecht nach § 12 I UrhG bestimmen kann, wann und wie sein Werk von seinem Arbeitgeber erstmals herausgebracht werden darf.

Das UrhG erklärt in § 40 UrhG eine Vorab-Einräumung von Nutzungsrechten ausdrücklich für zulässig[19]. Allerdings hat der Gesetzgeber dem Urheber durch das Aufstellen eines Formzwanges und die Gewährung eines besonderen unverzichtbaren Kündigungsrechts (§ 40 I UrhG) bei der Vorab-Einräumung von Nutzungsrechten einen gesteigerten Rechtsschutz zugebilligt. Das Gesetz erkennt damit die besondere Schutzwürdigkeit des Urhebers bei Vorab-Verträgen an. Dies mag dafür sprechen, dem Urheber - entgegen der allgemeinen Regel, daß das Veröffentlichungsrecht des § 12 UrhG mit der ersten Einräumung des Nutzungsrechts verbraucht ist, - bei Vorab-Verträgen doch über § 12 UrhG ein Untersagungsrecht gegen eine ungenehmigte Werkveröffentlichung zuzugestehen.

Auf der anderen Seite darf nicht verkannt werden, daß auch der Arbeitgeber ein berechtigtes Interesse daran hat, die Werke seines angestellten Urhebers angemessen verwerten zu dürfen. Damit ist es nicht vereinbar, wenn der Urheber stets die Verwertung der von ihm erstellten Werke unter Berufung auf sein Veröffentlichungsrecht nach § 12 UrhG verweigern könnte.

Der allgemeine Wortlaut des § 12 UrhG gewährt wenig Anhaltspunkte für eine Lösung dieses Interessenkonfliktes. Die Rechte und Pflichten des Urhebers und seines Arbeitgebers richten sich in einem solchen Fall in erster Linie nach den Abmachungen des Arbeitsvertrages. Dieser ist unter sachgerechter Berücksichtigung der urheberpersönlichkeitsrechtlichen Interessen des Urhebers auszulegen. Dabei ist zu berücksichtigen, daß die Schaffensfreiheit des angestellten Urhebers aufgrund des Weisungsrechts des Arbeitgebers ohnehin eingeschränkt ist. Kann der Arbeitgeber wegen seines Weisungsrechts Einfluß auf die Schöpfung des

---

[19] Allerdings ist nach Ansicht mancher Autoren § 40 UrhG auf Arbeits- und Dienstverhältnisse nicht anwendbar (*Schricker/Schricker* § 40,3; *Schricker/Rojahn* § 43,43f); - wie hier hingegen *Fromm/Nordemann/Hertin* § 40,4c; *Hubmann, UrhR*, § 41 V.

Urhebers nehmen, so ist es nur folgerichtig, wenn ihm in einem gewissen Grade auch die Entscheidung darüber obliegt, wann das vom Urheber erschaffene Produkt verwertungsreif ist. Verweigert der Urheber seine Zustimmung zur Werkveröffentlichung, so kann es bei einer Abwägung der Interessen angemessen sein, den Arbeitgeber zu verpflichten, das Werk ohne Namensangabe des Urhebers zu veröffentlichen[20]. Ein Recht zur vollständigen Untersagung der Veröffentlichung dürfte dem Urheber hingegen nicht zustehen.

Somit bestimmen sich die gegenseitigen Rechte und Pflichten im Falle einer Vorab-Einräumung von Nutzungsrechten letztlich nach dem Inhalt und Zweck des Lizenzvertrages. Auch in diesen Fällen hat § 12 I UrhG daher nur deklaratorische Bedeutung dahingehend, daß bei der Auslegung das Veröffentlichungsinteresse des Urhebers besonders zu berücksichtigen ist. Ein eigenes Untersagungsrecht gewährt § 12 I UrhG nicht.

4.) Zwischenergebnis

Das besondere urheberpersönlichkeitsrechtliche Veröffentlichungsrecht des § 12 UrhG hat für den Urheber in Deutschland - mit der Ausnahme des § 121 VI UrhG - keine konstitutive, sondern nur eine deklaratorische Bedeutung. Weder vor noch nach der Einräumung von Nutzungsrechten gewährt § 12 UrhG dem Urheber ein zusätzliches, ohne § 12 I UrhG nicht durchsetzbares Untersagungsrecht.

II. DAS RECHT AUF ANERKENNUNG DER URHEBERSCHAFT

Das deutsche Recht unterteilt das Recht auf Anerkennung der Urheberschaft in ein allgemeines Recht auf Anerkennung der Urheberschaft (§ 13 S.1 UrhG) und ein besonderes Benennungsrecht (§ 13 S.2 UrhG). § 13 S.2 UrhG besitzt dabei gegenüber § 13 S.1 UrhG keinen zusätzlichen Schutzumfang, sondern stellt einen - in der Praxis besonders bedeutsamen[21] - Spezialfall des allgemeinen Rechts auf

---

20 So auch *Schricker/Rojahn* § 43,74.

21 Deutsche Gerichte hatten sich bislang fast ausschließlich mit dem Spezialfall des Benennungsrechts nach § 13 S.2 UrhG zu beschäftigen und griffen nur gelegentlich auf den allgemeinen Schutzgrundsatz des § 13 S.1 UrhG zurück (vgl. *Schricker/Dietz* § 13,7).

Anerkennung der Urheberschaft dar[22]. § 13 UrhG schützt in seiner Gesamtheit sowohl die positiven als auch die negativen Komponenten des Rechts auf Anerkennung der Urheberschaft.

1.) Das positive Recht auf Anerkennung der Urheberschaft

Nach § 13 UrhG hat der Urheber das Recht, als Urheber anerkannt zu werden. Dieses Anerkennungsrecht umfaßt im wesentlichen das Recht des Urhebers, darüber zu bestimmen, ob und auf welche Art auf ihn als Urheber im Zusammenhang mit seinem Werk hingewiesen werden soll (*Benennungsrecht*). Dabei kann der Urheber sein Werk nicht nur mit seinem Namen versehen, sondern es auch unter einem Pseudonym oder ganz ohne Urheberbezeichnung - also anonym - veröffentlichen[23]. Die Möglichkeit einer anonymen oder pseudonymen Veröffentlichung wird in den §§ 10 und 66 UrhG ausdrücklich vorausgesetzt.

Das Recht auf Namensnennung besteht nicht nur bei jeder körperlichen[24], sondern auch bei jeder unkörperlichen Verwertung des Werkes wie z.B. bei Vortrag, Rundfunksendung oder Aufführung[25]. Umstritten ist, ob der Urheber aus § 13 UrhG auch dann ein Benennungsrecht herleiten kann, wenn das Werk selbst zwar weder körperlich oder unkörperlich verwertet wird, aber eine Verwertung angepriesen oder angekündigt wird, wie etwa bei Film- oder Theaterankündigungen durch Plakate oder Zeitungsinserate[26]. Hier stehen sich im wesentlichen zwei Meinungen gegenüber: Nach der herrschenden Meinung in der Literatur sollen stets auch bloße Ankündigungen und Anpreisungen eines urheberrechtlichen Werkes vom Benennungsrecht nach § 13 S.2 UrhG erfaßt werden[27]. Demgegenüber soll nach Ansicht der Rechtsprechung das Benennungsrecht nach § 13 S.2

---

22 *v.Gamm* § 13,2; *Möhring/Nicolini* § 13,Anm.2; *Schricker/Dietz* § 13,6.

23 OLG Hamm GRUR 1967,260,261 - Irene von Velden; *Fromm/Nordemann/Hertin* § 13,3; *Möhring/Nicolini* § 13,3a; *Schricker/Dietz* § 13,10 und 14; *Seetzen* S.55.

24 Dann als Fall des § 13 S.2 UrhG; vgl. *v.Gamm* § 13,6 und 8; *Schricker/Dietz* § 13,6; *Schmidt* S.168.

25 Dann nach h.M. als Fall des § 13 S.1 UrhG; vgl. die in der vorigen Fußnote Genannten.

26 Vgl. hierzu mit weiteren Beispielsfällen insbesondere *Schmidt* S.166ff.

27 *v.Gamm* § 13,8; *Schricker/Dietz* § 13,6; *Hubmann*, UrhR, § 29 I 2; *Schmidt* S.68; *Ulmer* § 40 III (allerdings gewährt *Ulmer* das Benennungsrecht grundsätzlich nur bei Verkehrsüblichkeit; s. § 40 III und IV 2; ähnlich insoweit *v.Gamm* NJW 1959,318,319).

UrhG bei Ankündigungen eines Werkes nur dann eingreifen, wenn die Benennung des Autors verkehrsüblich ist[28].

Richtiger Ansicht nach wird zu differenzieren sein: Das Benennungsrecht des Urhebers ist nicht verletzt, wenn das Werk als solches bei der Ankündigung nicht urheberrechtlich genutzt, sondern nur in abstrakter Form - z.B. unter seinem Titel - bezeichnet wird. Denn das urheberrechtliche Benennungsrecht nach § 13 S.2 UrhG steht dem Urheber nur zu, wenn das Werk auch tatsächlich in irgendeiner Form urheberrechtlich verwertet wird[29]. Ist dies nicht der Fall, so kann sich der Benennungsanspruch des Urhebers nicht aus § 13 UrhG, sondern allenfalls aus besonderen vertraglichen Abreden ergeben. Anders liegt der Fall, wenn das Werk bei der Ankündigung - zumindest auszugsweise - dargestellt wird, wie es z.B. regelmäßig in Filmvorschauen geschieht. Dann liegt in der Darstellung des Werkes eine urheberrechtlich relevante Nutzung, bei der der Benennungsanspruch nach § 13 UrhG tatbestandsmäßig eingreift, und zwar - entgegen der erwähnten Rechtsprechung - unabhängig von der Frage, ob die Benennung verkehrsüblich ist oder nicht[30]. Denn der tatbestandliche Umfang eines gesetzlich gewährten Rechts richtet sich nicht nach möglicherweise bestehenden Verkehrsgewohnheiten[31].

§ 13 UrhG gewährt dem Urheber somit in seiner positiven Komponente das Recht, bei jeder urheberrechtlichen Nutzung zu bestimmen, ob und auf welche Art auf ihn als Urheber hinzuweisen ist.

2.) Die negativen Schutzrechte des § 13 UrhG

Neben dem Recht auf positive Anerkennung der Urheberschaft gewährt § 13 UrhG dem Urheber nach allgemeiner Meinung die Befugnis, "gegen jeden Klage zu erheben, der seine Urheberschaft bestreitet oder sich selbst die Urheberschaft anmaßt"[32].

---

[28] BGH GRUR 1963,40,43 - Straßen - gestern und morgen; LG München GRUR 1957,617,618 - Dunja.

[29] KG Schulze KGZ 18,3f - Wenn der weiße Flieder blüht.

[30] Die Verkehrsgewohnheiten können jedoch bei der Frage eines konkludenten Rechtsausübungsverzichts relevant werden; siehe dazu unten 3.Kap.,C,3,c.

[31] Dies ist auch der Ansicht *Ulmers* entgegenzuhalten, nach welcher der Umfang des Rechts nach § 13 UrhG stets nach den Verkehrsgewohnheiten bestimmt werden soll (*Ulmer* § 40 III).

[32] Vgl. nur die Begründung zum RegE BT-Drucks. IV/270,S.44; *Fromm/Nordemann/Hertin* § 13,1; *v.Gamm* § 13,7; *Schricker/Dietz* § 13,8.

3.) Zwischenergebnis

§ 13 UrhG schützt den Urheber umfassend in seinem Interesse, bei jeder urheberrechtlichen Nutzung seines Werkes als Urheber bezeichnet zu werden und ein Bestreiten seiner Urheberschaft zu untersagen.

III. DAS RECHT AUF WERKINTEGRITÄT

Das Interesse des Urhebers an der Integrität seines Werkes wird im deutschen Urheberrecht durch ein Bündel von Vorschriften geschützt. Grundnorm ist § 14 UrhG, nach welcher Entstellungen und andere Beeinträchtigungen des Werkes verboten sind, wenn sie geeignet sind, berechtigte ideelle Interessen des Urhebers an seinem Werk zu gefährden. Sie wird ergänzt durch § 39 I und II UrhG, nach denen ein Werknutzungsberechtigter ein Werk ohne besondere Einwilligung des Urhebers nur im Rahmen von Treu und Glauben verändern darf, sowie § 62 UrhG, der ähnliche Grundsätze für die genehmigungsfreien Werknutzungen nach §§ 45ff UrhG vorsieht[33]. Das Recht auf Werkintegrität findet seine vermögensrechtliche Komponente in dem Bearbeitungsrecht des § 23 UrhG.

Das Verhältnis dieser änderungsrechtlichen Vorschriften zueinander ist umstritten. Nach der Rechtsprechung[34] und einem Teil der Literatur[35] ist das urheberpersönlichkeitsrechtliche Entstellungsverbot des § 14 UrhG von einem allgemeinen, dem Urheberrecht zugrunde liegenden Änderungsverbot zu unterscheiden. Dieses sei zwar nicht gesetzlich normiert, es habe aber "seine Grundlage im Wesen und Inhalt des Urheberrechts" und werde "vom Gesetz (...) stillschweigend als selbstverständlich vorausgesetzt"[36]. Der Unterschied zwischen dem gesetzesimmanenten allgemeinen Änderungsverbot und dem besonderen Entstellungsverbot des § 14 UrhG liege darin, daß die Verletzung des Änderungsverbots einen Eingriff

---

33 Weitere änderungsrechtlich relevante Vorschriften sind die besonderen urheberpersönlichkeitsrechtlichen Bestimmungen der §§ 83 und 93 UrhG.

34 BGH GRUR 1982,107,109 - Kirchen-Innenraumgestaltung; ihm folgend OLG Düsseldorf GRUR 1990,189,191 - Grünskulptur.

35 *v.Gamm* § 14,4 und § 39,3; *Paschke* GRUR 1984,858,864f; *Schmieder* NJW 1990,1945,1946.

36 BGH GRUR 1982,107,109 - Kirchen-Innenraumgestaltung; ebenso bereits BGH GRUR 1974,675,676 - Schulerweiterung und BGH GRUR 1971,35,37 - Maske in Blau.

in die Substanz eines Werkstückes erfordere, das Entstellungsverbot hingegen auch gegen eine die ideellen Interessen des Urhebers beeinträchtigende Werkwiedergabe schütze, bei der das Werk selbst unversehrt bleibe[37]. Es sei daher stets zunächst zu prüfen, ob eine Substanzveränderung vorliege. Erst wenn dies nicht der Fall sei, könne auf § 14 UrhG zurückgegriffen werden[38].
Nach anderer Ansicht liegen in den §§ 39, 62 UrhG die Grundnormen des Änderungsverbots. Verändere jemand das Werk, ohne vom Urheber dazu berechtigt worden zu sein, so könne der Urheber die Veränderung schon nach diesen Vorschriften untersagen. § 14 UrhG gewinne nur dann eigenständige Bedeutung, wenn ein Änderungsberechtigter seine Änderungsbefugnis überschreite. Dann könne der Urheber diesen Mißbrauch des eingeräumten Veränderungsrechts unter Berufung auf sein Werkschutzrecht nach § 14 UrhG untersagen[39].
Nach einer dritten Ansicht stellt schließlich § 14 UrhG die änderungsrechtliche Grundnorm des UrhG dar, die durch die §§ 39, 62, 93 UrhG nur eine ergänzende Konkretisierung erfährt[40].

Diese dritte Ansicht erscheint vorzugswürdig. Die Differenzierung der Rechtsprechung zwischen einem allgemeinen gesetzesimmanenten Änderungsverbot und dem eigenständigen Entstellungsverbot nach § 14 UrhG kann wenig überzeugen[41]. Zwar besteht im Urheberrecht - insoweit ist der Rechtsprechung zuzustimmen - das allgemeine Verbot, ein Werk ohne Zustimmung des Urhebers zu ändern. Dieses ist jedoch nicht "gesetzesimmanent", sondern findet in den §§ 14, 23, 39, 62 UrhG seinen gesetzlichen Ausdruck. Durch diese Vorschriften ist der Urheber umfassend und hinreichend geschützt, so daß auf ein allgemeines, "gesetzesimmanentes" Änderungsverbot nicht zurückgegriffen werden muß. Insbesondere ist nicht ersichtlich, warum substanzverletzende Werkänderungen vom Anwendungsbereich des § 14 UrhG ausgeschlossen sein sollten. Zwar ist es richtig, daß das Gesetz von "Änderungen" nur in den §§ 39 und 62 UrhG spricht. Das heißt jedoch nicht, daß eine substanzverletzende "Änderung" keine "Beeinträchtigung" oder "Entstellung" im Sinne des § 14 UrhG darstellen kann. Eine

---

37 BGH GRUR 1982,107,109 - Kirchen-Innenraumgestaltung; *v.Gamm* § 14,4.

38 So insbesondere BGH GRUR 1982,107,109 - Kirchen-Innenraumgestaltung.

39 So insbesondere *Fromm/Nordemann/Hertin*, 7. Aufl. 1988, § 14,1; s. auch OLG Frankfurt GRUR 1976,199,202 - Götterdämmerung; GRUR 1986,244f - Verwaltungsgebäude; *Möhring/-Nicolini* § 39,1b. Kritisch hierzu insbesondere *Schilcher* S.52ff.

40 So *Schricker/Dietz* § 14,1 und § 39,1; *Grohmann* S.25f; *Schilcher* S.54ff.

41 Ablehnend auch *Schricker/Dietz* § 14,2; *Schilcher* S.49ff.

"Beeinträchtigung" ist jede Änderung des geistig-ästhetischen Gesamteindrucks des Werkes[42]. Auch substanzverletzende Änderungen werden daher ohne weiteres von § 14 UrhG erfaßt[43]. Die Unterscheidung zwischen einem gesetzesimmanenten allgemeinen Änderungsverbot und dem besonderen Entstellungsverbot des § 14 UrhG erscheint daher überflüssig. Sie ist in der Rechtsanwendung ohne Vorteil und macht den urheberrechtlichen Änderungsschutz unnötig kompliziert. Auch der Ansicht, § 14 UrhG sei eine urheberpersönlichkeitsrechtliche Schutzvorschrift gegen den Mißbrauch eines einmal eingeräumten Veränderungsrechts[44], stehen Bedenken gegenüber. Die Beschränkung der Reichweite des § 14 UrhG auf den Schutz gegen Mißbrauch einer eingeräumten Veränderungsbefugnis erscheint willkürlich. Sie widerspricht dem allgemeinen und umfassenden Wortlaut dieser Vorschrift. Es ist kein Grund ersichtlich, warum eine Werkentstellung durch eine Person, die sich nicht auf eine Änderungsbefugnis berufen kann, nicht von § 14 UrhG erfaßt werden soll.

Vorzuziehen ist daher die Meinung, nach der § 14 UrhG die änderungsrechtliche Grundnorm des UrhG ist, die durch die §§ 39, 62, 93 UrhG für bestimmte Einzelfälle konkretisiert wird[45]. Sie macht eine Abgrenzung zwischen dem Urheberpersönlichkeitsrecht des § 14 UrhG und einem gesetzesimmanenten oder aus §§ 39, 62 UrhG herzuleitenden allgemeinen Änderungsverbots überflüssig. Die Grundnorm des § 14 UrhG schützt gegen alle Werkbeeinträchtigungen oder -entstellungen, bei denen das Erhaltungsinteresse des Urhebers gegenüber dem Änderungsinteresse des Werkveränderers überwiegt. Diese nach § 14 UrhG vorzunehmende allgemeine Interessenabwägung wird durch § 39 UrhG für den Fall eines vertraglichen Nutzungsrechts, durch § 62 UrhG für den Fall eines gesetzlichen Nutzungsrechts und durch § 93 für die Erstellung eines Filmwerks konkretisiert[46]. § 14 UrhG und die §§ 39,62,93 UrhG schließen sich daher nicht aus, sondern treten ergänzend nebeneinander.

---

42 Dazu sogleich unter 3.Kap.,B,III,1.

43 *Fromm/Nordemann/Hertin* § 14,8; *Schricker/Dietz* § 14,23; *Grohmann* S.78; *Schmidt* S.120ff.

44 So die in Fn.39 Genannten.

45 Ebenso die in Fn.40 Genannten.

46 So für § 93 UrhG ausdrücklich auch KG UFITA 59(1971),279,282 - Kriminalspiel und *v.Gamm* § 93,4.

Ob eine Verletzung des Rechts auf Werkintegrität vorliegt, ist nach h.M.[47] in zwei Schritten zu prüfen:
1.) Liegt eine Beeinträchtigung oder Entstellung im Sinne des § 14 UrhG vor ?
2.) Wenn ja, ist diese geeignet, die berechtigten ideellen Interessen des Urhebers an seinem Werk zu beeinträchtigen ?

1.) Vorliegen einer Beeinträchtigung oder Entstellung

§ 14 UrhG schützt den Urheber gegen "eine Entstellung oder eine andere Beeinträchtigung seines Werkes". Damit zeigt das Gesetz an, daß der Begriff der "Beeinträchtigung" der Oberbegriff zu dem Begriff der "Entstellung" bildet, die Entstellung folglich ein Sonderfall der Beeinträchtigung ist.

Eine Beeinträchtigung liegt in jeder Änderung des geistig-ästhetischen Gesamteindrucks eines Werkes[48]. Darauf, ob das Werk objektiv verschlechtert worden ist, kommt es nach heute einhelliger Meinung nicht an[49]. Der Begriff umfaßt sowohl "direkte Eingriffe"[50] - d.h. Eingriffe in die Werksubstanz[51] - als auch

---

47 BGH GRUR 1982,107,110 - Kirchen-Innenraumgestaltung; OLG Hamburg UFITA 81 (1978),263,267f - Reihenhäuser; OLG Düsseldorf GRUR 1990,189,191 - Grünskulptur; *v.Gamm* § 14,8f; *Schöfer* S.51; **a.A.** *Schricker/Dietz* § 14,18ff und ihm folgend *Schilcher* S.66f, die einen dreistufigen Prüfungsaufbau befürworten. Richtig ist dabei, daß die zweite Prüfungsstufe ("Eignung zur Interessengefährdung") denklogisch vor der dritten ("Interessenabwägung") stehen muß (*Schilcher* S.67). Ihr kommt jedoch kein eigener Prüfungswert zu, da jede Beeinträchtigung des Werkes geeignet ist, die ideellen Interessen des Urhebers an seinem Werk zu gefährden. Dies gilt - entgegen *Schricker/Dietz* § 14,27 und *Schilcher* S.96f - auch dann, wenn der Urheber ausdrücklich auf die Geltendmachung seiner Rechte verzichtet hat. - Ein ganz anderes Prüfungsschema vertritt *Schmidt* S.134f.

48 OLG München ZUM 1992,307,310 - Christoph Columbus; *Schricker/Dietz* § 14,21; *Schilcher* S.61; *Schöfer* S.47; *Schulze* ZUM 1993,255,257.

49 OLG Frankfurt GRUR 1976,199,202 - Götterdämmerung; OLG München GRUR 1986,460,461 - Die unendliche Geschichte; OLG München ZUM 1992,307,310 - Christoph Columbus; *Fromm/Nordemann/Hertin* § 14,8; *v.Gamm* § 14,8; *Schricker/Dietz* § 14,21; *Grohmann* S.76f; *Schilcher* S.60f; *Schöfer* S.47f; *Flechsig* FuR 1976,429,430 und 589,594f; s.auch RGZ 151,50,55 - Babbit-Übersetzung.

50 Terminologie von *Schmidt* S.112ff; übernommen von *Schricker/Dietz* § 14,23 und *Schilcher* S.68ff.

51 Aus der Rechtsprechung: Übermalung von Gemälden (RGZ 79,397 - Felseneiland mit Sirenen); Verstümmelung oder Veränderung von Photographien (BGH GRUR 1971,525 - Petite
(Fortsetzung...)

"indirekte Eingriffe", bei denen das Werk zwar unverändert bleibt, jedoch in einem die Werkaussage verzerrenden Zusammenhang präsentiert wird. Eine solche indirekte Beeinträchtigung liegt z.b. vor, wenn ein Musikstück zur geschäftlichen Werbung[52] oder als Untermalung eines pornographischen Films benutzt[53] oder ein Gemälde zu tendenziöser politischer Agitation mißbraucht wird[54].

"Entstellung" ist nach einer häufig verwandten Definition jede Verzerrung oder Verfälschung der Wesenszüge des Werkes[55]. Sie stellt eine besonders schwerwiegende Form der Beeinträchtigung dar[56]. Entgegen einer häufig vertretenen Gegenmeinung[57] ist eine genaue Abgrenzung zwischen Entstellung und Beeinträch-

---

51 (...Fortsetzung)
Jaqueline; OLG Köln Schulze OLGZ 129 - Mein schönstes Urlaubsfoto) oder Werbeplakaten (LG München I UFITA 57 (1970),339 - Plakatentwurf); Kürzung eines Filmwerkes (OLG Frankfurt OLGZ 306,9) oder einer Filmmusik (OLG München ZUM 1992,307 - Christoph Columbus); Änderung einer Operninszenierung (OLG Frankfurt UFITA 77 (1976),267 - Götterdämmerung) oder einer Operette (BGH GRUR 1971,35 - Maske in Blau); nicht werkgetreue Verfilmung (OLG München GRUR 1986,460 - Die unendliche Geschichte) oder Übersetzung (RGZ 151,50 - Babbit-Übersetzung) eines Buches; Änderung der Aussage eines Zeitungsartikel (BGH GRUR 1954,80) oder eines Filmberichts (OLG Saarbrücken UFITA 79 (1977),364 = Schulze OLGZ 176); Umgestaltungen von Gebäuden (RG GRUR 1943,187,188 - Fabrikerweiterungsbau; BGH GRUR 1974,675 - Schulerweiterungsbau; OLG Frankfurt GRUR 1986,244 - Verwaltungsgebäude; OLG Hamburg UFITA 81 (1978) 263 = Schulze OLGZ 175 - Reihenhäuser; KG Schulze KGZ 45 - Farbgebung; LG Berlin Schulze LGZ 64 - Edenhotel; LG Berlin Schulze LGZ 143 - Kieselkratzputz; LG München I Schulze LGZ 159); Veränderung einer Rauminstallation (LG München FuR 1982,510 - Hajek/ADAC) oder eines Pflanzenkunstwerks (OLG Düsseldorf GRUR 1990,189 - Grünskulptur).

52 Vgl. die Fallgestaltungen von LG Düsseldorf ZUM 1986,158 (diese Entscheidung betraf allerdings nicht das Urheberpersönlichkeitsrecht) und LG Frankfurt FuR 1966,158,160 - Wochenend und Sonnenschein (wo das Gericht im konkreten Fall eine Urheberpersönlichkeitsverletzung ablehnte).

53 Beispiel von *Reichardt*, Anmerkung zu Schulze KGZ 57.

54 Beispielsweise in der Ausstellung "Entartete Kunst" der Nationalsozialisten 1937 in München. Weitere Beispielsfälle bei *v.Gamm* § 14,8; *Möhring/Nicolini* § 14,3; *Grohmann* S.78ff; *Schilcher* S.72f; *Schmidt* S.125.

55 BGH GRUR 1974,675,676 - Schulerweiterungsbau; OLG Frankfurt GRUR 1876,199,202 - Götterdämmerung; OLG München GRUR 1986,460,461 - Die unendliche Geschichte; LG München I FuR 1982,510,512 - Hajek/ADAC I; *Fromm/Nordemann/Hertin* § 14,8; *Schmidt* S.111.

56 *Schricker/Dietz* § 14,19; *Grohmann* S.76; *Schilcher* S.63; *Schöfer* S.45.

57 *Fromm/Nordemann/Hertin* § 14,5,8 unf 9; *v.Gamm* § 14,8; *Möhring/Nicolini* § 14,3; *Samson* (Fortsetzung...)

tigung nicht erforderlich. Sie wäre nicht nur aufgrund des nur graduellen Unterschieds kaum durchführbar, sondern ist auch praktisch entbehrlich, da nach herrschender und richtiger Ansicht sowohl für den Fall einer Beeinträchtigung als auch für den Fall einer Entstellung die gleichen Rechtsregeln anzuwenden sind, insbesondere die in § 14 UrhG erwähnte Interessenabwägung vorzunehmen ist[58].

Umstritten ist, ob auch die Werkvernichtung eine Beeinträchtigung im Sinne des § 14 UrhG darstellt[59]. Hier vertritt die bisherige Rechtsprechung[60] sowie ein Teil der Literatur[61] die Ansicht, daß der Urheber eine Vernichtung des Werkes durch den Eigentümer des Werkstückes nicht untersagen könne. Dies ergebe sich nicht nur aus der Begründung des Regierungsentwurfs[62], sondern auch aus dem Wortlaut des § 14 UrhG. Denn der Begriff der "Beeinträchtigung" setze stets ein Fortbestehen des beeinträchtigten Werkes voraus. Bei einer Werkvernichtung greife der Werkeigentümer jedoch nicht in die künstlerische Eigenart eines fortbestehenden Werkes ein, sondern beseitige dieses völlig.

Demgegenüber sieht die inzwischen h.M. in der Literatur auch die Werkvernichtung als durch § 14 UrhG erfaßt an[63].

---

57 (...Fortsetzung)
S.94ff; *Grohmann* S.84; *Schilcher* S.63ff; *Schmidt* S.121f.

58 Siehe sogleich unter 3.Kap.,B,III,2; allerdings müssen bei einer schweren Beeinträchtigung (= Entstellung) natürlich die Gegeninteressen des Werkverletzers entsprechender höher sein, damit eine Werkveränderung zulässig ist.

59 Vgl. zu diesem Problemkreis insbesondere *Schöfer* S.130ff und *Movsessian* UFITA 95 (1983),77ff.

60 RGZ 79,397,401 - Felseneiland mit Sirenen; KG GRUR 1981,742,743 - Totenmaske; LG Berlin Schulze LGZ 64, S.10 - Edenhotel; LG München I FuR 1982,510,513 - Hajek/ADAC I und FuR 1982,513,514 - Hajek/ADAC II.

61 *v.Gamm* § 14,11; *Möhring/Nicolini* § 14,4b; *Gerstenberg* S.73; *Grohmann* S.123ff; *Hubmann, UrhR,* § 29 III,1,a; *Locher* S.74.

62 Die Begründung zu § 14 UrhG lautet an der einschlägigen Stelle: "Es erscheint weiterhin nicht angebracht, in das gesetz ein Vernichtungsverbot für Werke der bildenden Künste aufzunehmen, soweit an ihrer Erhaltung ein öffentliches Interesse besteht. Die Erhaltung kulturell wertvoller Kunstwerke ist nicht Aufgabe des privatrechtlichen Urheberrechts, sondern das zum Gebiet des öffentlichen Rechts gehörenden Denkmalschutzes." (BT-Drucks. IV/270,S.45).

63 *Fromm/Nordemann/Hertin* § 14,18; *Schricker/Dietz* § 14,37; *Dietz,* Droit moral, S.111f; *Meyer* S.82ff; *Samson* S.122; *Schöfer* S.130ff; *Tölke* S.89ff; *Ulmer* § 41 III 1; *Movsessian* UFITA 95 (1983),77,86f; *Nahme* GRUR 1966,474,478; *Schack* GRUR 1983,56,57; *Walchshöfer,* FS-Hubmann, S.469,474.

Der Ansicht der Rechtsprechung ist zuzugeben, daß eine Werkvernichtung im Gegensatz zu einer Werkveränderung nicht den geistig-ästhetischen Gesamteindruck des Werkes verändert, sondern ihn für immer den Augen der Öffentlichkeit entzieht. Dem Ruf und Ansehen des Urhebers wird daher bei einer Werkvernichtung im Regelfall kein Schaden zugefügt. Dennoch erscheint es nicht richtig, eine Werkvernichtung von vornherein dem Anwendungsbereich des § 14 UrhG zu entziehen. Denn auch eine Vernichtung ist eine - wenn nicht gar die stärkste[64] - Form einer Beeinträchtigung eines Werkes und fällt daher unter den Wortlaut und Schutzzweck des § 14 UrhG. Darüber hinaus ist die angeführte Stelle der Begründung des Regierungsentwurfs hinsichtlich der Frage eines Vernichtungsverbotes durch § 14 UrhG wenig aussagekräftig. Denn sie bezieht sich nicht auf die Frage, ob auch eine Vernichtung eine Beeinträchtigung im Sinne des § 14 UrhG ist, sondern schließt nur die Schaffung eines besonderen Vernichtungsverbots für kulturell wertvolle Kunstwerke aus, da dadurch keine urheberrechtliche, sondern eine denkmalpflegerische Zielsetzung verfolgt werde[65]. Weiter ist es in manchen Fällen ohnehin kaum möglich, klar zwischen einer Werkveränderung und einer Werkzerstörung zu unterscheiden[66]. Und schließlich ist zu berücksichtigen, daß der Gesetzgeber durch die weite, von Art.6bis RBÜ[67] abweichende Fassung des § 14 UrhG zu erkennen gab, daß er alle Fälle einer Beeinträchtigung des Werkschutzinteresses - folglich auch eine Werkzerstörung[68] - durch diese Vorschrift erfaßt sehen wollte.

Es erscheint daher richtiger, auch eine Werkvernichtung als eine Werkbeeinträchtigung im Sinne des § 14 UrhG anzusehen. Die Zulässigkeit der Werkvernichtung hängt damit - wie stets bei § 14 UrhG - von einer Interessenabwägung zwischen den Interessen des Werkvernichters und des Urhebers ab[69].

---

64 So *Schricker/Dietz* § 14,38; *Samson* S.122; *Schöfer* S.140; *Movsessian* UFITA 95 (1983),77,84.

65 Vgl. *Schilcher* S.84; *Schöfer* S.151f.

66 Vgl. hierzu z.B. den von *Fromm/Nordemann/Hertin* § 14,18 erwähnten Fall der Beuys-Badewanne, die von Reinigungskräften des Museums aus Versehen gesäubert wurde; s.auch den Fall OLG Düsseldorf GRUR 1990,189 - Grünskulptur.

67 Nach Art.6bis RBÜ ist der Urheber nur gegen solche Werkveränderungen geschützt, die für Ruf oder Ansehen des Urhebers nachteilig sind.

68 Dazu, daß auch bei einer Werkzerstörung das Werkschutzinteresse des Urhebers betroffen ist, siehe bereits oben 1.Kap.,VI.

69 Vgl. zu den besonderen Kriterien der Interessenabwägung bei Werkzerstörungen *Schöfer* S.155ff und *Movsessian* UFITA 95 (1983),77,86ff.

Es gilt somit festzuhalten: Eine Beeinträchtigung oder Entstellung im Sinne des § 14 UrhG liegt immer dann vor, wenn der geistig-ästhetische Gesamteindruck des Werkes verändert wird. Der Begriff der Beeinträchtigung umfaßt dabei - entgegen der bisherigen Rechtsprechung - auch Fälle einer Werkvernichtung.

2.) *Interessenabwägung*

Nach dem Wortlaut des Gesetzes muß die Entstellung oder Beeinträchtigung geeignet sein, die berechtigten geistigen und persönlichen Interessen des Urhebers an seinem Werk zu gefährden. Damit zeigt das Gesetz an, daß der Urheber nicht jede Beeinträchtigung seines urheberpersönlichkeitsrechtlichen Werkschutzinteresses verbieten kann, sondern sein Untersagungsrecht im Gegensatz zu § 13 UrhG von einer Abwägung seiner Interessen mit denen des Werkverletzers abhängig ist[70]. Diese Interessenabwägung ist entgegen einer gelegentlich vertretenen Meinung[71] sowohl bei einer Entstellung als auch bei einer "anderen Beeinträchtigung" im Sinne des § 14 UrhG vorzunehmen[72]. Hierfür spricht, daß - wie dargelegt[73] - zwischen Beeinträchtigung und Entstellung ohnehin nicht klar unterschieden werden kann. Da die Entstellung jedoch ein besonders schwerwiegender Fall der Beeinträchtigung ist, wird im Falle einer Entstellung bei der vorzunehmenden Interessenabwägung ein besonders bedeutsames Gegeninteresse des Werkverletzers zu fordern sein[74].

Die Interessen, die bei der Abwägung zu berücksichtigen sind, sind vielfältig. Keinem Interesse gebührt ein grundsätzlicher Vorrang vor einem anderen. Erfor-

---

70 Vgl. Begründung des Regierungsentwurfs BT-Drucks. IV/270,S.45: "Wenn auch das Recht nach § 14 als Teil des Urheberpersönlichkeitsrecht von dem allgemeinen Persönlichkeitsrecht zu scheiden ist, so steht es diesem doch in seiner generalklauselartigen Weite und Unbestimmtheit wesensmäßig nahe. Im Gegensatz zu den klar umgrenzten Rechten aus den §§ 12 und 13 ist es daher erforderlich, den Umfang des Rechts wie den des allgemeinen Persönlichkeitsrechtes durch das Erfordernis einer Interessenabwägung zu begrenzen."

71 Nach *Fromm/Nordemann/Hertin* § 14,5 und *Schmidt* S.121f ist bei einem Fall der Entstellung keine besondere Interessenabwägung vorzunehmen, da hier das Urheberinteresse stets Vorrang habe.

72 So auch die h.M.: OLG Frankfurt GRUR 1976,199,202 - Götterdämmerung; OLG Hamburg Schulze OLGZ 175,S.9 - Reihenhäuser; *v.Gamm* § 14,9; *Möhring/Nicolini* § 14,2; *Schricker/Dietz* § 14,19; *Schilcher* S.65; *Schöfer* S.45.

73 3.Kap.,B,III,1.

74 Ebenso *Schricker/Dietz* § 14,19.

derlich ist vielmehr die Abwägung aller rechtlichen und tatsächlichen Umstände in jedem Einzelfall der Werkveränderung oder Werkvernichtung. Dabei spielen insbesondere folgende Kriterien eine besondere Rolle[75]:

a) Die Interessen des Urhebers

(1) *Art und Intensität des Eingriffs*: Je wesentlicher sich der Gesamteindruck des Werkes verändert, desto gewichtiger müssen die Gegeninteressen des Werkverletzers sein[76]. Kleinere Werkveränderungen sind vom Urheber eher hinzunehmen als solche, die die Gesamtaussage des Werkes grundlegend verändern.

(2) Art und Intensität der ideellen Interessen des Urhebers an seinem Werk, welche wiederum wesentlich abhängen von der schöpferischen *Gestaltungshöhe* des Werkes[77]: Je eigentümlicher das Werk ist, desto stärker ausgeprägt sind die ideellen Beziehungen des Urhebers zu seinem Werk und desto gewichtiger müssen die Gegeninteressen des Werkverletzers sein. Die Veränderung eines in hohem Maße künstlerischen Werkes, das in einem langjährigen Schaffensprozeß erstellt worden ist, ist daher eher unzulässig als die Veränderung eines alltäglichen Werkes routinehafter Gebrauchskunst.

(3) *Möglichkeit der Kenntnisnahme* der Änderungen durch Dritte: Je größer die Öffentlichkeit ist, welche die Werkänderung wahrnehmen kann, desto gewichtiger müssen die Gegeninteressen des Werkverletzers sein[78]. Werkveränderungen im

---

75 Vgl. hierzu ausführlich: *Grohmann* S.88ff; *Schilcher* S.98ff; *Schöfer* S.85ff. S. auch den Kriterienkatalog bei *Dietz* ZUM 1993,309,317.

76 BGH GRUR 1974,675,676 - Schulerweiterungsbau; OLG Frankfurt GRUR 1986,244-Verwaltungsgebäude; OLG München ZUM 1992,307,310 - Christoph Columbus; aus der Literatur vgl. nur *Schricker/Dietz* § 14,30; *Schilcher* S.105ff; *Schöfer* S.85ff.

77 BGH GRUR 1974,675,676 - Schulerweiterungsbau; OLG Frankfurt GRUR 1986,244 - Verwaltungsgebäude; OLG Frankfurt GRUR 1976,199,202 - Götterdämmerung; OLG Hamburg Schulze OLGZ 175,S.10 - Reihenhäuser; OLG München GRUR 1986,460,461 - Die unendliche Geschichte; *v.Gamm* § 11,6 und § 14,9; *Schricker/Dietz* § 14,29 und 31; *Schilcher* S.109ff; *Schöfer* S.96ff und 157; *Schulze* ZUM 1993,255,257.

78 *Fromm/Nordemann/Hertin* § 14,10; *v.Gamm* § 14,9 und 13; *Möhring/Nicolini* § 14,4a; *Schricker/Dietz* § 14,32; *Grohmann* S.106ff; *Hubmann, UrhR*, § 29 III,1,a; *Schilcher* S.122ff; *Schöfer* S.110; *Paschke* GRUR 1984,858,866. - Kritisch *Ulmer* § 41 III 1; auch BGHZ 17,266,277 - Ma-
(Fortsetzung...)

Privaten sind eher zulässig als solche, die der breiten Öffentlichkeit präsentiert werden.

(4) *Möglichkeit der Zuordnung der Änderungen* zum Urheber: Je leichter der Urheber als Schöpfer des Werkes zu erkennen ist, desto eher ist die Veränderung eines Werkes unzulässig[79]. Ist der Urheber namentlich als Schöpfer eines Werkes angegeben, so trifft eine Werkänderung seine Interessen stärker, als wenn er nicht als Urheber erkennbar ist.

(5) *Irreversibilität der Änderung*: Je schwieriger die Werkänderung rückgängig zu machen ist, desto gewichtiger müssen die Gegeninteressen des Werkverletzers sein[80]. So ist z.B. das "Schmücken" eines Galerie-Gemäldes für eine Silvesterfeier vom Urheber eher hinzunehmen als eine nur schwer rückgängig zu machende Übermalung.

(6) *Häufigkeit der Werkstücke*: Je seltener das veränderte Werkstück ist, desto gewichtiger müssen die Gegeninteressen des Werkverletzers sein[81]. Die Reproduktion eines Picasso-Gemäldes als Poster kann z.B. eher verändert werde als das entsprechende Original.

---

78 (...Fortsetzung)
gnettonband - als obiter dictum.
Zu Recht weist *Schricker/Dietz* § 14,32 auf die in diesem Zusammenhang bedeutsame Tatsache hin, daß § 23 UrhG die Einwilligung des Urhebers ebenfalls grundsätzlich erst für die Veröffentlichung oder Verwertung einer erfolgten Bearbeitung und nur im Ausnahmefall für die Bearbeitung selbst vorschreibt.
Auch das RG wies in seiner Entscheidung RGZ 79,397,401f - Felseneiland mit Sirenen - ausdrücklich darauf hin, daß das veränderte Fresko-Gemälde einem unkontrollierbaren Kreise von Besuchern im Treppenhaus zugänglich war.

79 Vgl. dazu OLG Saarbrücken Schulze OLGZ 176,S.4 - Saarlandfilm, wo das Gericht dem Urheber nur ein Recht auf Namensunterdrückung zugestand, nicht jedoch das Recht, die Sendung des veränderten Filmes ganz zu untersagen. - Vgl. insoweit auch § 44 VerlG, der dem Verleger von Sammelwerken bei namenloser Veröffentlichung der Beiträge ein gesetzliches Änderungsrecht über § 39 II UrhG hinaus gewährt (vgl. dazu *Bappert/Maunz/Schricker* § 44,2).

80 *Schricker/Dietz* § 14,32.

81 *Schilcher* S.124ff; *Paschke* GRUR 1984,858,866.
Dies gilt insbesondere für den Fall der Werkvernichtung (*Schricker/Dietz* § 14,38; *Schöfer* S.156; *Movsessian* UFITA 95 (1983),77,87). Werkvernichtungen werden im Regelfall nur dann unzulässig sein, wenn sie an einem Werkoriginal vorgenommen werden, nicht hingegen bei Werkvervielfältigungsstücken.

(7) Bei Werkvernichtungen die *Rückgabemöglichkeit* des Werkverletzers[82]: Kennt der Werkeigentümer Namen und Anschrift des Urhebers, so ist es ihm zuzumuten, vor der Vernichtung eines Originalwerkes dem Urheber die Rücknahme des Werkes anzubieten.

b) Die Gegeninteressen des Werkverletzers

(1) *Ausübung eines Nutzungsrechts*: Werkveränderungen sind stets zulässig, wenn der Werkverletzer sich auf ein Nutzungsrecht berufen kann, das ihm die Veränderung gestattet. Das Ausmaß des Veränderungsrechts hängt dabei von dem Umfang des Nutzungsrechts ab. Hierauf soll im Zusammenhang mit dem besonders zu behandelnden[83] Verzicht des Urhebers auf die Ausübung von Urheberpersönlichkeitsrechten eingegangen werden.

(2) *Gebrauchszweck des Werkstückes*: Zu berücksichtigen ist weiter, daß viele Urheberwerke nicht nur rein ästhetischen, sondern auch funktionalen Zwecken dienen. Es stehen sich somit die nach § 903 BGB geschützten Gebrauchsinteressen des Eigentümers des Werkstückes[84] und das nach § 14 UrhG geschützte Integritätsinteresse des Urhebers gegenüber, wobei nach h.M. keinem der beiden ein grundsätzlicher Vorrang zukommt[85]. Nach einer gängigen Formulierung der Rechtsprechung darf der Urheber vielmehr sein Urheberrecht nur unbeschadet des Eigentumsrechts und der Eigentümer sein Eigentumsrecht nur unbeschadet des Urheberrechts ausüben[86]. Auch im Verhältnis Eigentümer-Urhe-

---

82 Vgl. dazu *Schricker/Dietz* § 14,39; *Schöfer* S.160ff; *Movsessian* UFITA 95 (1983),77,84f; *Schack* GRUR 1983,56,57f.

83 S. dazu unten 3.Kap.,C,III,2.

84 Entsprechendes gilt für andere dinglich Berechtigte sowie den rechtmäßigen Besitzer eines Werkstückes.

85 *Bappert/Maunz/Schricker* § 13/§ 39,11; *v.Gamm* § 14,9; *Schricker/Dietz* § 14,29; *Grohmann* S.93f; *Schilcher* S.103f; *Schöfer* S.68ff; **a.A.** (im Zweifel zugunsten des Urhebers): *Hubmann*, UrhR, § 29 III; *Ulmer* § 2 II 3. - Vgl. hierzu allgemein die umfassende Darstellung von *Schöfer* S.58ff.

86 RGZ 79,397,400 - Felseneiland mit Sirenen; BGH GRUR 1974,675,676 - Schulerweiterungsbau; OLG Frankfurt GRUR 1986,244 - Verwaltungsgebäude; LG Berlin Schulze LGZ 64,S.9f - Edenhotel. - Vgl. zur Interessenabwägung Urheber-Eigentümer insbesondere die Ausführungen von *Schöfer* S.58ff und *Schricker/Dietz* § 39,25ff.

ber kommt es somit auf eine - nach h.M. analog § 39 II UrhG vorzunehmende[87] - Abwägung der widerstreitenden Interessen an. Aus dieser Interessenabwägung wird sich im Regelfall ergeben, daß Änderungen aus ästhetischen Gründen unzulässig, Änderungen aus technischen oder anderen Gebrauchsgründen hingegen zulässig sind[88].

(3) *Anlaß der Änderung*: Hiermit im Zusammenhang steht die Bedeutung des Anlasses der Werkänderung. Eine Werkänderung ist dann eher zulässig, wenn sie einem bedeutsamen öffentlichen Interesse dient, als wenn sie aus privaten ästhetischen Gründen erfolgt. So waren veränderte Wiederaufbauten von Gebäuden nach dem 2.Weltkrieg regelmäßig zulässig[89]. Auch werden Werkänderungen, die aus restauratorischen Gründen erforderlich sind, regelmäßig zulässig sein.

(4) *Kostenaufwand* für den Erhalt der Werkintegrität bzw. vermutlicher *Schaden* des Werkverletzers bei einem Erhalt des Werkes: Ist es dem Werkeigentümer oder Werknutzer finanziell nicht zumutbar, das Werk in seinem Originalzustand zu

---

87 BGH GRUR 1974,675,676 - Schulerweiterungsbau; KG Berlin Schulze KGZ 45, S.4f - Farbgebung; OLG Frankfurt GRUR 1986,244; LG Berlin Schulze LGZ 143,S.5 - Kieselkratzputz; *Möhring/Nicolini* § 39,11; *Schricker/Dietz* § 39,25; *Grohmann* S.118f; *Hubmann, UrhR*, § 29 III 1,c; *Schöfer* S.124ff. - A.A. *Bielenberg*, Anmerkung zu BGH GRUR 1974,675 - Schulerweiterung, GRUR 1974,678.
Die Anwendung des Grundsatzes von Treu und Glauben nach § 39 II UrhG auf die Rechtsbeziehung Urheber-Eigentümer rechtfertigt sich daraus, daß zwischen dem Urheber - als dem Inhaber des immateriellen Ausschließlichkeitsrechts am Werk - und dem Eigentümer - als dem Inhaber des materiellen Ausschließlichkeitsrechtes am Werkstück - eine gegenseitige, gesetzliche Rücksichtnahmepflicht besteht.

88 Vgl. hierzu die meistens in Bezug auf Bauwerke ergangenen Entscheidungen RG GRUR 1943,187,188 - Fabrikerweiterungsbau; BGH GRUR 1974,675,677f - Schulerweiterungsbau; OLG Frankfurt GRUR 1986,244 - Verwaltungsgebäude; OLG Hamburg UFITA 81 (1978) 263 = Schulze OLGZ 175 - Reihenhäuser; KG Schulze KGZ 45,S.7 - Farbgebung; OLG Nürnberg UFITA 25 (1958),361,367 - Reformationsgedächtniskirche; LG Berlin Schulze LGZ 64 - Edenhotel; LG Berlin Schulze 143 - Kieselkratzputz.
Aus der Lit.: *Delp* Rn.121 unter Hinweis auf Entscheidungen des Schweizerischen Bundesgerichts; *Schöfer* S.105ff und 157ff; *Tölke* S.79ff; *Gerlach* GRUR 1976,613,622; *Henssler* UFITA 18 (1954),188,197; *Hesse* BauR 1971,209,219f; *Nahme* GRUR 1966,474,476f; *Walchshöfer*, FS-Hubmann S.469,474.

89 Vgl. hierzu LG Berlin Schulze LGZ 65,S.6 - Rathaus Friedenau; OLG Nürnberg UFITA 25 (1958),361ff - Reformationsgedächtniskirche; *v.Gamm* § 14,13; *Schricker/Dietz* § 14,35; *Hubmann, UrhR*, § 29 III 1c; *Ulmer* § 42 III 2; *Henssler* UFITA 18 (1954),188ff; *Nahme* GRUR 1966,474ff; *Nipperdey* DRZ 1946,133ff; *Tölke* S.82ff.

erhalten⁹⁰, oder entstände ihm bei einer Untersagung der Werkveränderung ein unzumutbar hoher Schaden⁹¹, so sind die notwendigen Veränderungen regelmäßig zulässig. Rechtmäßig sind z.B. Veränderungen an einem Pflanzenkunstwerk, wenn der Erhalt des ursprünglichen Werkes mit einem unverhältnismäßig hohen Kostenaufwand verbunden wäre⁹².

(5) Eigenes *Verhalten des Urhebers*: Der Urheber kann durch sein eigenes Verhalten die Änderung seines Werkes notwendig machen, so z.B. wenn er für seinen Roman nicht selbst einen zur Verfilmung geeigneten Schluß anbietet⁹³.

3.) Zwischenergebnis:

Aus den vorgenannten Kriterien lassen sich folgende Grundsätze aufstellen:
(1) Werkänderungen durch einen Werknutzungsberechtigten sind zulässig, wenn und soweit die Werkveränderung durch das eingeräumte Nutzungsrecht gestattet wird⁹⁴.
(2) Änderungen durch den Eigentümer eines auch Gebrauchszwecken dienenden Werkoriginals sind zulässig, wenn und soweit sie zur Aufrechterhaltung der Gebrauchsmöglichkeit erforderlich sind. Sie sind unzulässig, soweit sie aus ästhetischen Gründen erfolgen.
(3) Werkvernichtungen durch den Eigentümer eines Werkoriginals sind nur dann zulässig, wenn eine Rückgabe des Werkes an den Urheber nicht möglich ist.
(4) Änderungen und Vernichtungen durch den Eigentümer eines Vervielfältigungsstückes sind zumindest dann regelmäßig zulässig, wenn sie in der Privatsphäre vorgenommen werden.

---

90   OLG Düsseldorf GRUR 1990,189,192 - Grünskulptur. - Wirtschaftliche Gesichtspunkte betonen auch OLG Frankfurt in GRUR 1976,199,202 - Götterdämmerung; OLG Frankfurt GRUR 1986,244 - Verwaltungsgebäude; OLG Hamburg Schulze OLGZ 175,S.11 - Reihenhäuser (Häuser schon weitgehend fertiggestellt); LG Berlin LGZ 65,S.7f - Rathaus Friedenau.

91   So z.B. bei OLG München GRUR 1986,460,464 - Die unendliche Geschichte, wo dem Filmproduzenten ein Schaden in Höhe von etwa 20 Millionen DM entstanden wäre.

92   OLG Düsseldorf GRUR 1990,189 - Grünskulptur.

93   OLG München GRUR 1986,460,463 - Die unendliche Geschichte.

94   Vgl. hierzu noch im Einzelnen unten 3.Kap.,C,III,3.

(5) Soweit ein Urheber aus § 14 UrhG kein Recht herleiten kann, die Veränderung seines Werkes zu verhindern, kann ihm zumindest das Recht zustehen, die Nennung seines Namens als Urheber des veränderten Werkes zu untersagen.

IV. ERGEBNIS ZU B.

(1) § 12 I UrhG gewährt dem Urheber ein besonderes urheberpersönlichkeitsrechtliches Erstveröffentlichungsrecht. Dieses Recht hat - mit Ausnahme der Fälle des § 121 VI UrhG - nur deklaratorische Bedeutung, da der Urheber jede unbefugte Erstveröffentlichung auch unter Berufung auf seine Verwertungsrechte nach §§ 15ff UrhG untersagen kann.
(2) § 13 UrhG gewährt dem Urheber ein umfassendes Recht auf Anerkennung seiner Urheberschaft. Es umfaßt als positive Komponente das Recht, als Urheber eines Werkes anerkannt und benannt zu werden, als negative Komponente das Recht, ein Bestreiten der Urheberschaft, insbesondere durch Anmaßung der Urheberschaft durch Dritte, abzuwehren.
(3) § 14 UrhG gewährt dem Urheber ein Werkschutzrecht. Seine Reichweite ist von einer Abwägung der Interessen des Urhebers mit denen des Werkveränderers abhängig.

C. Die Aufgabe des gesetzlich gewährten Schutzes durch Rechtsausübungsverzicht des Urhebers

Die Analyse des deutschen Urheberpersönlichkeitsrechts zeigt, daß das Urheberrechtsgesetz von 1965 den persönlich-geistigen Interessen des Urhebers an seinem Werk einen umfassenden Rechtsschutz gewährt. Während der Urheber in den USA darauf angewiesen ist, seine urheberpersönlichkeitsrechtlichen Interessen unter Berufung auf so vielseitige Rechtsgebiete wie Wettbewerbs-, Vertrags-, Beleidigungsrecht oder *right of privacy* unter Schutz zu stellen, kann der deutsche Urheber auf ein einheitliches, dogmatisch fundiertes, urheberrechtliches Schutzrecht zurückgreifen. Im Grundsatz scheint daher die besondere Gewährung eines Urheberpersönlichkeitsrechts im deutschen Recht dem Urheber in Deutschland erhebliche Vorteile bei der Verfolgung seiner persönlich-geistigen Interessen am Werk zu gewähren.

Ein Blick auf die urheberrechtliche Praxis zeigt jedoch, daß in vielen Wirtschaftsbranchen, in denen Urheber tätig sind, eine Beachtung der gesetzlich gewährten Urheberpersönlichkeitsrechte eher die Ausnahme als die Regel ist. So erscheinen Urheberwerke - entgegen der Bestimmung des § 13 UrhG - beispielsweise tagtäglich ohne Angabe des Urhebernamens in fast der gesamten Werbebranche[1], im Rundfunk- und Fernsehbereich sowie vielen Printmedien[2], in der Software-Industrie[3], bei Industrie- oder Möbeldesign[4] oder Architektur[5] etc.. Zeitungsartikel

---

[1] Bei Werbefilm- oder -hörspots sind Vor- oder Nachspänne mit Urheberbenennungen völlig unüblich. Auch Plakate, Werbeanzeigen oder Werbebroschüren enthalten in der Regel - wenn überhaupt - nur einen Hinweis über die Werbeagentur und nur in seltenen Ausnahmefällen eine Angabe über den Werbegrafiker oder Werbetexter. Vgl. hierzu insbesondere *Schmidt* S.160ff.

[2] Presseagenturen bieten ihre Berichte und Fotos grundsätzlich ohne Namensangaben an. Viele Zeitschriften und Magazine verfahren ähnlich. Im Hörfunkbereich ist es bei Musiksendungen - zumindest im Unterhaltungsbereich - ebenfalls unüblich, den Komponisten oder Textverfasser zu einem Stück anzugeben.

[3] Urheberrechtlich geschützte Software-Programme weisen in aller Regel zwar die Herstellerfirma, nicht jedoch den oder die tatsächlichen Schöpfer des Programmes aus.

[4] Die Namen von Industriedesignern sind auf dem Werkstück so gut wie niemals, auf Werbebroschüren oder Verpackungen nur im Einzelfall angegeben. Üblicher ist die Namensangabe auf Werbebeilagen in der Möbelbranche.

werden - entgegen § 14 UrhG und häufig auch gegen den Willen des Urhebers - durch Redaktionen gekürzt, urheberrechtlich geschützte Gebäude umgebaut, Theaterstücke durch Regisseure verändert, Werbeplakate farblich an eine neue Artikelserie angepaßt und vieles andere mehr. All diese Praktiken im täglichen Umgang mit urheberrechtlich geschützten Werken als rechtswidrig anzusehen, wäre nicht nur realitätsfern, sondern übersähe vor allem, daß hinter vielen dieser Handlungen zwingende wirtschaftliche Notwendigkeiten stehen. Es ist daher für das deutsche Recht von besonderer Bedeutung zu fragen,

I.) ob der Urheber seine Urheberpersönlichkeitsrechte auf Dritte übertragen kann, und
II.) ob und inwieweit er auf die Ausübung dieser Rechte vertraglich verzichten kann.

I. ÜBERTRAGBARKEIT DER URHEBERPERSÖNLICHKEITSRECHTE

Ob das Urheberpersönlichkeitsrecht übertragbar ist, wird in der deutschen Literatur nicht einheitlich bewertet:
Nach einer Ansicht sind einzelne Befugnisse des Urheberpersönlichkeitsrechts übertragbar, wenn die Übertragung zur Ausübung der Werkverwertung unerläßlich ist; unübertragbar sei nur der Kerngehalt der Urheberpersönlichkeitsrechte[6]. Andere sprechen von der Möglichkeit einer sogenannten "gebundenen Übertragung", bei der das eingeräumte Recht im Banne des Urhebers verbleibe[7]. Nach herrschender Ansicht sind Urheberpersönlichkeitsrechte hingegen grundsätzlich - mit der Ausnahme der Übertragung von Todes wegen - unübertragbar; nur die

---

5 (...Fortsetzung)
5 Architekten versehen ihre Bauten ebenfalls nur in höchst seltenen Ausnahmefällen mit einer Urheberbezeichnung. Ihr Urhebervermerk beschränkt sich in der Praxis meist auf eine Kennzeichnung auf den Entwürfen. Auch hier wird jedoch häufig insbesondere bei größeren Architekturbüros nicht der oder die tatsächlichen Werkschöpfer, sondern nur die Architekturfirma angegeben.

6 RGZ 151,50,53 - Babbit-Übersetzung; BGHZ 15,249,258 - Cosima Wagner; BGH GRUR 1963,42 - Straßen - gestern und morgen; *Genthe* S.93ff; *Krüger-Nieland*, FS-Hauß, S.215,220; *Schiefler* GRUR 1960,156,159; mit Einschränkungen auch *v.Gamm* § 11,7, § 14,7 und NJW 1959,318,319.

7 So insbesondere *Forkel* S.178ff; *ders.*, GRUR 1988,491ff; auch *Genthe* S.94f; *Grohmann* S.145ff; *Hubmann*, UrhR, § 42 I; *Seetzen* S.59. - Dagegen überzeugend *Schilcher* S.152ff.

schuldrechtliche Gestattung der Ausübung von Urheberpersönlichkeitsrechten durch Dritte sei möglich[8].

Dieser herrschenden Meinung ist zuzustimmen. Die These, Urheberpersönlichkeitsrechte seien zumindest teilweise übertragbar, ist seit dem Inkrafttreten des UrhG von 1965 nicht mehr haltbar[9]. Denn § 29 S.2 UrhG legt nunmehr ausdrücklich fest, daß das Urheberrecht nicht übertragen werden kann. Dies gilt - angesichts des monistischen Charakters des Urheberrechts - auch für die aus dem einheitlichen Urheberrecht stammenden urheberpersönlichkeitsrechtlichen Befugnisse. Zu berücksichtigen ist insofern, daß es gerade die Sorge um einen dauerhaften Schutz urheberpersönlichkeitsrechtlicher Interessen war, die den Gesetzgeber dazu veranlaßte, das Urheberrecht insgesamt unübertragbar auszugestalten.

Soweit daher heute noch von der "Übertragung von Urheberpersönlichkeitsrechten" die Rede ist, kann dies nur auf eine Ungenauigkeit in der Terminologie zurückgeführt werden. Mit der "Übertragbarkeit" der Urheberpersönlichkeitsrechte wird in der Regel nicht die dingliche Übertragung des Rechts, sondern nur die zulässige Einräumung einer Ausübungsermächtigung gemeint sein[10]. Diese kann auch gleichzeitig mit der Einräumung von Nutzungsrechten erteilt werden. Ein Theaterschriftsteller kann z.B. seinem Bühnenverlag nicht nur die Aufführungsrechte an seinem Stück einräumen, sondern ihn ebenfalls damit betrauen, dafür Sorge zu tragen, daß bei den verschiedenen Inszenierungen keine weiteren als die nach Treu und Glauben zulässigen Änderungen am Stück vorgenommen wer-

---

8 *Bappert/Maunz/Schricker* Einl,2 und § 8,3; *Fromm/Nordemann/Hertin* vor § 12,4; *Möhring/-Nicolini* § 11,3c; *Delp* Rn.115; *Leßmann* S.78f,81; *Schilcher* S.154f; *Schmidt* S.119 und 165; *Stolz* S.60; *Troller*, ImmaterialgüterR, Bd.2, S.888; *Vinck* S.36; *Peifer* ZUM 1993,325,326; *Peter* UFITA 36 (1962),257,281; *Runge* UFITA 23 (1957),16,17 mit Änderungsvorschlägen de lege ferenda (S.20); *Strauss* UFITA 23(1957),286,299; z.T. auch *Hubmann*, UrhR, § 42 I 2.

9 Insofern ist zu berücksichtigen, daß die Entscheidung BGHZ 15,249 - Cosima Wagner - aus dem Jahre 1954 stammt, d.h. vor Inkrafttreten des UrhG entschieden wurde.

10 Ebenso *v.Gamm* § 11,7 und § 12,6; ausdrücklich für die Möglichkeit einer ("gebundenen") Übertragbarkeit allerdings *Forkel* S.178ff; *ders.*, GRUR 1988,491ff. Seine Konstruktion verstößt jedoch nicht nur gegen den klaren Wortlaut des Gesetzes, sondern ist auch unnötig, denn das gleiche rechtliche Ergebnis läßt sich - gesetzeskonform - durch die Einräumung einer Ausübungsermächtigung erzielen.

den[11]. In solch einem Fall ist der Bühnenverlag zur Ausübung des Werkschutzrechtes des Urhebers berechtigt. Inhaber des Werkschutzrechts bleibt jedoch der Urheber. Dieser kann seine Rechte neben dem Ausübungsberechtigten geltend machen. Hierin liegt der entscheidende Unterschied zwischen der Ausübungsgestattung und der Rechtsübertragung.

Die Urheberpersönlichkeitsrechte sind daher grundsätzlich nicht übertragbar. Eine Ausnahme besteht einzig für die Übertragung von Todes wegen. Nach § 29 S.1 UrhG geht das Urheberrecht mit dem Tode des Urhebers auf die Erben über. Dies gilt auch für die urheberpersönlichkeitsrechtlichen Befugnisse.

II. VERZICHTBARKEIT DER URHEBERPERSÖNLICHKEITSRECHTE

Die Frage, ob der Urheber in Deutschland auf seine Urheberpersönlichkeitsrechte verzichten kann, ist für einen Vergleich zwischen dem deutschen und dem amerikanischen Recht von entscheidender Bedeutung. Denn auf welche Art auch immer sich der Urheber im amerikanischen Recht auf individuelle Rechtspositionen zum Schutze seiner urheberpersönlichkeitsrechtlichen Interessen berufen kann, ihm steht stets die Möglichkeit offen, vertraglich auf seine Rechte zu verzichten.
Die Tatsache, daß nicht nur viele nationale Gesetzgebungen[12], sondern auch eine internationale Urheberrechtsübereinkunft[13] Urheberpersönlichkeitsrechte für unverzichtbar erklären, beunruhigt weite Bereiche der amerikanischen Urheberrechtsindustrie, insbesondere der Film- und Medienbranche. Die Furcht, künftige amerikanische Moral-Rights-Gesetze könnten eine Unverzichtbarkeitsklausel

---

11 So z.B. im Fall BGH GRUR 1971,35,37 - Maske in Blau -, in dem der BGH allerdings fälschlich von der "Aktivlegitimation" des Bühnenverlages spricht; vgl. dazu Anm. *Ulmer* GRUR 1971,40,41f und *Ulmer* § 89 II,1. S. auch LG Frankfurt/M. FuR 1966,158 - Sonnenschein und Wochenend, wo sich ebenfalls nicht der Urheber, sondern ein Musikverlag auf das Urheberpersönlichkeitsrecht des Künstlers berief, die Frage der Ausübungsermächtigung vom Gericht allerdings nicht angesprochen wurde.

12 In Europa z.B. Art.L.121-1 frz.UrhG von 1992; Art.4 III griech. UrhG von 1993; Art.22 ital.UrhG; Art.14 span.UrhG; auch Art.2 IV des vom belgischen Senat bereits angenommenen Vorschlags für eine Neuregelung des Urheberrechts in Belgien.

13 Art.13bis Havanna Copyright Convention von 1928: "(Authors of literary and artistic works) ... shall hold upon said works a moral right of inalienable control which will permit them to oppose any public reproduction or exhibition of their altered, multilated or revised works."

beinhalten, ist ein besonders schwerwiegender, wenn nicht sogar *der* Grund überhaupt, für ihren erheblichen Widerstand gegen die Einführung von umfangreichen Urheberpersönlichkeitsrechten in den amerikanischen Copyright Act. Sie wird bestärkt durch die Forderungen mancher amerikanischer Moral-Rights-Verfechter, daß auch die in den USA gesetzlich einzuführenden Urheberpersönlichkeitsrechte zu unverzichtbaren Rechten erklärt werden müßten[14]. Vor diesem Hintergrund ist es von besonderem Interesse zu untersuchen, ob auch in Deutschland die gesetzlich gewährten Urheberpersönlichkeitsrechte unverzichtbar ausgestaltet sind oder nicht.

1.) Sind Urheberpersönlichkeitsrechte verzichtbar?

Das deutsche UrhG enthält keine ausdrücklich Bestimmung über die Verzichtbarkeit von Urheberpersönlichkeitsrechten. Die herrschende Ansicht in Literatur und Rechtsprechung geht davon aus, daß der Urheber auf seine Urheberpersönlichkeitsrechte wirksam verzichten kann[15]. Demgegenüber vertreten einige Autoren die Ansicht, der persönlichkeitsrechtliche Charakter des Urheberpersönlichkeitsrechts verbiete es, daß ein Urheber sich wirksam verpflichten könne, auf die Ausübung seiner Rechte zu verzichten. Ein Verzicht auf Urheberpersönlichkeitsrechte sei daher unwirksam[16].

Die Meinung, Urheberpersönlichkeitsrechte seien nach deutschem Recht unverzichtbar, kann nicht überzeugen. Sie übersieht, daß das UrhG selbst verschiedene

---

14 So insbesondere *Damich*, 39 Cath.Univ.L.Rev. 945,966ff und 990ff (1990); *ders.*, Nova L.Rev. 407,416 (1990); *ders.* im Hearing zu S.1198 und S.1253 vor dem Senate Subcommittee on Patents, Copyrights, and Trademarks vom 20.6.1989, S.27,37; *Solomon*, 30 Rutgers L.Rev.452,477; mit Einschränkungen *Stevenson*, 6 ASCAP Copyright L.Symp.89,113.

15 RGZ 151,50,53 - Babbit-Übersetzung; BGH GRUR 1963,40,42 - Straßen - gestern und morgen; BGH GRUR 1972,713,714f - Im Rhythmus der Jahrhunderte; OLG Hamburg Schulze OLGZ 174,S.6; OLG Hamm GRUR 1967,260,261- Irene von Velden; KG UFITA 80 (1971),368,374 - Manfred Köhnlechner; OLG München GRUR 1986,460,463 - Die unendliche Geschichte; *Fromm/Nordemann/Hertin* vor § 12,5; *v.Gamm* § 11,7; *Schricker/Dietz* vor § 12,28; *Forkel* S.205; *Leßmann* S.78f; *Osenberg* S.36ff; *Schilcher* S.155ff; *Seetzen* S.49ff; *Gerstenberg*, Anm. zu Schulze OLGZ 174,S.10; *Schricker*, FS-Hubmann, S.409.417ff.

16 So *Möhring/Nicolini* § 11,3c; *Peifer* ZUM 1993,325,326; ähnlich streng *Ulmer* § 40 IV 2 bzgl. der Rechte aus § 13 UrhG (allerdings sieht *Ulmer* den Rechtsumfang bereits als beschränkt an) und *Osenberg* S.48 bzgl. § 12 UrhG.

Bestimmungen enthält, die darauf schließen lassen, daß der Verzicht des Urhebers auf seine persönlichkeitsrechtlichen Befugnisse grundsätzlich zulässig sein muß. Diese Bestimmungen sind die §§ 23, 39 und 41f UrhG.

Nach § 23 UrhG kann der Urheber die Bearbeitung seines Werkes durch einen Dritten gestatten. Da jede Werkbearbeitung eine Werkveränderung zur Folge hat, geht die Gestattung einer Bearbeitung zwangsläufig mit der Einschränkung des Werkintegritätsrechts nach § 14 UrhG einher. Die gesetzliche Gewährung eines Bearbeitungsrechts wäre sinnlos, könnte der Urheber die vereinbarte Werkbearbeitung jederzeit unter Berufung auf sein unverzichtbares Urheberpersönlichkeitsrecht nach § 14 UrhG wieder verhindern. § 23 UrhG stellt damit einen gesetzlich besonders geregelten Fall des Verzichts auf die Ausübung eines Urheberpersönlichkeitsrechtes dar. Hieraus wird ersichtlich, daß urheberpersönlichkeitsrechtliche Bestimmungen des Gesetzes nach den Vorstellungen des Gesetzgebers zur Disposition des Urhebers stehen können.

Daß Urheber nach deutschem Recht auf die Ausübung ihrer Urheberpersönlichkeitsrechte verzichten können, ergibt sich darüber hinaus aus § 39 UrhG. Nach § 39 II UrhG sind Eingriffe des Nutzungsberechtigten in die Urheberpersönlichkeitsrechte nach §§ 13 und 14 UrhG ohne Einwilligung des Urhebers zulässig, wenn sie sich im Rahmen des § 242 BGB halten. Dies heißt jedoch nicht, daß darüber hinaus gehende Eingriffe stets unzulässig wären. § 39 II UrhG zieht keine Grenze zwischen den zulässigen und den unzulässigen Eingriffen in das Urheberpersönlichkeitsrecht, sondern zwischen den ohne Einwilligung zulässigen und den nur mit Einwilligung zulässigen Eingriffen. Dies bringt auch § 39 I UrhG zum Ausdruck, der ein Veränderungsverbot ausdrücklichnur für den Fall vorschreibt, daß nichts anderes vereinbart ist. Auch aus § 39 UrhG wird daher ersichtlich, daß Eingriffe in Urheberpersönlichkeitsrechte mit Zustimmung des Urhebers grundsätzlich zulässig sind und der Urheber auf die Geltendmachung seiner gesetzlich gewährten Rechte wirksam verzichten kann[17].

Schließlich ergibt sich die Verzichtbarkeit des Urheberpersönlichkeitsrechts auch durch einen Umkehrschluß aus §§ 41 IV 1, 42 II 1 UrhG[18]. Diese Vorschriften bestimmen, daß der Urheber nicht im voraus auf sein Rückrufsrecht verzichten kann. Da zumindest das Rückrufsrecht wegen gewandelter Überzeugung nach § 42 UrhG einen anerkannten Fall eines Urheberpersönlichkeitsrechts darstellt, wären die Vorschriften überflüssig, sollten Urheberpersönlichkeitsrechte nach den

---

17 Ähnlich *Schilcher* S.145.

18 *Schricker*, FS-Hubmann S.409.416f.

Vorstellungen des Gesetzgebers ohnehin unverzichtbar sein. Die besondere Regelung der Unverzichtbarkeit in §§ 41 IV 1, 42 II 1 UrhG läßt daher ebenfalls nur den Schluß zu, daß nach dem Willen des Gesetzgebers und der Konstruktion des Gesetzes der Urheber im Grundsatz auf seine Urheberpersönlichkeitsrechte verzichten kann.

Ein Verzicht des Urhebers auf seine gesetzlich gewährten Urheberpersönlichkeitsrechte ist daher grundsätzlich möglich. Dieser Verzicht ist allerdings - und insofern wäre ähnlich wie bei der "Übertragung" des Urheberpersönlichkeitsrechts eine terminologische Differenzierung wünschenswert - nicht dinglicher Natur[19]. Er bringt das Recht nicht zum Erlöschen. Der besondere verfassungsrechtlich verankerte Schutz der Menschenwürde verbietet es, daß sich ein Mensch seines Persönlichkeitsrechtes entledigen kann wie ein Eigentümer seines Eigentums. Denn: "Ist Gegenstand des Urheberpersönlichkeitsrechts das geistige und persönliche Band des Urhebers zu seinem Werk, so ist es schlechthin undenkbar, daß diese Verbindung beeinträchtigt oder gar verlorengehen kann"[20]. Insofern gilt für das Urheberpersönlichkeitsrecht nichts anderes als für andere Persönlichkeitsrechte. Ein Verzicht auf Urheberpersönlichkeitsrechte hat daher stets nur schuldrechtliche Wirkung. Er ist nicht "Rechtsverzicht", sondern "Rechtsausübungsverzicht"[21].

---

19 Vgl. *Schilcher* S.156,158; s.a. OLG München GRUR 1986,460,463 - Die unendliche Geschichte; KG UFITA 80 (1971),368,374 - Manfred Köhnlechner. - Bejaht wird die Möglichkeit eines dinglichen Verzichts hingegen von *Seetzen* S.54f.

20 *Möhring/Nicolini* § 11,3c.

21 Auf diese Differenzierung wird in der Literatur zu selten geachtet. Tatsächlich dürfte ein Großteil der Streitigkeiten über Übertrag- und Verzichtbarkeit des Urheberpersönlichkeitsrechts darauf zurückzuführen zu sein, daß zwischen dinglichem Rechtsverzicht und schuldrechtlichem Rechtsausübungsverzicht nicht hinreichend deutlich unterschieden wird. Wenn häufig von der Unverzichtbarkeit des Urheberpersönlichkeitsrechts gesprochen wird, so wird damit die unbestrittene Selbstverständlichkeit gemeint sein, daß das Urheberpersönlichkeitsrecht als solches nicht erlöschen kann. Es ist jedoch nicht richtig, aus dieser Annahme den Schluß zu ziehen, auch der vertragliche Rechtsausübungsverzicht sei in jedem Fall unwirksam. Eine so starke Einschränkung der Vertragsmöglichkeiten des Urhebers läuft seinem verfassungsrechtlich garantierten Grundrecht auf Selbstbestimmung zuwider. Ein Verbot eines "Rechtsausübungsverzichts" widerspricht damit genauso dem verfassungsrechtlichen Persönlichkeitsbild der Art. 1 I, 2 I GG wie die Annahme der Möglichkeit eines dinglichen "Rechtsverzichts" des Urhebers auf sein Urheberpersönlichkeitsrecht. Auch nach der verfassungsrechtlichen Wertvorgabe ist daher zwar kein persönlichkeitsrechtlicher "Rechtsverzicht", jedoch ein persönlichkeitsrechtlicher "Rechtsausübungsverzicht" grundsätzlich möglich.

Zu unterscheiden ist der Rechtsausübungsverzicht auch von der negativen Ausübung eines Urheberpersönlichkeitsrechts. Der Entschluß, ein Buch nicht zu veröffentlichen, ist z.b. kein Verzicht auf das Veröffentlichungsrecht[22], sondern die negative Ausübung dieses Rechts. Gleiches gilt für eine anonyme Veröffentlichung oder eine Veröffentlichung unter einem Pseudonym. Auch hier liegt eine negative Ausübung und kein Verzicht auf das Urheberbenennungsrecht vor[23]. Bei einer negativen Rechtsausübung bleibt es dem Urheber unbenommen, seine Entscheidung für die Zukunft zu revidieren. Bei einem Verzicht hat sich der Urheber hingegen gegenüber einer anderen Person - in der Regel gegen Gewährung einer Gegenleistung - rechtlich gebunden. Mit anderen Worten: Nur ein zweiseitiger Verzichtsvertrag ist ein Verzicht in dem hier verwandten Sinne.

Festzuhalten bleibt hier, daß der Urheber in Deutschland entgegen einer gelegentlich geäußerten Gegenmeinung grundsätzlich auf die Ausübung seiner Urheberpersönlichkeitsrechte wirksam verzichten kann.

2.) Rechtstechnische Einordnung des Verzichts

Uneinigkeit besteht in Deutschland über die Frage, wie ein Rechtsausübungsverzicht des Urhebers rechtstechnisch einzuordnen ist. Vertreten wird die Annahme eines Erlaßvertrages im Sinne des § 397 BGB[24], einer rechtfertigenden Einwilligung in die Rechtsverletzung[25] und einer schuldrechtlichen Nichtausübungsabrede *(pactum de non petendo)*[26].

Gegen die beiden ersten Ansichten bestehen Bedenken: Die Annahme eines Erlaßvertrages setzt das Bestehen eines Anspruchs voraus, der erlassen werden kann. Das Urheberpersönlichkeitsrechts selbst ist jedoch kein Anspruch, sondern eine - wie festgestellt dinglich unverzichtbare - Rechtsposition, aus der konkrete Ansprüche erwachsen können. Nur diese sich aus dem Urheberpersönlichkeitsrecht

---

22 So aber z.B. *Seetzen* S.51f.

23 Vgl. *Schricker/Dietz* § 13,23; *Ulmer* § 89 III 1.

24 OLG München GRUR 1986,460,463 - Die unendliche Geschichte; *Fromm/Nordemann/Hertin* vor § 12,5; *v.Gamm* § 14,7; *Schricker*, FS-Hubmann, S.409,413,417.

25 OLG München GRUR 1986,460,463 - Die unendliche Geschichte; *Schricker*, FS-Hubmann, S.409.414; ähnlich *v.Gamm* § 14,7 mit Verweis auf Einf,109.

26 OLG München GRUR 1986,460,463 - Die unendliche Geschichte; *v.Gamm* § 14,7; *Osenberg* S.44.

ergebenden Ansprüche, nicht jedoch das Urheberpersönlichkeitsrecht können durch einen Erlaßvertrag zum Erlöschen gebracht werden. Die Konstruktion eines Erlaßvertrages ist daher nicht möglich in Fällen, in denen der Urheber im voraus auf die Geltendmachung bestimmter Rechte verzichten will.
Gegen die Annahme einer rechtfertigenden Einwilligung in eine Rechtsverletzung spricht, daß damit solche Fälle nicht erfaßt werden können, in denen der Urheber nicht auf die Ausübung eines Abwehrrechts - z.B. Untersagung der Werkveränderung -, sondern eines positiven Forderungsrechts verzichtet - z.B. die Geltendmachung des Zugangsrechts. Denn in diesen Fällen fehlt es an einem rechtswidrigen Eingriff, in den der Urheber einwilligen könnte.
Am geeignetsten erscheint daher die Annahme eines schuldrechtlichen *pactum de non petendo*, der zugleich eine rechtfertigende Einwilligung in eine Urheberpersönlichkeitsrechtsverletzung darstellt.

Im Ergebnis kommt es weniger auf die rechtliche Einordnung des Rechtsausübungsverzichts an, als vielmehr auf die mit ihm verbundenen Rechtsfolgerungen. Insofern ist hervorzuheben, daß die Wirksamkeit eines Rechtsausübungsverzichts angesichts des persönlichkeitsrechtlichen Charakters des Urheberpersönlichkeitsrechts in jedem Falle nicht von der Geschäftsfähigkeit des Urhebers nach §§ 107ff BGB, sondern von seiner Grundrechtsmündigkeit abhängen muß[27]. Über diese Frage hinaus ist der Streit über die Rechtsnatur des Verzichts von geringer praktischer Relevanz.

3.) Umfang der Verzichtbarkeit

Von erheblicher praktischer Relevanz ist hingegen die Frage, in welchem Umfang der Urheber auf seine Urheberpersönlichkeitsrechte verzichten kann. Hinsichtlich dieser Frage besteht ebenfalls große Uneinigkeit.

---

[27] Vgl. für das allgemeine und die besonderen Persönlichkeitsrechte BGHZ 29,33,36; BGH FamRZ 1972,89f; OLG Karlsruhe FamRZ 1983,741,743; *Staudinger/Schäfer* § 823,458; *Soergel/-Zeuner* § 823,197.

a) Unverzichtbarkeit im Kernbereich

Im allgemeinen werden in Deutschland Urheberpersönlichkeitsrechte genauso wie das allgemeine Persönlichkeitsrecht[28] als in ihrem "Kern"[29] oder "Stammrecht"[30] unverzichtbar bezeichnet[31]. Nach einer häufig vertretenen Ansicht ist der Kernbereich dann verletzt, wenn ein rechtsverbindlicher Verzicht nach objektiver Anschauung sittenwidrig im Sinne des § 138 BGB ist[32]. Nach anderer Ansicht wird allgemein darauf abgestellt, ob eine "schwerwiegende" Interessenverletzung vorliegt[33].

Der Auffassung, daß auf die Ausübung des Kernbereichs des Urheberpersönlichkeitsrechts nicht verzichtet werden kann, ist im Grundsatz zuzustimmen. Denn der persönlichkeitsrechtliche Charakter des Urheberpersönlichkeitsrecht erfordert es, einen Verzicht daraufhin zu überprüfen, ob er mit dem verfassungsmäßig vorgegebenen Persönlichkeitsbild übereinstimmt. Dies gilt für das Urheberpersönlichkeitsrecht genauso wie für das allgemeine Persönlichkeitsrecht.
Die Frage, ob der Urheber auf die Ausübung seiner Rechte wirksam verzichtet hat, ist dabei in jedem Einzelfall neu wertend zu bestimmen[34]. Die hierbei zu beachtenden Wertungen sind verfassungsrechtlich vorgegeben: Der Urheber hat einerseits das Recht zur freien Willensentschließung (Art. 2 I GG); er darf andererseits nicht übermäßig in seinem Würdegehalt angetastet werden (Art. 1 I

---

28 Vgl. zum allgemeinen Persönlichkeitsrecht *Hubmann*, PersR, S.184: Die Einwilligung in eine Persönlichkeitsrechtsverletzung ist nicht bindend, "wenn sie einen Verzicht auf den unantastbaren Kernbereich bedeutet, ohne den der einzelne seine Aufgabe als sittliche Person nicht mehr erfüllen kann. Eine totale Selbstaufgabe, ein Verkauf in die Sklaverei, ein Vertrag, durch den sich der einzelne übermäßig in seiner Freiheit bindet, ist sittenwidrig und daher nichtig."
Ebenso *Steindorff* S.16ff.

29 So *v.Gamm* § 11,7; *Osenberg* S.41f; *Stolz* S.53; *Rittstieg* NJW 1970,648.

30 So *Schricker/Dietz* vor § 12,28; *Schilcher* S.15; *Schricker*, FS-Hubmann, S.409,413.

31 Im Ergebnis ähnlich OLG Hamburg Schulze OLGZ 174,S.6; *Hubmann*, UrhR, § 42 II; *Leßmann* S.79. Zum Teil wird auch von einem Regel-Ausnahme-Verhältnis ausgegangen; s. *Osenberg* S.41.

32 OLG Hamm GRUR 1967,260,262 - Irene von Velden; *Hubmann*, UrhR, § 42 II; *Seetzen* S.64; *Stolz* S.68ff.

33 *v.Gamm* NJW 1959,318,319; *Osenberg* S.41.

34 *Schricker*, FS-Hubmann, S.418f.

GG)³⁵. Wendet man diese verfassungsrechtlichen Wertungsvorgaben auf die Frage der Verzichtbarkeit von Urheberpersönlichkeitsrechten an, so ergibt sich, daß der Urheber grundsätzlich auf die Ausübung seiner ihm dem Gesetz nach zustehenden Urheberpersönlichkeitsrechte verzichten kann. Denn Persönlichkeitsrechte sind in erster Linie Rechte auf freie Willensentschließung. Es geht nicht an, das Gesetz gegen den Willen des Urhebers zum Hüter seiner Interessen zu machen, das Persönlichkeitsrecht zur Fessel der Persönlichkeit werden zu lassen. Die Grenze eines rechtswirksamen Verzichts ist erst dann überschritten, wenn die Annahme einer rechtlichen Bindungswirkung gegen die verfassungsrechtlich vorgegebene Rechts- und Sittenordnung verstößt und deswegen als sittenwidrig im Sinne des § 138 BGB angesehen werden muß³⁶. Insofern gilt auch hier nichts anderes als beim allgemeinen Persönlichkeitsrecht.

Damit stellt sich die Frage, nach welchen Kriterien der unverzichtbare Kernbereich der Urheberpersönlichkeitsrechte zu bestimmen ist.
Einen konkreteren Vorschlag für eine Abgrenzung zwischen verzichtbaren und unverzichtbaren Befugnissen bringt *Peter*³⁷, indem er an der Unterscheidung des Gesetzes in "geistige" und "persönliche" Interessen (§ 11 UrhG) des Urhebers am Werk anknüpft. "Geistige" Interessen bezögen sich auf das Werk, "persönliche" hingegen auf die Urheberperson³⁸. Entsprechend sei bezüglich der Verzichtbarkeit zu unterscheiden. Rechte zum Schutz "geistiger" Interessen seien wegen der besonderen Verknüpfung mit dem Werk verzichtbar. Unverzichtbar seien hingegen die Rechte zum Schutz der Urheberperson, da es sich hierbei um nur aus Zweckmäßigkeitsgründen im UrhG geregelte Fälle des allgemeinen Persönlichkeitsrechts handele³⁹. Von diesen personenbezogenen Rechten gäbe es nur drei: Das "Recht auf Verschleierung der Urheberschaft" als Teilbereich des § 13 UrhG⁴⁰, das

---

35 *Schricker*, FS-Hubmann, S.409,418f erwähnt darüber hinaus Art. 5 III 1 GG (Kunst- und Wissenschaftsfreiheit) und die Art. 12 I, 14 I GG (Berufsfreiheit und Eigentumsgarantie), nicht jedoch das hier besonders bedeutsame Recht auf freie Willensentschließung nach Art.2 I GG.

36 Ebenso die oben in Fn.32 Genannten.

37 *Peter* UFITA 36 (1962),257ff; ihm folgend *Seetzen* S.49ff und z.T. *Schilcher* S.157; sympathisierend auch *Roeber* FuR 1965,102,104f.

38 aaO, S.270f.

39 aaO, S.280f.

40 aaO, S.277.

Recht auf Rückruf wegen gewandelter Überzeugung nach § 42 UrhG[41] und das Verbot der Werkentstellung nach § 14 UrhG, soweit dadurch der Ruf des Urhebers geschädigt werde[42]. Alle anderen Rechte seien frei verzichtbar.

Mit dieser Unterscheidung in verzichtbare geistige und unverzichtbare persönliche Interessen des Urhebers versucht *Peter*, aus der besonderen Werkbezogenheit des Urheberinteresses ein Abgrenzungskriterium herzuleiten. Dies erscheint insofern sinnvoll, als man in der Tat ein Urheberinteresse umso eher als verzichtbar ansehen muß, desto stärker es werk- und nicht personenbezogen ist. "Der freien Selbstbestimmung muß mehr Raum eingeräumt werden, wenn es nicht um die Existenz der Person und ihre Unversehrtheit geht, sondern um die persönlichen Beziehungen zu einer Emanation der Person, dem geschaffenen Werk, das zur Person eine gewisse objektivierende Distanz hält."[43]

Trotzdem können *Peters* Ausführungen nicht überzeugen. Zum einen muß *Peters* Versuch, aus der Werkbezogenheit eines Rechtes ein Kriterium für seine Verzichtbarkeit herzuleiten, deswegen fehlschlagen, weil - wie bereits dargestellt[44] - zwischen werkbezogenem und nicht-werkbezogenem Persönlichkeitsrecht nicht klar unterschieden werden kann. Zwischen beiden bestehen fließende Übergänge. So ist es denkbar, daß auch andere als die drei von *Peter* genannten Urheberpersönlichkeitsrechtsverletzungen den Urheber in seiner Persönlichkeit schwer beeinträchtigen, im Bereich des § 13 UrhG z.B. nicht nur der Fall der Aufdeckung einer angestrebten Anonymität, sondern auch der Fall der Leugnung der Urheberschaft überhaupt. Umgekehrt ist es denkbar, daß die von *Peter* dem Personenschutz zugeordneten Rechte in erster Linie werkbezogen sind - so z.B., wenn die Verschleierung der Urheberschaft nicht zum Schutze der Person, sondern zum Schutze des Werkes geschieht, um dieses nicht einer voreingenommenen Öffentlichkeit auszusetzen. Es ist daher nicht möglich, aus dem nicht klar abgrenzbaren Kriterium des Werkbezugs klare Regeln für die Bestimmung des unverzichtbaren Kernbereichs herzuleiten.

Darüber hinaus geht *Peter* zu weit, wenn er meint, jedesmal wenn personenbezogene Interessen berührt seien, sei auch der unverzichtbare Kern des Urheber-

---

41 aaO, S.276.

42 aaO, S.278f.

43 *Schricker*, FS-Hubmann, S.409,419; s.a. *Schilcher* S.146.

44 S. oben Kap.3,A,III,2.

persönlichkeitsrechts verletzt. Denn auch beim allgemeinen - d.h. nicht werk-, sondern personenbezogenen - Persönlichkeitsrecht führt nicht jede Beeinträchtigung der Persönlichkeit automatisch zur Unwirksamkeit des Verzichts, sondern nur die, die den Kernbereich der Persönlichkeit verletzt. Auch ein Schauspieler, der sich zum Spielen von kleineren Nacktszenen verpflichtet, ist grundsätzlich an seinen Vertrag gebunden. Zwar mag ihn das Spielen dieser Szenen in seiner Persönlichkeit beeinträchtigen. Diese Beeinträchtigung ist jedoch nicht so schwer, daß ihm die Erfüllung seines Vertrages aus sittlichen Gesichtspunkten nicht zugemutet werden könnte. *Peters* Annahme, jedesmal, wenn personenbezogene Interessen des Urhebers betroffen seien, sei der unverzichtbare Kernbereich des Urheberpersönlichkeitsrechts berührt, kann daher nicht überzeugen.

Es ist folglich notwendig, in jedem Einzelfall eines Rechtsausübungsverzichts eine Abwägung der gegeneinanderstehenden Güter und Interessen vorzunehmen, um festzustellen, ob der unverzichtbare Kernbereich des Urheberpersönlichkeitsrechts betroffen ist oder nicht. Dabei sind zwei Kriterien von besonderer Bedeutung[45]:

Besonders zu berücksichtigen ist die *Gestaltungshöhe* des verletzten Werkes. Weist ein Werk eine geringe Gestaltungshöhe auf, so sind die geistigen und persönlichen Beziehungen des Urhebers zu seinem Werk in aller Regel weniger stark ausgeprägt als bei Werken mit größerer Gestaltungshöhe[46]. Insbesondere bei den vielen Produkten, die unter den urheberrechtlichen "Schutz der kleinen Münze" fallen, wird daher durch einen Verzicht so gut wie niemals der unverzichtbare Kernbereich eines Urheberpersönlichkeitsrechts verletzt sein. Denn solche "Erzeugnisse können naturgemäß von der Urheberpersönlichkeit weit weniger geprägt sein als etwa ein Werk der 'schweren' Literatur, das von seinem Schöpfer erst in einem langwierigen, mühevollen und oft schmerzhaften Prozeß gestaltet wird"[47]. Es läßt sich daher der Grundsatz aufstellen: Um so geringer die Gestaltungshöhe des Werkes ist, desto weniger ist das Werk von der Persönlichkeit des Urhebers geprägt und desto seltener ist bei einem Verzicht auf die Ausübung von Urheberpersönlichkeitsrechte der unverzichtbare Kernbereich erreicht.

---

45 Vgl. insofern auch noch die insoweit ähnlichen Kriterien bei der Auslegung von Verzichtserklärungen unten unter b).

46 OLG Hamm, aaO, unter Hinweis auf *Runge* S.61f; *v.Gamm* § 11,6 und § 13,4; *ders.*, NJW 1959,318,319; siehe auch *Schricker/Dietz* § 14,31 und *Schöfer* S.96ff zu § 14 UrhG.

47 OLG Hamm GRUR 1967,260,262 - Irene von Velden.

Auch bei Werken mit größerer Gestaltungshöhe wird jedoch ein Verzicht nur selten die Grenze des § 138 BGB überschreiten. Denn als weiteres Kriterium ist die *Schwere der Beeinträchtigung* zu berücksichtigen. Zweck des § 138 BGB ist es, nur solchen Rechtsgeschäften die Wirksamkeit zu versagen, die so erheblich von den ethischen Grundlagen der Rechtsgemeinschaft abweichen, daß sie für diese unerträglich sind[48]. Geschützt ist daher nur das "ethische Minimum"[49]. Dieses ethische Minimum wird allein dadurch, daß ein Rechtsausübungsverzicht den Schutzbereich des Urheberpersönlichkeitsrechts nachteilig betrifft, noch nicht unterschritten. Zu fordern ist vielmehr, daß der Verzicht nicht nur die für das Urheberpersönlichkeitsrecht typische Beziehung Urheber-Werk, sondern die Urheberpersönlichkeit selbst in sittlich nicht zumutbarer Weise in ihrer Integrität beeinträchtigt. Insofern geht der Versuch *Peters* in die richtige Richtung, nach werkbezogenen und personenbezogenen Verletzungen zu unterscheiden. Bedenklich ist nicht die Auswahl des Kriteriums, sondern die schematische Einteilung der Befugnisse in solche, die werkbezogene, und solche, die personenbezogene Interessen schützen.

Ein Rechtsausübungsverzicht ist daher erst dann sittenwidrig, wenn die persönliche Integrität des Urhebers in solch einem Maße verletzt ist, daß dem Urheber die Bindung an seine frühere Entscheidung nach sittlichen Gesichtspunkten nicht mehr zugemutet werden kann. Diese Grenze des "ethischen Minimums" wird bei Urheberpersönlichkeitsrechten nur sehr selten erreicht sein. Nicht von ungefähr ist daher in der deutschen Rechtsprechung bisher kein Fall ersichtlich, in dem ein urheberpersönlichkeitsrechtlichen Verzicht von einem Gericht für unwirksam erklärt worden ist.

Zusammengefaßt ist folglich davon auszugehen, daß der Urheber grundsätzlich in vollem Umfang auf die Ausübung seiner Urheberpersönlichkeitsrechte verzichten kann. Nur in seltenen und krassen Ausnahmefällen kann ein Verzicht wegen Sittenwidrigkeit nach § 138 BGB unwirksam sein. In der gerichtlichen Praxis sind solche Fälle bislang nicht aufgetreten.

---

48 MüKo/*Mayer-Maly* § 138,1.

49 *Staudinger/Dilcher* § 138,5 mwN.

b) Auslegung von Verzichtserklärungen

Wichtiger als die Bestimmung einer inhaltliche Grenze der Verzichtbarkeit ist es daher, dem Willen des Urhebers gerecht zu werden und ihm nur die Ausübung solcher Rechte zu versagen, auf die er nach objektiver Auslegung des Vertrages tatsächlich verzichten wollte. Dabei gilt folgender Grundsatz: *Je konkreter die Zustimmung des Urhebers zu einem bestimmten Eingriff seiner Urheberpersönlichkeitsrechte gefaßt ist, desto eher ist dieser Eingriff gestattet*[50].

Hat der Urheber einer genau bestimmten Verletzungshandlung zugestimmt, so ist sein Verzicht regelmäßig zulässig, und zwar auch dann, wenn dadurch sein persönliches Ansehen Schaden erleidet. Es geht nicht an, daß das Gesetz dem Urheber vorschreibt, welchen Ruf er bewahren soll und welchen nicht. Der Urheber, nicht das Gesetz, ist der Schmied seines Ansehens.

Hat der Urheber sich hingegen seiner Rechte in allgemeinerer Form entledigt, so ist durch Auslegung unter Berücksichtigung der widerstreitenden Interessen der Umfang des Verzichts zu ermitteln. Bei dieser Interessenabwägung sind die gleichen Umstände zu berücksichtigen wie bei der Interessenabwägung im Rahmen der Bestimmung des unverzichtbaren Kernbereichs, d.h. insbesondere die *schöpferische Gestaltungshöhe* des verletzten Werkes und die *Schwere der Beeinträchtigung* der Interessen des Urhebers. Hinzu kommt das Kriterium der *Branchenüblichkeit* der Urheberpersönlichkeitsrechtsverletzung. An das Vorliegen eines Verzichts, der erkennbar branchenüblich ist, sind geringere Anforderungen zu stellen als an einen branchenunüblichen Verzicht. Insofern ist auf die Ausführungen zum konkludenten Verzicht zu verweisen[51].

Die vorgenannten Auslegungsgrundsätze gelten für den obligatorischen Pauschalverzicht als der allgemeinsten Form des Rechtsausübungsverzichts. Entgegen einer häufig vertretenen Meinung[52] ist auch ein pauschaler Rechtsausübungsverzicht grundsätzlich zulässig. Es ist kein Grund ersichtlich, warum die Klausel eines Journalistenvertrages "Der Journalist verzichtet gegenüber dem Verlag auf die Geltendmachung seiner Urheberpersönlichkeitsrechte" per se unwirksam sein sollte. Allerdings ist bei einem solchen Pauschalverzicht der Umfang der Ver-

---

50 Ähnlich bereits *Schricker*, FS-Hubmann, S.409,417ff.
51 Siehe unten unter 3.Kap.,C,I,3,c.
52 *Schricker/Dietz* vor § 12,28; *Osenberg* S.42; *Schricker*, FS-Hubmann, S.409,413,417.

zichtserklärung einschränkend auszulegen. Der Urheber wird bei einer solchen Klausel im Zweifel nur zu leichten und nicht zu unvorhergesehenen schwerwiegenderen Eingriffen in sein Urheberpersönlichkeitsrecht zugestimmt haben. So werden branchenübliche Eingriffe in die Rechte des Journalisten wie z.B. die Kürzung seiner Artikel entsprechend den Platzvorgaben zulässig sein, branchenunübliche Eingriffe wie z.b. vollständige Inhaltsänderungen jedoch nicht. Ein Pauschalverzicht ist daher zwar nicht per se unwirksam, aber in seiner Reichweite stark beschränkt[53].

Es bleibt damit festzuhalten: Auf die Ausübung von Urheberpersönlichkeitsrechten kann der Urheber grundsätzlich frei verzichten. Eine inhaltliche Grenze wird durch § 138 BGB aufgestellt, die jedoch nur in krassen Ausnahmesituationen überschritten sein dürfte. Art und Umfang des Verzichts sind in jedem Einzelfall durch Auslegung zu bestimmen. Dabei muß die Verzichtserklärung um so konkreter sein, desto erheblicher in die Interessen des Urhebers eingegriffen wird.

c) Der konkludente Verzicht

Nach allgemeiner Meinung kann nach deutschem Recht ein urheberpersönlichkeitsrechtlicher Rechtsausübungsverzicht auch konkludent erklärt werden[54]. Der Umfang eines konkludenten Verzichts bestimmt sich dabei nach Treu und Glauben unter Berücksichtigung der Verkehrssitte. Der Urheber verzichtet durch die Einräumung von Nutzungsrechten in dem Maße konkludent auf die Ausübung seiner Urheberpersönlichkeitsrechte, wie die vertraglich vereinbarte Nutzung des Urheberwerkes objektiv vorhersehbar eine Beeinträchtigung dieser Rechte mit sich bringt.

---

53 In der Regel wird er ein Pauschalverzicht in seiner Reichweite nicht wesentlich von einem konkludenten Rechtsausübungsverzicht abweichen. - Siehe zum konkludenten Rechtsausübungsverzicht noch im folgenden unter 3.Kap.,C,I,3,c.

54 OLG Hamm Schulze OLGZ 47,13 - Werbepostkarte; KG UFITA 80 (1971),368,374 - Manfred Köhnlechner; *Fromm/Nordemann/Hertin* § 13,2b; *Möhring/Nicolini* § 13,3c; *Schricker/Dietz* § 13,24.

Damit kommt es - entgegen einer gelegentlich geäußerten Meinung[55] - entscheidend auf die Branchenüblichkeit[56] oder Betriebsüblichkeit[57] einer Beeinträchtigung von Urheberpersönlichkeitsrechten an. Ist ein gewisses Verhalten bei der Verwertung von Urheberwerken branchen- bzw. betriebsüblich, so ist es für einen Urheber, der sein Werk zu einer entsprechenden Verwertung freigibt, vorhersehbar, daß seine Urheberpersönlichkeitsrechte im entsprechenden Umfang eingeschränkt werden. Er verzichtet damit konkludent auf die Geltendmachung der entsprechenden Urheberpersönlichkeitsrechte, es sei denn, er schließt die branchen- oder betriebsübliche Verwertung seines Werkes ausdrücklich aus[58]. Ein Journalist, der sich von einer Presseagentur anstellen läßt, kann sich hinterher nicht beklagen, wenn seine Berichte nicht unter seinem Namen veröffentlicht werden. Ein Schriftsteller, der Theaterrechte an seinen Stücken vergibt, muß es hinnehmen, daß die Stücke nicht ausschließlich nach seinen Regieanweisungen gespielt werden. Viele andere Beispiele lassen sich finden.

Der Gegenmeinung, welche die Branchen- oder Betriebsüblichkeit einer Urheberpersönlichkeitsrechtsbeeinträchtigung bei der Beurteilung eines Rechtsausübungsverzichts als unerheblich ansieht[59], kann nicht zugestimmt werden. Verträge sind so auszulegen, wie es Treu und Glauben unter Berücksichtigung der Verkehrssitte verlangen (§§ 157, 242 BGB). Dies gilt für urheberrechtliche Werknutzungsverträge genauso wie für alle anderen Vetragsarten. Zwar ist nach h.M. entsprechend

---

55 Ablehnend LG München I Schulze LGZ 102,S.3 - Baupläne; *Schmidt* S.115f und 168ff.

56 Vgl. hierzu RGZ 110,393,397; BGH GRUR 1972,713 - Im Rhythmus der Jahrhunderte; KG UFITA 80 (1971),368,374 - Manfred Köhnlechner; OLG Köln GRUR 1953,499,500 - Kronprinzessin Cäcilie; *Fromm/Nordemann/Hertin* § 13,9; *v.Gamm* § 13,11; *Möhring/Nicolini* § 13,3c; *Schricker/Dietz* vor § 12,28; *Schricker/Rojahn* § 43,81; *v.Gamm* NJW 1959,318ff; *Gloy* S.43ff; *Rojahn* S.112ff; *Vinck* S.42ff. - **Anders** zum Teil *Osenberg* S.157f: "Branchenmöglichkeit", aber warum sollen bei urheberrechtlichen Nutzungsverträgen andere Grundsätze gelten als bei sonstigen Verträgen ?

57 Auf die Berücksichtigung des Kriteriums der Betriebsüblichkeit weisen zu Recht *Osenberg* (S.151f. und 153) und *Rojahn* (S.113 und in *Schricker/Rojahn* § 43,81) hin. So mag es in der Branche der politischen Pressemagazine durchaus üblich sein, den Verfasser eines Berichts zu nennen. Gleichwohl kann ein z.B. "SPIEGEL"-Redakteur nicht die Nennung seines Namens verlangen, da insofern eine langjährige Betriebsübung besteht, Berichte grundsätzlich ohne Namensnennung zu veröffentlichen (vgl. *Osenberg* S.150,153; *Rojahn* S.113; *Vinck* S.45, Fn.118).

58 Ebenso OLG Köln GRUR 1953,499,500 - Kronprinzessin Cäcilie; *Möhring/Nicolini* § 13,3c; *Schricker/Rojahn* § 43,81; **a.A.** *Schmidt* S.170.

59 LG München I Schulze LGZ 102,S.3 - Baupläne; *Schmidt* S.115f und 168ff.

der sog. "Zweckübertragungstheorie" bei der Auslegung einer Nutzungsrechtseinräumung im Zweifel eine urheberfreundliche Auslegung zu wählen[60]. Dies kann jedoch nicht zur Unanwendbarkeit der Auslegungsregeln der §§ 157, 242 BGB führen, sondern nur dazu, daß bei der Beurteilung der Frage, ob tatsächlich eine entsprechende, für den Urheber erkennbare Branchen- oder Betriebsübung vorliegt, strenge Maßstäbe angelegt werden müssen[61]. Daher ist bei der Beurteilung eines konkludenten Verzichts in jedem Einzelfall zu prüfen, ob nicht die besondere Art oder Gestaltungshöhe des Werkes oder die außerordentliche Schwere der Beeinträchtigung eine Berufung auf die Branchen- oder Betriebsüblichkeit ausschließen[62]. Die Beweislast für das Bestehen einer entsprechenden Branchen- oder Betriebsübung liegt dabei beim Verletzer des Urheberpersönlichkeitsrechts. Besteht eine für den Urheber erkennbare Betriebs- oder Branchenübung, nach der bei einer bestimmten Werknutzung in urheberpersönlichkeitsrechtliche Rechtspositionen des Urhebers eingegriffen wird, so ist es dem Urheber zuzumuten, daß er entweder auf die Einräumung eines entsprechenden Nutzungsrechts verzichtet oder sich bei der Einräumung des Nutzungsrechts die Ausübung seiner Urheberpersönlichkeitsrechte ausdrücklich vertraglich vorbehält. Tut er dies nicht, so spricht eine Vermutung dafür, daß er die Nutzung des Werkes zu den branchenüblichen Gewohnheiten zulassen wollte.

Damit bleibt festzuhalten: Will der Urheber in Deutschland bei einer bestimmten Verwertungsart, die erkennbar nach den Branchen- oder Betriebsgepflogenheiten eine Beeinträchtigung seiner urheberpersönlichkeitsrechtlichen Interessen mit sich bringt, seine Rechte wahren, so muß er dies im Vertrag ausdrücklich vereinbaren. Tut er dies nicht, so spricht eine Vermutung dafür, daß die Verwertung nach den branchen- und betriebsüblichen Bedingungen erfolgen soll und der Urheber in entsprechendem Umfang auf die Ausübung seiner Urheberpersönlichkeitsrechte konkludent verzichtet.

4.) Zwischenergebnis

(1) Auf die Ausübung des Urheberpersönlichkeitsrechts kann in den Grenzen des § 138 BGB ausdrücklich oder konkludent verzichtet werden.

---

60 Vgl. nur *Fromm/Nordemann/Hertin* §§ 31f,19; *v.Gamm* § 31,19; *Genthe* S.85f; *Paschke* GRUR 1984,858,861.

61 So auch *Fromm/Nordemann/Hertin* § 13,9; *Schricker/Dietz* vor § 12,28.

62 Vgl. insbesondere *v.Gamm* § 13,4 und 13; *ders.*, NJW 1959,318,319.

(2) Der Umfang eines ausdrücklichen Verzichts ist durch Auslegung unter Berücksichtigung der Gestaltungshöhe des Werkes, der Schwere der Beeinträchtigung und der bestehenden Branchen- und Betriebsgewohnheiten zu ermitteln.
(3) Der Umfang eines konkludenten Verzichts ergibt sich aus den Umständen des Vertragsabschlusses, insbesondere aus erkennbar bestehenden Branchen- und Betriebsübungen.

III. DIE ANWENDUNG DER GRUNDSÄTZE ZUR VERZICHTBARKEIT AUF DIE RECHTE DES URHEBERS NACH §§ 13 UND 14 UrhG

Ist somit die grundsätzliche Zulässigkeit eines - ausdrücklichen oder konkludenten - Verzichts festgestellt, so fragt es sich, unter welchen Umständen und inwieweit der Urheber in Deutschland bei der Einräumung eines Nutzungsrechts auf die Ausübung seiner gesetzlich gewährten Urheberpersönlichkeitsrechte der §§ 13,14 UrhG verzichten kann und regelmäßig auch konkludent verzichtet.

1.) Der Verzicht auf die Rechte nach § 13 UrhG

Im Rahmen des § 13 UrhG ist zu unterscheiden zwischen dem positiven Recht auf Benennung als Urheber und dem negativen Abwehrrecht, gegen ein Bestreiten der Urheberschaft vorzugehen.

a) Der Verzicht auf die Ausübung des Benennungsrechts

Daß der Urheber auf die Ausübung seines positives Benennungsrecht nach § 13 UrhG vertraglich verzichten kann[63], ist ganz herrschende Meinung in Literatur[64]

---

63 Auch im Rahmen des § 13 UrhG ist allerdings der Verzicht von einer negativen Ausübung des Benennungsrechts zu unterscheiden (vgl. OLG Hamm GRUR 1967,260,261 - Irene von Velden; *Fromm/Nordemann/Hertin* § 13,2; *Schricker/Dietz* § 13,23). Eine negative Ausübung des Benennungsrechts liegt dann vor, wenn der Urheber aus eigenem Entschluß das Werk anonym veröffentlicht. Ein Verzicht besteht nur dann, wenn sich der Urheber vertragliche zur Nichtausübung des Benennungsrechts verpflichtet (siehe dazu schon oben 3.Kap.,C,II,1).

und Rechtsprechung[65]. Die Begründung zum Regierungsentwurf äußert sich ebenfalls in diesem Sinne[66]. Entsprechend den oben dargelegten Grundsätzen[67] ist ein Verzicht auf die Ausübung des Benennungsrechts nur dann unzulässig, wenn die Bindungswirkung wegen Verstoßes gegen die verfassungsrechtlich vorgegebene Rechts- und Sittenordnung sittenwidrig im Sinne des § 138 BGB ist. Diese Voraussetzungen werden bei einem Verzicht auf die Ausübung des Benennungsrechts so gut wie nie gegeben sein.

Soweit in der Literatur zum Teil dennoch von einem unverzichtbaren Kern des Benennungsrechts gesprochen wird[68], kann dem nicht gefolgt werden. Denn ein Verzicht des Urhebers auf die Ausübung seines Benennungsrechts beeinträchtigt zwar möglicherweise die Kundgabemöglichkeiten über die besonderen Beziehungen des Urhebers zu seinem Werk. Gleichzeitig ist diese Aufgabe der gesetzlich gewährten Rechte jedoch nicht so tiefgreifend, daß sie dem Wert- und Sittenmaßstab des Grundgesetzes widerspräche. Denn auch wenn der Urheber auf die Ausübung seines positiven Rechts auf Namensnennung verzichtet, bleiben ihm die negativen sich aus § 13 UrhG ergebenden Befugnisse erhalten: Er kann auch nach einem wirksamen Verzicht auf sein Benennungsrecht weiterhin gegen das Bestreiten seiner Urheberschaft und die Anmaßung der Urheberschaft durch Dritte vorgehen[69]. Er kann sich auch anderen gegenüber als Urheber des Werkes rühmen[70]. Unter diesen Umständen ist kaum ein Fall denkbar, in dem ein Verzicht auf die Ausübung des Benennungsrecht als sittenwidrig im Sinne des § 138 BGB angesehen werden müßte.

---

64 (...Fortsetzung)
64 v.Gamm § 13,3,8 und 11; Schricker/Dietz § 13,22; Schricker/Rojahn § 43,79; Hubmann, UrhR, § 42 II; Schmidt S.165; Seetzen S.54ff; Stolz S.61; v.Gamm NJW 1959,318,319; einschränkend Ulmer § 40 IV 2. völlig ablehnend soweit ersichtlich nur Möhring/Nicolini § 11,3c und § 13,3b, vgl. jedoch andererseits auch § 13,3c.

65 BGH GRUR 1963,40,42 - Straßen - gestern und morgen; GRUR 1972,713,715 - Im Rhythmus der Jahrhunderte; OLG Hamm GRUR 1867,260,261 - Irene von Velden; OLG Hamm Schulze OLGZ 47,S.13 - Werbepostkarte; KG UFITA 80 (1971),368,374 - Manfred Köhnlechner.

66 BT-Drucks. IV/270,S.44

67 S. oben 3.Kap.,C,I,3,a.

68 Schricker/Dietz § 13,24; Schricker/Rojahn § 43,79.

69 Vgl. Begründung zum Regierungsentwurf, BT-Drucks. IV/270,S.44.

70 Dies ist zwar in der Begründung des Regierungsentwurf nicht ausdrücklich erwähnt, ist jedoch in der Abwehr eines Bestreitens der Urheberschaft notwendig mitenthalten. Vgl. zu diesen Rechten noch sogleich unter 3.Kap.,III,1,b.

In manchen Fällen, in denen urheberrechtliche Werke ohne Angabe des Urhebernamen erscheinen, hat der Urheber dem Werknutzer ausdrücklich das Recht eingeräumt, das Werk ohne Urheberangabe zu nutzen. In der Mehrzahl der Fälle wird es jedoch an einer ausdrücklichen Vereinbarung hierüber fehlen[71]. Es fragt sich damit, unter welchen Umständen der Urheber in diesen Fällen konkludent auf die Ausübung seines Benennungsrechtes verzichtet hat.

Entsprechend den oben dargestellten Grundsätzen[72] kommt es bei der Frage nach dem Bestehen eines konkludenten Rechtsausübungsverzichts entscheidend auf die Betriebs- oder Branchenüblichkeit der Urheberbenennung an. Kann der Urheber bereits bei Abschluß des Verwertungsvertrages - häufig auch des Arbeitsvertrages - vorhersehen, daß sein Benennungsrecht aufgrund einer entsprechenden Betriebs- oder Branchenübung bei der Verwertung seiner Werke mit großer Wahrscheinlichkeit verletzt werden wird, und behält er sich sein Recht nicht ausdrücklich vor, so spricht eine Vermutung dafür, daß er die betriebs- oder branchenübliche Verwertung seiner Werke zulassen wollte und auf die Ausübung seiner entgegenstehenden Rechte verzichtet hat.

Branchen*un*üblich - und damit ein Hinweis auf das Vorliegen eines konkludenten Verzichts - sind Urheberbenennungen z.B. bei
- Texten und Bildern von Presseagenturen, z.T. - je nach Betriebsüblichkeit[73] - auch von Zeitungen oder Zeitschriften[74],
- bei Unterhaltungsmusik in Radio und Fernsehen,
- bei Werbetexten und -grafiken von Werbeagenturen[75],

---

[71] In vielen Bereichen der Urheberrechtsindustrie werden Fragen der Urheberbenennung zunehmend tarifvertraglich geregelt. So haben im Presse- und Rundfunkwesen die Tarifpartner die Vereinbarung getroffen, daß die Namensnennung zu erfolgen hat, soweit sie presse- oder rundfunküblich ist. Im Filmsektor haben nach dem Tarifvertrag für Film- und Fernsehschaffende Regisseure, Hauptdarsteller, Kameramänner, Architekten, Tonmeister, Cutter, Erste Aufnahmeleiter, Masken- und Kostümbildner einen tarifvertraglichen Anspruch auf Namensnennung (vgl. *Schricker/Rojahn* § 43,82).

[72] S. oben 3.Kap.,C,I,3,c.

[73] Vgl. insofern *Schricker/Rojahn* § 43,82.

[74] Bekanntestes Beispiel eines "namenlosen Journalismus" ist das Nachrichtenmagazin "Der SPIEGEL". Läßt sich ein Journalist vom SPIEGEL einstellen, so verzichtet er, auch ohne daß es einer besonderen Vereinbarung bedürfte, aufgrund der langjährigen Betriebsübung konkludent auf die Ausübung seines Benennungsrechts. - S. dazu schon oben Fn.56 mwN.

[75] *Schricker/Rojahn* § 43,82; *Schmidt* S.160ff.

- bei Industriedesigns je nach Art des Produkts[76]
- und ähnlichem[77].

b) Der Verzicht auf die Ausübung der Abwehrrechte des § 13 UrhG

Nach herrschender Meinung kann auf die Geltendmachung der negativen Schutzrechte des § 13 UrhG nicht verzichtet werden, da es sich hierbei um den Kernbereich des Urheberpersönlichkeitsrechts nach § 13 UrhG handele[78]. Nach der hier vertretenen Auffassung[79] ist das entscheidende Kriterium bei der Bewertung eines Rechtsausübungsverzichts der Rechts- und Sittenmaßstab des Grundgesetzes.

Praktisch bedeutsam werden Vereinbarungen über die sonstigen Rechte aus § 13 UrhG in erster Linie bei sogenannten "Ghostwriter"-Verträgen, in denen ein Urheber von einem Dritten beauftragt wird, für diesen und unter dessen Namen ein bestimmtes Werk herzustellen. Ghostwriter-Verträge sind nicht nur beim Verfassen von Autobiographien und politischen Reden weit verbreitet, sondern kommen z.B. auch im Bereich der Trivialliteratur[80] und bei wissenschaftlichen Ausarbeitungen vor. Durch Ghostwriter-Namensabreden will der Auftraggeber nicht nur erreichen, daß der Urheber auf sein Benennungsrecht nach § 13 S.2 UrhG verzichtet. Er möchte darüber hinaus seinen eigenen Namen als Urheber angeben, sich folglich für die Öffentlichkeit die Urheberschaft an dem Werk anmaßen.

Ob der Ghostwriter gegenüber seinem Auftraggeber auf die Geltendmachung seiner Untersagungsrechte nach § 13 UrhG wirksam verzichten kann, ist in

---

76 *Schricker/Rojahn* aaO.

77 Für eine ausführlichere Darstellung über die verschiedenen Branchengewohnheiten sei hier auf die zum größten Teil noch heute gültige Zusammenstellung bei *v.Gamm* § 13,14 und NJW 1959,318,319f verwiesen.

78 *Fromm/Nordemann/Hertin* § 13,1; *v.Gamm* § 13,9; *Schricker/Dietz* § 13,9; *Stolz* S.61; mit anderer Begründung auch *Seetzen* S.54, der allerdings z.T. schuldrechtliche Abreden für zulässig hält (S.56).

79 S. oben 3.Kap.,C,I,3,a.

80 Autoren von Trivialliteratur verpflichten sich häufig, unter einem fremden Urhebernamen oder einem Verlagspseudonym zu schreiben. Vgl. zum Verlagspseudonym z.B. den Fall OLG Hamm GRUR 1967,260 - Irene van Velden.

Deutschland umstritten. Die herrschende Meinung hält Ghostwriter-Abreden grundsätzlich für unzulässig[81]. In jüngerer Zeit haben sich insbesondere *Stolz* und *Osenberg* ausführlich mit der Problematik des Ghostwriters befaßt. Nach *Stolz* können schuldrechtliche Ghostwriter-Abreden zwischen dem Auftraggeber und dem Urheber nur dann Wirksamkeit erlangen, wenn der Urheber sich inhaltlich und stilistisch an der Person des Auftraggebers orientiert[82]. Diese Fremdorientierung erlaube es, den Auftraggeber einem Miturheber gleichzustellen. Dabei reiche bereits eine relativ geringe Anlehnung an die Person des Auftraggebers aus, weshalb Ghostwriter-Verträge zur Erstellung von Autobiographien und Werken der Trivialliteratur als zulässig anzusehen seien[83].
Strenger sind die Maßstäbe *Osenbergs*. Seiner Ansicht nach sind Namensabreden grundsätzlich unzulässig[84]. Ausnahmen seien nur bei politischen Reden und Texten mit aktuellem Inhalt zulässig, da hier die Veröffentlichung unter dem Namen des Politikers nicht als Hinweis auf die Urheberschaft zu verstehen sei, sondern darauf, wer politisch für den Inhalt der Stellungnahme verantwortlich zeichne[85].

Sowohl die Maßstäbe *Osenbergs* als auch die von *Stolz* erscheinen insgesamt als sehr streng. Zu beanstanden ist insbesondere, daß nicht klar aufgezeigt wird, welches Element des Ghostwriter-Vertrages seine Unzulässigkeit begründen soll. Denn beim Ghostwriter-Vertrag sind drei urheberrechtlich relevante Abreden voneinander zu unterscheiden:
- der Verzicht des Urhebers auf die Ausübung des Benennungsrechts nach § 13 S.2 UrhG *(Benennungsverzicht)*,
- die Pflicht des Urhebers, sich in einem gewissen Umfange nicht gegenüber

---

[81] KG UFITA 4 (1931) 527,532; *Fromm Nordemann/Hertin* § 13,3; *Schricker/Dietz* § 13,28; *Amtmann* S.19; *Blatz* S.50; *Honig* S.56; *Osenberg* S.88ff; *Stolz* S.62ff; *Ulmer* § 40 V 1; *v.Gamm* NJW 1959,318,319. - **A.A.** *Munk* S.57; wohl auch *Fromm/Nordemann/Hertin*, § 13,16; *Schricker/Rojahn* § 43,77 und *Delp* Rn.123.

[82] *Stolz* S.62ff.

[83] *Stolz* S.70f, 75f, 81.

[84] *Stolz* S.98ff.

[85] *Osenberg* S.126f; ihm folgend *Schricker/Dietz* § 13,28;; allerdings ist kaum ein Grund ersichtlich, für diesen besonderen Werkbereich eine urheberrechtliche Ausnahme anzuerkennen. Die Gründe, die *Osenberg* (S.126) nennt (Öffentlichkeit rechnet mit Ghostwritern; Namensangabe steht mehr für Inhalt als für Form des Textes), sind keine Gründe, die ausschließlich bei politischen Texten Eingreifen, sondern auch z.B. bei vielen wissenschaftlichen Veröffentlichungen.

Dritten als Urheber auszugeben *(Schweigepflicht)*,
- der Verzicht des Urhebers auf sein Recht, die Anmaßung der Urheberschaft durch den Auftraggeber zu verbieten *(Namensabrede)*.

Von diesen drei Komponenten kann der *Verzicht auf das Benennungsrecht* nach § 13 S.2 UrhG den Ghostwritervertrag - dies wurde bereits erörtert[86] - nicht unwirksam machen.

Fraglich ist, ob die Vereinbarung einer *Schweigepflicht* den Kernbereich des Urheberpersönlichkeitsrechts berührt. Hier dürfte es zwar nicht zulässig sein, dem Urheber vollständig zu verbieten, sich als Schöpfer eines von ihm geschaffenen Werkes auszugeben. Denn mit solch einem Verzicht würde das geistige Band zwischen Urheber und Werk vollkommen zerschnitten. Das geistige Kind des Urhebers würde für die Außenwelt sozusagen "vaterlos". Der Urheber hätte keine Möglichkeit mehr, seine besondere Beziehung zu dem Werk offenzulegen. Jeder könnte das Werk nach freiem Belieben adoptieren, ohne daß sich der Urheber hiergegen zur Wehr setzen könnte. Diese erhebliche Beeinträchtigung der ideellen Interessen des Urhebers an seinem Werk spricht dafür, einen vollständigen Verzicht auf die Ausübung das Rechts, sich als Urheber seines Werkes ausgeben zu dürfen, für unwirksam zu halten. Häufig werden jedoch Ghostwriter-Verträge so auszulegen sein, daß der Name des Urhebers zwar nicht auf dem Werk erscheinen soll, der Urheber sich aber weiterhin im Privaten[87] - möglicherweise im Einzelfall auch öffentlich[88] - seiner Urheberschaft berühmen darf. So dürfte es z.B. im Regelfall nicht gegen einen Ghostwriter-Vertrag verstoßen, wenn der Urheber sich unter Freunden oder bei der Bewerbung um neue Ghostwriter-Verträge seiner bisherigen Werke berühmt. Ob bei einer solchen Vertragsauslegung der einem Verzicht nicht zugängliche Kernbereich des Urheberpersönlichkeitsrechts bereits erreicht ist, kann zumindest bezweifelt werden.

---

86 Vgl. oben 3.Kap.,C,III,1,a.

87 So auch *Stolz* S.82 und *Osenberg* S.100.

88 Möglich z.B. in Bereichen, in denen die Öffentlichkeit ohnehin nicht erwartet, daß ein bestimmtes Werk von dem namentlich Zeichnenden geschaffen worden ist, z.B. bei politischen Reden oder Stellungnahmen.
Munk (S.57) will dem Ghostwriter sogar immer das Recht zugestehen, der Öffentlichkeit als Urheber vorgestellt zu werden.

Schließlich ist es auch nicht ohne weiteres ersichtlich, warum die *Namensabrede* des Ghostwriters, d.h. die schuldrechtliche Gestattung der Angabe des Auftraggebers als Urheber, urheberrechtlich[89] unzulässig sein soll. Denn immerhin wird auch beim allgemeinen Namensrecht des § 12 BGB eine vertragliche Vereinbarung, durch die der Namensberechtigte die Führung seines Namens einem Dritten gestattet, für zulässig erachtet[90]. Soweit gegen die Namensabrede Bedenken erhoben werden, sollte weiter berücksichtigt werden, daß sich ein übertriebener Urheberschutz durchaus als urheberunfreundlich erweisen kann. Denn angesichts der Tatsache, daß die Namensabrede für den Auftraggeber von essentieller Bedeutung sein kann, zieht die Teilnichtigkeit der Namensklausel im Zweifel die Gesamtnichtigkeit des Ghostwriter-Vertrages nach sich (§ 139 BGB), mit der Konsequenz, daß, wenn sich der Auftraggeber nach Vertragsabschluß weigert, das erforderliche Material zu liefern oder die vereinbarte Vergütung zu zahlen, der Ghostwriter weder die Vertragserfüllung noch Schadensersatz wegen Nichterfüllung verlangen kann. Ob eine solche Konsequenz wünschenswert ist, muß bezweifelt werden.

Die rechtliche Behandlung des Ghostwriter-Vertrages im deutschen Recht ist daher nach der derzeit h.M. einigen Zweifeln unterworfen. Immerhin scheinen sich die Ghostwriter selbst bisher stärker an ihre Verträge gebunden zu fühlen, als sie es nach der herrschenden Lehre müßten; denn einschlägige Gerichtsentscheidungen sind bislang nicht zu verzeichnen.

Festzuhalten ist, daß nach der bislang herrschenden deutschen Lehre die sonstigen Rechte des § 13 UrhG grundsätzlich als unverzichtbar angesehen und auch beim Ghostwriter nur in seltenen Fällen Ausnahmen von diesem Grundsatz zugelassen werden.

c) Zwischenergebnis zu § 13 UrhG

(1) Auf die Ausübung seines Rechts auf Urheberbenennung kann der Urheber wirksam verzichten. Ist bei bestimmten Arten der Werknutzung eine Namensnennung für den Urheber objektiv erkennbar unüblich und gestattet der Urheber

---

89 Darauf, daß eine solche Namensabrede auch wettbewerbsrechtliche Probleme (§§ 1,3 und 4 UWG) aufwerfen kann, verweist zu Recht *Stolz* (S.73ff).

90 RG JW 1921,824; JW 1927,117,118; BGH GRUR 1967,89,92; GRUR 1973,363,365; GRUR 1989,422,423; GRUR 1991,393; MüKo/*Schwerdtner* § 12,76; *Palandt/Heinrichs* § 12,17; *Staudinger/Coing/Habermann* § 12,33; *Stolz* S.62.

diese Nutzungsart, so verzichtet er damit konkludent auf sein Namensnennungsrecht, es sei denn, er behält es sich im Verwertungsvertrag ausdrücklich vor.
(2) Auf die sich aus § 13 UrhG ergebenden negativen Abwehrrechte kann der Urheber nach herrschender Ansicht nicht wirksam verzichten. Die Richtigkeit dieser Lehre muß jedoch bezweifelt werden.

2.) *Der Verzicht auf die Ausübung des Werkintegritätsrechts nach § 14 UrhG*

Wie oben bereits dargestellt, ist der Umfang des Werkintegritätsrechts des Urhebers abhängig von einer Abwägung der Interessen des Urhebers an der Werkerhaltung einerseits und den Interessen des Werkverletzers an der Werkveränderung andererseits. Bei dieser Interessenabwägungen ist das Bestehen einer Verzichtserklärung des Urhebers zu Gunsten des Werkveränderers zu berücksichtigen. Zu unterscheiden sind dabei ausdrückliche und konkludente Verzichtserklärungen.

a) Der ausdrückliche Verzicht durch Einräumung eines Bearbeitungsrechts

Auch im Bereich des Werkintegritätsrechts kann der Urheber in vollem Umfang auf die Ausübung seines Schutzrechts nach § 14 UrhG verzichten[91]. In dem ausdrücklichen Verzicht auf die Ausübung des Werkschutzrechtes liegt die Gewährung eines Bearbeitungsrechts nach § 23 UrhG[92]. Ist dem Werkveränderer ein Bearbeitungsrecht eingeräumt worden, so ist eine Werkänderung, die sich im Rahmen des eingeräumten Bearbeitungsrechts hält, zulässig[93]. Für die Bestimmung des Umfangs des Bearbeitungsrechts gilt der - bereits oben ausgeführte[94] - Grundsatz, daß die Einwilligung zu einer Werkverletzung umso konkreter sein

---

91 Gelegentlich wird auch hier von der Rechtsprechung von einem unverzichtbaren Kernbereich des § 14 UrhG ausgegangen (BGH GRUR 1971,269,271 - Das zweite Mal; GRUR 1986,458,459 - Oberammergauer Passionsfestspiele). Angemessener erscheint es, entsprechend den o.a. Grundsätzen (s. 3.Kap.,C,I,3,b) den Urheberschutz nicht durch eine inhaltliche Grenzziehung zu garantieren, sondern durch eine restriktive Auslegung von Verzichtserklärungen.

92 Siehe dazu schon oben 3.Kap.,C,I,1.

93 *Bappert/Maunz/Schricker* § 13/§ 39 UrhG,6; *Schricker/Dietz* § 14,11; vgl. auch RGZ 102,134,140f - Schwarze Fahnen, wo das Gericht eine unvollständige Übersetzung von Strindbergs Werk "Schwarze Fahnen" als Überschreitung des eingeräumten Bearbeitungsrechts ansah.

94 S. oben 3.Kap.,C,I,3,b.

muß, desto tiefgreifender die Interessen des Urhebers beeinträchtigt werden[95]. Bei der Beurteilung der Frage, wie weitgehend die Interessen des Urhebers verletzt sind, kann auf die oben angeführten Kriterien, die bei der Interessenabwägung zu Gunsten des Urhebers berücksichtigt werden müssen[96], zurückgegriffen werden.

b) Der konkludente Verzicht

Nach § 39 II UrhG darf ein Werknutzungsberechtigter ein Werk auch ohne Bearbeitungsrecht unter Einhaltung des Grundsatzes von Treu und Glauben ändern. § 39 II UrhG stellt damit eine gesetzliche Umschreibung des Umfanges eines konkludent bei der Einräumung eines Nutzungsrechts vereinbarten Rechtsausübungsverzichts dar. Der Nutzungsberechtigte darf das Werk ohne die Einholung einer besonderen Änderungserlaubnis in dem Umfange ändern, in dem dies zur Erreichung des mit der Rechtseinräumung verfolgten und für den Urheber erkennbaren *Nutzungszwecks* erforderlich ist. Entscheidend ist hierbei erneut die Branchen- und Betriebsübung der Werkänderung. Sind zur Erreichung des vereinbarten Nutzungszwecks kleinere Werkänderungen branchen- oder betriebsüblich, so gelten diese nach den oben dargelegten Grundsätzen[97] als durch den Urheber gestattet, es sei denn, der Urheber hat dem Werknutzer die Veränderungen ausdrücklich untersagt[98]. Regelmäßig zulässig ist daher beispielsweise
- die Kürzung von Zeitungsartikeln aus Platzgründen,
- die Streichung von Textpassagen eines Bühnenstückes aus Regie- oder Zeitgründen[99],
- Formatveränderungen aus drucktechnischen Gründen[100],
- Anpassungen von Werbeprospekten an die Marktlage[101],

---

95 *Schricker/Dietz* § 14,11; *Schricker,* FS-Hubmann, S.409.417.

96 Vgl. oben 3.Kap.,B,III,2,a.

97 3.Kap.,C,I,3,c.

98 *v.Gamm* § 14,9.

99 BGH GRUR 1971,35,37 - Maske in Blau.

100 Nicht jedoch, wenn keine zwingenden Gründe zur Veränderung der Druckvorlage vorliegen und die Gesamtwirkung des Werkes verändert wird; vgl. LG München I UFITA 57 (1970),339 - Plakatentwurf; s. auch schon RG GRUR 1929,508f - Lateinisches Übungsbuch.

101 LG München I Schulze LGZ 41.

- Filmschnitte zur Anpassung an Jugendschutzgesetze[102]
- oder dergleichen[103].

Die Grenze der Änderungsbefugnis nach § 39 II UrhG ist dann erreicht, wenn durch die Änderung der Aussagegehalt des Werkes berührt wird. Dies ist z.B. der Fall
- bei einer Streichung wesentlicher Passagen eines Artikels[104],
- bei einer bewußten "Verhohnepiepelung" eines Bühnenwerkes durch den Regisseur[105],
- bei einer wesentlichen Änderung eines Architektenentwurfs[106],
- bei einer Veränderung des Aussagegehalts eines Werbeplakats[107],
- bei einer Streichung der Filmmusik zu etwa zwei Dritteln[108],
- bei der Verwendung von unveränderter Musik in anstößigem Zusammenhang[109] oder in verzerrenden Teilausschnitten ("Scratching" oder "Sampling")[110]
- und dergleichen[111].

Entsprechende Grundsätze gelten nach § 62 UrhG für das Änderungsrecht eines gesetzlich Nutzungsberechtigten[112].

---

102 Beispiel von *v.Hartlieb*, Kap.63,16.

103 Weitere Beispiele bei *Bappert/Maunz/Schricker* § 13/§ 39 UrhG,11; *v.Gamm* § 39,9; *Möhring/Nicolini* § 39,9; *Schricker/Dietz* § 39,17ff und insbesondere *Schilcher* S.113ff.

104 RGZ 119,401-404f - Heizkissen; BGH GRUR 1954,80f - Astrologie-Artikel.

105 GRUR 1971,35,37 - Maske in Blau; siehe auch den von *Dietz* (ZUM 1993,309) angeführten Fall der Schleef-Inszenierung des Hochuth-Stückes "Wessis in Weimar".

106 BGH GRUR 1982,369,371 - Allwetterbad.

107 LG München I UFITA 57 (1970),339,341 - Plakatentwurf.

108 OLG München ZUM 1992,307,311 - Christoph Columbus.

109 LG Frankfurt FuR 1966,158,160 - Wochenend und Sonnenschein, dort für den Fall allerdings vom Gericht abgelehnt.

110 Vgl. *Schulze* ZUM 1993,255,266 mwN.

111 Z.B. die Untermalung eines Kriminalspieles durch Oscar-Wilde-Zitate (KG UFITA 59(1971),279,283 - Kriminalspiel); s. auch BGH GRUR 1974,675,676 - Schulerweiterungsbau, dort für das Verhältnis zwischen Urheber und Eigentümer.

112 Vgl. den Fall OLG Hamburg GRUR 1970,38 - Heintje, wo ein Schlagertext in leicht veränderter Weise zitiert wurde.

c) Zwischenergebnis für § 14 UrhG

(1) Werkänderungen durch einen Werknutzungsberechtigten sind unbeschränkt zulässig, wenn und soweit sie durch ein vertraglich vereinbartes Bearbeitungsrecht gedeckt sind.
(2) Werkänderungen durch einen Werknutzungsberechtigten ohne Bearbeitungsrecht sind nach § 39 II UrhG zulässig, wenn und soweit sie zur Erreichung eines vertraglich vereinbarten Nutzungszweckes branchen- oder betriebsüblich sind. Werkveränderungen, die die Aussage des Werkes verändern, sind regelmäßig branchenunüblich und bedürfen einer ausdrücklichen Gestattung.

IV. ERGEBNIS ZU C.

(1) Der Urheber kann auf die Ausübung seiner Urheberpersönlichkeitsrechte in den Grenzen des § 138 BGB verzichten. Der Umfang eines Verzichts ist durch Auslegung unter Berücksichtigung der Gestaltungshöhe des Werkes, der Schwere der Beeinträchtigung und der bestehenden Branchen- und Betriebsgewohnheiten zu ermitteln.
(2) Der Urheber kann in vollem Umfang auf sein Benennungsrecht nach § 13 UrhG verzichten. Nach der - wenig überzeugenden - herrschenden Meinung sind die Abwehrrechte, die dem Urheber nach § 13 UrhG zustehen, hingegen unverzichtbar.
(3) Der Urheber kann im vollen Umfang auf sein Werkschutzrecht nach § 14 UrhG verzichten.

4. KAPITEL: VERGLEICH UND AUSBLICK

A. Vergleich des Schutzes urheberpersönlichkeitsrechtlicher Interessen nach deutschem und amerikanischem Recht

I. GRUNDSÄTZLICHES

Im Gegensatz zum deutschen Recht weist das amerikanische Urheberrecht bis heute keinen umfassenden Urheberpersönlichkeitsschutz auf. Trotz der neu eingeführten urheberpersönlichkeitsrechtlichen Bestimmungen der Sec.106A CopA gilt auch heute noch der Grundsatz, daß die urheberpersönlichkeitsrechtlichen Interessen des Urhebers in den USA nicht durch das Urheberrecht, sondern durch außerhalb des Urheberrechts liegende Rechtsnormen und Rechtsgrundsätze - wie das Vertragsrecht, das Beleidigungsrecht, das Wettbewerbsrecht und das *right of privacy* - geschützt werden.

Aus der Anwendung einer solchen Vielzahl unterschiedlicher Rechtsgebiete auf ein so einheitliches Schutzinteresse wird deutlich, daß es im amerikanischen Recht weiterhin an einer dogmatischen Fundierung des Urheberpersönlichkeitsschutzes fehlt. Das amerikanische Recht verkennt, daß der Schutz der nicht-vermögensrechtlichen Interessen des Urhebers an seinem Werk eine spezifisch urheberrechtliche Aufgabe ist, die einer Regelung durch das Urheberrecht bedarf, und nicht durch Wettbewerbs-, Beleidigungs- oder Vertragsrecht ersetzt werden kann[1]. Die Anwendung so verschiedenartiger Rechtsgebiete auf ein so homogenes Schutzinteresse wie das des Urheberpersönlichkeitsrechts ist dogmatisch unbefriedigend.

Darüber hinaus liegt es schon bei einer rein äußerlichen Betrachtung auf der Hand, daß die Teilmengen aus Vertragsrecht, Wettbewerbsrecht, Beleidigungsrecht und *right of privacy*, die sich der amerikanische Urheber zum Schutze seiner geistig-persönlichen Interessen zunutze machen kann, kaum mit der Gesamtmenge eines einheitlichen Urheberpersönlichkeitsrechts identisch sein können. Das Vertragsrecht dient dem Vertrauen der Vertragsparteien in eine vormals getroffene

---

1 Ebenso *Kohs*, 40 Fed.Comm.L.J.1,32 (1987).

Abrede und damit dem Verkehrsschutz und nicht dem Persönlichkeitsschutz. Das Wettbewerbsrecht ist ein wirtschaftliches Rechtsgebiet und schützt nur vermögensrechtliche Interessen. Das Beleidigungsrecht und das *right of privacy* dienen zwar dem Schutz nicht-vermögensrechtlicher Interessen einer natürlichen Person. Schutzobjekt ist hier jedoch nicht die geistig-persönliche Beziehung einer Person zu ihrem Werk, sondern die Beziehung einer Person zu sich selbst. Keines dieser Rechtsgebiete gilt *per se* dem Schutz der persönlich-geistigen Beziehungen des Urhebers zu seinem Werk. Die angewandten Rechtsgrundsätze und -normen mögen daher zwar zum Teil Bereiche des urheberpersönlichkeitsrechtlichen Schutzinteresses mitabdecken. Dieser Schutz ist jedoch nur zufälliges Nebenprodukt und nicht intendierter Schutzzweck des geltend gemachten Rechts[2].

Die Tatsache, daß das amerikanische Recht weiterhin den spezifisch urheberrechtlichen Bezug des Urheberpersönlichkeitsschutzes nicht anerkennt und durch ein einheitliches, in sich stimmiges System von Rechten schützt, ist daher dogmatisch gesehen weiterhin höchst unbefriedigend. Das Fehlen eines solchen dogmatischen Fundaments im amerikanischen Recht wäre jedoch hinzunehmen, könnten Urheber in den USA über andere Rechtsgebiete einen praktisch gleichwertigen Rechtsschutz erreichen wie in den Ländern mit besonderem Urheberpersönlichkeitsrecht. Wie ein Vergleich der vorstehenden Rechtsschutzanalysen für Deutschland und die USA zeigt, ist dem jedoch nicht immer so:

II. *DAS VERÖFFENTLICHUNGSRECHT*

Wie dargestellt[3], kennt das amerikanische Urheberrecht kein besonderes urheberpersönlichkeitsrechtliches Erstveröffentlichungsrecht. Das Veröffentlichungsrecht wird vielmehr inzidenter durch die umfassende Gewährung von Verwertungsrechten mitgeschützt. Demgegenüber gewährt das deutsche Urhebergesetz dem Urheber in § 12 I UrhG zwar ein besonderes urheberpersönlichkeitsrechtliches Veröffentlichungsrecht. Die Analyse dieses Rechts ergab jedoch, daß ihm - bis auf die Fälle des § 121 VI UrhG - keine konstitutive, sondern nur deklaratorische Bedeutung zukommt und sich der dem Urheber gewährte Rechtsschutz dadurch nicht verbessert.

---

2 Dies betont auch *Kwall*, 38 Vanderbilt L.Rev. 1,23ff (1985).

3 S. oben 2.Kap.,B,I (für USA) und 3.Kap.,B,I (für Deutschland).

Im Ergebnis unterscheiden sich das deutsche und das amerikanische Recht daher zwar in der rechtstechnischen Ausgestaltung des Erstveröffentlichungsrechts, nicht jedoch in dem dadurch gewährten Schutzumfang. Beide Rechtssysteme schützen das Interesse des Urhebers, selbst über die Erstveröffentlichung seines Werkes zu entscheiden, umfassend, solange der Urheber unbeschränkter Inhaber sämtliche Verwertungsrechte ist. In beiden Rechtsordnungen verliert der Urheber sein Erstveröffentlichungsrecht mit der Einräumung von Nutzungsrechten bzw. mit der Übertragung des Urheberrechts. Er kann sich in diesem Fall sein Erstveröffentlichungsrecht nur durch vertragliche Abreden vorbehalten. Das besondere Veröffentlichungsrecht des § 12 I UrhG bewirkt somit - mit Ausnahme der Fälle des § 121 VI UrhG - keine Besserstellung des Urhebers in Deutschland gegenüber seinem Kollegen in den USA.

III. DAS RECHT AUF ANERKENNUNG DER URHEBERSCHAFT

1.) Urheber von works of visual art

Urheber von *works of visual art* sind heute in Deutschland durch § 13 UrhG und in den USA durch Sec.106A(a)(1)(A) CopA gleichermaßen umfassend in ihrem Interesse an der Anerkennung der Urheberschaft geschützt[4]. Angesichts der umfangreichen deutschen Diskussion um die Verzichtbarkeit des Rechts auf Anerkennung der Urheberschaft erscheint hier die in Sec.106A(e) CopA getroffene amerikanische Regelung interessant, nach welcher der Urheber auf die durch Sec.106A(a) CopA gewährten Rechte nur durch Abgabe einer spezifizierten schriftlichen Verzichtserklärung verzichten kann. Hierauf soll weiter unten noch ausführlicher eingegangen werden[5].

2.) Urheber anderer Werke

a) Die positiven Rechte des Urhebers

Andere Urheber als Urheber von *works of visual art* können sich in den USA zur Durchsetzung ihres Interesses auf Anerkennung der Urheberschaft, insbesondere

---

4 Vgl. für Deutschland 3.Kap.,B,II, für die USA 2.Kap.,C,II,1.

5 S. unten 4.Kap.,I,2.

des Benennungsrechts, weiterhin auf eine ausdrückliche oder konkludente Vereinbarungem im Lizenzvertrag berufen[6]. Solche Vereinbarungen sind allerdings auch gegenüber Rechtsnachfolgern des Vertragspartners durchsetzbar[7]. Demgegenüber besteht in Deutschland nach § 13 S.2 UrhG ein allgemeines gesetzliches Recht des Urhebers auf Namensnennung für jeden Fall der Werknutzung[8]. Auf den ersten Blick scheint damit die Rechtsstellung des Urhebers in Deutschland daher gegenüber seinem amerikanischen Kollegen erheblich stärker zu sein. Während er hier ein umfassendes gesetzliches Recht auf Namensnennung hat, muß sich jener seine Rechte durch vertragliche Abreden sichern. Angesichts dieser rein vertraglichen Rechtsnatur ist für die USA zu fragen, ob insoweit überhaupt von der Existenz eines *right of paternity* gesprochen werden kann.

Diese verschiedenen Ausgangssituationen relativieren sich jedoch erheblich, berücksichtigt man, daß es auch in Deutschland bei der Geltendmachung des Rechts auf Anerkennung der Urheberschaft entscheidend auf die Ausgestaltung des urheberrechtlichen Lizenzvertrages ankommt: Ist die Benennung des Urhebers bei einer bestimmten Art der Werknutzung branchenunüblich, so verzichtet der Urheber bei der Gestattung einer solchen Werkverwertung konkludent auf sein Benennungsrecht, es sei denn, er behält sich dieses im Lizenzvertrag ausdrücklich vor[9]. Im Ergebnis kommt es dahert *sowohl* in Deutschland *als auch* in den USA bei der Geltendmachung des Benennungsrechts entscheidend auf die vertragliche Ausgestaltung des der Verwertung zugrunde liegenden urheberrechtlichen Lizenzvertrages an - und zwar unter entgegengesetzten rechtlichen Gesichtspunkten: In den USA ist die Auslegung des Lizenzvertrages von *konstitutiver* Bedeutung, da das Benennungsrecht des Urhebers nur vertraglicher Natur sein kann. In Deutschland ist sie hingegen von *rechtsvernichtender* Bedeutung, da dem Urheber die Ausübung seines Benennungsrechts möglicherweise durch die Erklärung eines Rechtsausübungsverzichts genommen ist.

Die unterschiedlichen Ausgangspositionen nähern sich weiter an durch die Tatsache, daß sowohl nach amerikanischem Recht als auch nach deutschem Recht *konkludente* Vereinbarungen über das Benennungsrecht bzw. dessen Verzicht möglich sind. Daher kann in den USA trotz eines insoweit schweigenden Ver-

---

6 S. oben 2.Kap.,B,II,2.

7 Vgl. die *Gilliam*-Rechtsprechung oben 2.Kap.,B,III,2,a,cc.

8 S. oben 3.Kap.,B,II,1.

9 S. oben Kap.3,C,III,1,a.

trages ein Benennungsrecht konkludent vereinbart[10], in Deutschland ein solches konkludent ausgeschlossen sein[11]. Damit weichen die in der Praxis gewonnen Rechtsschutzergebnisse weit weniger voneinander ab, als dies die gesetzlichen Vorgaben erwarten lassen. Über das Bindeglied der Vertragsauslegung werden die verschiedenen gesetzlichen Ansätze weitgehend einander angenähert. Hinsichtlich des Benennungsrechts ist es daher im Ergebnis für den amerikanischen Urteil von Vorteil - für den deutschen von Nachteil -, daß der Werknutzer - und damit potentielle Namensrechtsverletzer - stets unmittelbar oder mittelbar durch vertragliche Beziehungen mit dem Urheber verbunden ist[12]. Dieses vertragliche Band wirkt für den amerikanischen Urheber rechtsschutzerhöhend, für den deutschen rechtsschutzreduzierend.

Es kommt damit sowohl in den USA als auch in Deutschland bei der Ausübung des Benennungsrechts in erster Linie und entscheidend auf die Ausgestaltung des urheberrechtlichen Verwertungsvertrages an. Der Vorteil des besonderen gesetzlichen Benennungsrechts in Deutschland reduziert sich damit auf schlichte Beweisanforderungs- und Beweislastfragen. Während in den USA der Urheber die - möglicherweise konkludente - Vereinbarung eines Benennungsrechts im Lizenzvertrag beweisen muß, ist es in Deutschland Sache des Werknutzers nachzuweisen, daß der Urheber auf die Ausübung seiner gesetzlich gewährten Rechte - möglicherweise konkludent - vertraglich verzichtet hat. Die erheblichen Auswirkungen, die von diesem Beweislastunterschied in der Praxis ausgehen, sollen hier nicht verkannt werden. Festzuhalten bleibt jedoch, daß die Möglichkeit des vertraglichen Rechtsausübungsverzichts den scheinbar absoluten Geltungsanspruch des § 13 UrhG erheblich relativiert.

b) Die Abwehrrechte des Urhebers

Hinsichtlich der negativen Aspekte des Rechts auf Anerkennung der Urheberschaft erfahren Urheber in den USA und Deutschland einen ähnlich umfassenden Rechtsschutz.

---

[10] *Clemens v. Press Publishing Co.*, 76 Misc.813, 122 N.Y.S.206 (N.Y.Supr.Ct. 1910); s. dazu oben Kap.2,B,II,2,a,aa.

[11] S. oben Kap.3,C,III,1,a.

[12] Wie zu sehen sein wird, ist dies z.B. hinsichtlich des Rechts auf Werkintegrität nicht immer der Fall; vgl. unten Kap.4,A,,III,2,a und b.

Das Recht der Urhebers, eine Anmaßung der Urheberschaft durch Dritte zu untersagen, ergibt sich im amerikanische Recht aus Sec.43(a) Lanham Act[13], in Deutschland aus § 13 S.1 UrhG[14]. Das Recht, ein Bestreiten der Urheberschaft abzuwehren, ist bislang weder in Deutschland noch in den USA Gegenstand einer gerichtlichen Entscheidung gewesen. Nach einhelliger Meinung in der Literatur wird dieses Recht jedoch in Deutschland als Teil des allgemeinen Rechts auf Anerkennung der Urheberschaft nach § 13 S.1 UrhG geschützt[15]. In den USA kommt insbesondere eine Klage wegen *disparagement* in Betracht[16].

Der Unterschied zwischen dem deutschen und dem amerikanischen Recht liegt hier vor allem darin, daß den Abwehrrechten des Urheber in den USA - mit Ausnahme des Beleidigungsrechts - ein persönlichkeitsrechtlicher Einschlag fehlt. Die Rechtsgebiete, auf die sich der Urheber zum Schutz seines *paternity interest* berufen kann, dienen nicht dem Schutz der Urheberpersönlichkeit, sondern haben wirtschaftsrechtlichen Charakter. Aus diesem Grunde ist die Rechtsstellung des Urhebers nach amerikanischem Recht frei verzichtbar, während nach der herrschenden deutschen Lehre auf die Geltendmachung der Abwehrrechte des § 13 UrhG nicht verzichtet werden kann. Praktisch relevant wird dieser Unterschied bei der rechtlichen Behandlung von Ghostwriter-Verträgen. Während Namensabreden im Rahmen von Ghostwriter-Verträgen in den USA ohne weiteres wirksam sind, gelten sie nach der herrschenden Meinung in Deutschland als Verletzung des Kernbereiches des Urheberpersönlichkeitsrechtes und sind in weitem Umfange unwirksam[17]. Der persönlichkeitsrechtlich ausgerichtete Urheberschutz des deutschen Urheberrechts erweist sich hier - insbesondere für Verfasser von fremden Autobiographien - als urheberunfreundlich und sollte neu überdacht werden[18]. Über den Fall des Ghostwriters hinaus bestehen hinsichtlich der negativen Komponenten des Rechts auf Anerkennung der Urheberschaft keine wesentlichen Unterschiede zwischen dem deutschen und dem amerikanischen Recht.

---

13 Vgl. oben 2.Kap.,B,II,2,b,aa und 2,a,cc.

14 3.Kap.,B,II,2.

15 Vgl. oben 3.Kap.,B,II,2.

16 Vgl. oben 2.Kap.,B,II,2,b,bb.

17 Vgl. oben 3.Kap.,C,III,1,b.

18 Vgl. dazu bereits oben 3.Kap.,C,III,1,b.

3.) Zwischenergebnis hinsichtlich des Rechts auf Anerkennung der Urheberschaft

(1) Urheber von *works of visual art* sind in Deutschland und den USA in etwa gleichem Umfange in ihrem *paternity interest* geschützt.
(2) Was das Benennungsrecht des Urhebers betrifft, so gewährt § 13 S.2 UrhG dem Urheber in Deutschland ein umfassendes Recht auf Namensangabe bei jeder urheberrechtlichen Nutzung seines Werkes. In den USA kann sich hingegen ein Benennungsrecht nur aus konkludenten oder ausdrücklichen Vertragsvereinbarungen ergeben. Da der Urheber in Deutschland jedoch auf seine gesetzlich gewährten Rechte verzichten kann, kommt es im Ergebnis bei der Geltendmachung des Benennungsrechts sowohl in den USA als auch in Deutschland auf die Auslegung des jeweiligen Lizenzvertrages an.
(3) Das Recht des Urhebers, ein Bestreiten seiner Urheberschaft oder die Anmaßung der Urheberschaft durch Dritte abzuwehren, ist in Deutschland und den USA etwa gleich umfassend geschützt. Ein Unterschied besteht hier nur bezüglich der Verzichtbarkeit des Rechts.

IV. DAS RECHT AUF WERKINTEGRITÄT

1.) Urheber von works of visual art

Urheber von *works of visual art* erfahren in den USA seit Inkrafttreten des VARA einen umfassenden Schutz ihres Integritätsinteresses[19]. Der nach Sec.106A(a)(3)(A) und (B) CopA erreichbare Schutz entspricht im wesentlichen dem deutschen Werkschutzrecht des § 14 UrhG und weicht nur in einigen Detailfragen von diesem ab:

a) Sec.106A(a)(3)(A) CopA beschränkt seinen Schutz wie Art.6bis RBÜ auf solche Werkänderungen, die für Ruf oder Ansehen des Urhebers nachteilig sein können. Im Gegensatz dazu schützt § 14 UrhG den Urheber gegen Werkänderungen, die geeignet sind, "seine ... geistigen oder persönlichen Interessen am Werk zu gefährden". Durch diese Wiederaufnahme der Formulierung des § 11 UrhG drückt das deutsche Gesetz aus, daß es ihm weniger auf den Schutz der beruflichen oder

---

19 S. oben 2.Kap.,B,III,1.

gesellschaftlichen Stellung des Urhebers als auf den Schutz der schöpferischen Beziehung Urheber-Werk ankommt[20]. § 14 UrhG stellt sich somit als ein echtes Urheberpersönlichkeitsrecht dar, während Sec.106A(a)(3)(A) CopA den urheberpersönlichkeitsrechtlichen Schutz mit dem allgemeinen Persönlichkeitsschutz des Urhebers vermengt. Diese Vermischung ist dogmatisch unbefriedigend, da das Integritätsinteresse der Urhebers - wie eingangs festgestellt[21] - bei allen Werkveränderungen betroffen ist und nicht nur bei solchen, die seinen Ruf oder sein Ansehen beeinträchtigen.

Praktisch wirkt sich dieser Unterschied zwischen dem deutschen und dem amerikanischen Werkschutzrecht allerdings nur in zwei Fällen aus: Zum einen werden solche Werkveränderungen, die im Privaten unter Ausschluß der Öffentlichkeit vorgenommen werden, nur vom deutschen[22], nicht jedoch vom amerikanischen Recht erfaßt. Denn eine private Werkveränderung verletzt zwar die ideellen Interessen des Urhebers an seinem Werk[23], nicht jedoch den Ruf oder das Ansehen des Urhebers. Zum anderen ließe sich nach amerikanischem Recht argumentieren, daß solche Werkveränderungen, die das Werk in den Augen der Öffentlichkeit verbessern, nicht von Sec.106A(a)(3)(A) CopA erfaßt werden, da durch sie Ruf oder Ansehen des Urhebers eher gefördert als beeinträchtigt werden. Ob die amerikanische Rechtsprechung einer solchen Argumentation folgt oder ob sie darauf abstellt, wie der Künstler sich und sein Werk in der Öffentlichkeit präsen-

---

20 Dies drückt auch die Begründung zum Regierungsentwurf aus: Durch diese Abweichung vom Wortlaut des Art.6bis RBÜ "soll klarer zum Ausdruck gebracht werden, daß nicht an den allgemeinen Persönlichkeitsschutz gedacht ist, sondern an den Schutz des geistigen und persönlichen Bandes, das zwischen dem Urheber und seinem Werk besteht." (BT-Drucks.IV/270, S.45).

21 S. oben 1.Kap.,VI.

22 Allerdings wird in den meisten Fällen eines privaten Werkeingriffes auch nach deutschem Recht der Eingriff letztendlich zulässig sein, wenn dem vergleichsweise geringen Eingriff in die Interessen des Urhebers ein nur irgendwie berechtigtes Interesse des Werkverletzers an der Werkänderung entgegensteht. Dies gilt jedoch nicht immer: Gerade in dem Bereich der *works of visual art* ist das Schutzinteresse des Urhebers wegen der besonderen Gestaltungshöhe und der Einmaligkeit der Werke besonders hoch, so daß nach deutschem Recht auch bei einem privaten Werkeingriff nicht nur irgendein, sondern ein einigermaßen bedeutendes Gegeninteresse des Werkverletzers bestehen muß, damit der Werkeingriff zulässig wird.

23 S. oben B,VI.

tiert sehen möchte[24], bleibt abzuwarten. Immerhin birgt die Formulierung der Sec.106A(a)(3)(A) CopA die Gefahr, daß amerikanische Gerichte keinen Werkschutz gegen "objektive" Werkverbesserungen gewähren werden.

b) Urheber von *works of visual art* sind in den USA gemäß Sec.106A(a)(3)(B) CopA gegen eine Zerstörung ihrer Werke geschützt. In Deutschland hält die Rechtsprechung hingegen bislang an ihrer Auffassung fest, daß Werkzerstörungen von § 14 UrhG nicht erfaßt werden. Wie bereits dargestellt[25], ist diese Auffassung abzulehnen. Gesetzeswortlaut und Gesetzeszweck sprechen dafür, daß § 14 UrhG auch gegen Werkvernichtungen schützt, bei denen das Erhaltungsinteresse des Urhebers gegenüber dem Vernichtungsinteresse des Werkeigentümers überwiegt. Dies wird vor allem dann der Fall sein, wenn es sich um Werkoriginale ohne Gebrauchszweck handelt, d.h. in den meisten Fällen um *works of visual art* im Sinne der Definition der Sec.101 CopA[26]. Bei einer solchen Auslegung des § 14 UrhG weicht das amerikanische Recht nur insofern vom deutschen Recht ab, als es seinen Zerstörungsschutz auf *works of recognized stature* beschränkt[27].

c) Aus deutscher Sicht interessant ist die Regelung, die das amerikanische Recht zur Lösung des Konflikts zwischen den Gebrauchsinteressen eines Gebäudeeigentümers und den Werkschutzinteressen des Urhebers eines mit diesem Gebäude verbundenen Werkes trifft[28]. Nach der durch den VARA neu eingefügten Sec.113(d) CopA dürfen Werke, die unlösbar mit dem Gebäude verbunden sind, stets, andere nur nach einem Rückgabeangebot an den Urheber vom Gebäude

---

[24] Immerhin betont auch der *House Report*, daß der Prüfungsmaßstab bei Sec.106A(a)(3)(A) CopA nicht der gleiche sei wie bei persönlichkeitsrechtlichen Beleidigungsfällen: "... the best approach to construing the term "honor or reputation" ... ist to focus on the artistic or professional honor or reputation of the individual *as embodied in the work that is protected*. The standard used is not analogous to that of a defamation case, where the general character of the plaintiff is at issue." (*House Report* No.101-514, S.16, Hervorhebungen vom Verf.).

[25] S. oben 3.Kap.,B,III,1.

[26] Allerdings nicht ausschließlich; so könnten z.B. auch Einzelstücke aus anderen Werkbereichen als der bildenden Kunst von einem Vernichtungsverbot erfaßt werden, z.B. Manuskripte bedeutender Autoren (vgl. *Schricker/Dietz* § 14,38; *Schöfer* S.156).

[27] Zur Kritik dieses Qualitätskriteriums s. oben 2.Kap.,B,,III,1,b.

[28] S. 2.Kap.,B,III,1,c.

entfernt werden. Mit der Aufstellung einer entsprechenden Mitteilungs- und Rückgabepflicht führt das amerikanische Gesetz eine Regelung ein, die in Deutschland bislang nur in der Literatur erwogen wird[29]. Sie erscheint insgesamt gelungen: In den Fällen von an Gebäuden angebrachten Kunstwerken überwiegen die Gebrauchsinteressen des Gebäudeeigentümers regelmäßig das Werkschutzinteresse des Urhebers[30]. Denn die am Gebäude angebrachten Werke sind nicht Zweck, sondern Beiwerk des Gebäudes und müssen sich daher dessen Gebrauchsfunktion unterordnen. Der Urheber eines an einem Gebäude angebrachten Werkes kann daher niemals einen Umbau des Gebäudes insgesamt unter Berufung auf sein Werkschutzrecht verhindern. Kann das Gebäude nur unter Zerstörung seines Werkes umgebaut werden, so erscheint es konsequent, dem Urheber jedes Widerspruchsrecht hiergegen zu untersagen. Kann das Werk des Urhebers hingegen erhalten werden, so ist es angemessen, dem Gebäudeeigentümer die Pflicht aufzubürden, bei der Verfolgung seines Gebrauchsinteressen auf die Interessen des Urhebers Rücksicht zu nehmen. Er darf das Werk erst dann zerstören, wenn er dem Urheber erfolglos die Rücknahme angeboten hat.

Die in Sec.113(d) CopA getroffene Konfliktlösung läßt sich auf sämtliche Fälle einer Werkzerstörung übertragen. Immer dann, wenn das Zerstörungsinteresse des Eigentümers höher zu bewerten ist als das Erhaltungsinteresse des Urhebers und der Eigentümer daher das Werk ohne Verletzung des Werkschutzrechtes vernichten darf, ist es dem Eigentümer zuzumuten, dem Urheber vor der Zerstörung das Werk zur Rücknahme anzubieten. Diese Pflicht ist Ausfluß der gesetzlichen Rücksichtnahmepflicht zwischen Werkeigentümer und Werkurheber, nach welcher der Eigentümer seine Rechte nur unbeschadet des Werkschutzrechtes des Urhebers ausüben darf. Die in Sec.113(d) CopA getroffene Regelung ist daher ohne weiteres auf das deutsche Recht übertragbar. Auch ist die Einführung eines Urheberregisters, wie es Sec.113(d)(3) CopA vorsieht, bereits für das deutsche Recht vorgeschlagen worden[31]. Der amerikanische Gesetzgeber hat damit insgesamt in Sec.113(d) CopA eine angemessene Interessenabwägung zwischen dem Gebrauchsinteressen des Gebäudeeigentümers und den Werkschutzinteressen des Urhebers gefunden, die sich auch für das deutsche Recht anbietet.

---

29 *Schricker/Dietz* § 14,49; *Schöfer* S.160ff; *Movsessian* UFITA 95(1983),77,84f; *Schack* GRUR 1983,56,57.

30 So auch *Schricker/Dietz* § 14,40 mit dem Beispielsfall LG München I FuR 1982,510 - Hajek/ADAC I.

31 *Schöfer* S.165; positiv dazu *Schricker/Dietz* § 14,39.

2.) Andere Urheber

Andere Urheber als Schöpfer von *works of visual art* sind in den USA durch den Copyright Act nur so lange gegen Werkveränderungen geschützt, wie sie Inhaber des Copyrights, insbesondere ihres Bearbeitungsrechts nach Sec.106(2) CopA sind. Übertragen sie ihr Copyright auf Dritte oder waren sie wegen der *work made for hire*-Doktrin niemals Inhaber des Copyrights, so können sie sich zum Schutze ihrer Werke nur auf Rechtsnormen außerhalb des Urhebergesetzes berufen[32]. Der dadurch erreichbare Werkschutz ähnelt in einigen Teilen dem Schutz nach § 14 UrhG, in anderen Bereichen weicht er wesentlich von diesem ab. Zu unterscheiden sind dabei
a) der Schutz gegen Werkveränderungen durch einen Werknutzungsberechtigten,
b) der Schutz gegen Werkveränderungen durch einen Werkeigentümer.

a) Schutz gegen Werkveränderungen durch Werknutzungsberechtigte

Der Werkschutz des Urhebers gegenüber Werknutzungsberechtigte in den USA ähnelt in weiten Teilen dem nach dem deutschen Recht erreichbaren Schutz. Dem Urheber kommt hier zugute, daß alle Werknutzungsberechtigten letztendlich über eine mal mehr, mal weniger lange Kette von Vertragsschlüssen ihr Werknutzungsrecht von dem Urheber ableiten. Damit wird sowohl in Deutschland als auch in den USA die Vertragsauslegung zu dem entscheidenden Schlüssel bei der Durchsetzung eines Werkschutzrechtes gegenüber dem Werknutzungsberechtigten - in Deutschland wegen der Zulässigkeit einer vertraglichen Änderungsbewilligung nach § 39 I UrhG, in den USA wegen der Möglichkeit einer eingeschränkten Copyright-Übertragung und dessen Durchsetzung gegenüber Dritten.

(1) Gestattet der Urheber einem Werknutzer die Bearbeitung seines Werkes, so hängt sein Werkschutzrecht sowohl in Deutschland als auch in den USA von der Reichweite des eingeräumten Bearbeitungsrechts ab. Für das deutsche Recht gilt dabei, daß der Urheber solche Veränderungen, die zur Erreichung des Bearbeitungszwecks notwendig und üblich sind, hinnehmen muß. Änderungen des Werkcharakters oder grobe Entstellungen kann er hingegen grundsätzlich untersagen[33].

---

32 S. oben 3.Kap.,B,III,2.

33 Vgl. dazu oben 3.Kap.,C,III,2,a. - Aus der Rspr.: RGZ 151,50 - Babbit-Übersetzung (Änderungen an einer Buchübersetzung); BGH GRUR 1971,269 - Das zweite Mal (Herstellung eines (Fortsetzung...)

Nichts anderes gilt für die Rechtslage in den USA: Auch hier darf der Inhaber eines Bearbeitungsrechts grundsätzlich nur solche Veränderungen vornehmen, die zur Erreichung des vereinbarten Bearbeitungszwecks notwendig und üblich sind. *Substantial alterations* und Änderungen des Gesamtcharakters des Werkes sind durch das Bearbeitungsrecht regelmäßig nicht gedeckt und daher unzulässig[34].
In beiden Ländern stellt eine Überschreitungen des Bearbeitungsrechts eine Urheberrechtsverletzung dar. Hat der Werknutzer sein Werknutzungsrecht vom Urheber erworben, so stellt die unzulässige Bearbeitung zugleich eine Vertragsverletzung dar. Der Schutz des Urheber gegen Werkänderungen eines Werknutzers mit Bearbeitungsrecht entspricht sich daher in beiden Ländern vollständig.

(2) Gestattet der Urheber einem anderen die Werknutzung ohne ausdrückliche Einräumung eines Bearbeitungsrechts, so richtet sich der Schutz des Urhebers in Deutschland nach § 39 II UrhG. Werkänderungen, zu denen der Urheber nach Treu und Glauben seine Zustimmung nicht versagen kann, sind zulässig. Hierbei ist insbesondere der Zweck der Werknutzung zu berücksichtigen. Änderungen sind zulässig, solange sie zur Erreichung des vereinbarten Nutzungszwecks erforderlich oder nach den auch für den Urheber erkennbaren Branchengepflogenheiten üblich sind. Änderungen darüber hinaus sind unzulässig und können vom Urheber untersagt werden[35]. Nichts anderes gilt in den USA: Überträgt der Urheber ei-

---

33 (...Fortsetzung)
Films unter Abweichung von der Buchvorlage); BGH GRUR 1986,458 - Oberammergauer Passionsfestspiele (Veränderungen an einem Bühnenbild); OLG München GRUR 1986,460 - Die unendliche Geschichte (Herstellung eines Film unter Abweichung von der Buchvorlage).

34 S.o. 2.Kap.,B,III,2,a,bb. - Aus der Rspr.: *Curwood v. Affiliated Distributors, Inc.*, 283 Fed.219 (S.D.N.Y. 1922) (unzulässige Herstellung eines Filmes unter erheblicher Abweichung von der Buchvorlage); *Gilliams v. American Broadcasting Companies, Inc.*, 538 F.2d 14, 192 USPQ 1 (2d Cir. 1976) (unzulässige Änderungen an einem Film unter erheblicher Abweichung von der Buchvorlage); *Manners v. Famous Players-Lasky Corp.*, 262 Fed.811 (S.D.N.Y. 1919) (zulässige Herstellung eines Filmes unter leichter Abweichung von Buchvorlage); *Packard v. Fox Film Corp.*, 207 App.Div.311, 202 N.Y.S.164 (N.Y.App.Div. 1923) (unzulässige Herstellung eines Filmes unter erheblicher Abweichung von der Buchvorlage); *Seroff v. Simon & Schuster, Inc.*, 6 Misc.2d 383, 162 N.Y.2d 770, 113 USPQ 388 (N.Y.Sup.Ct. 1957) (Abweichungen bei einer Buchübersetzung).

35 S.o. 3.Kap.,C,III,2,b. - Aus der Rspr.: RG GRUR 1929,508 - Lateinische Übungsbuch (unzulässige Änderung der Druckart); BGH GRUR 1954,80 - Astrologischer Artikel (unzulässige Änderungen an einem Artikel); OLG Frankfurt GRUR 1976,199 - Götterdämmerung (unzulässige Änderungen an einer Inszenierung); LG Frankfurt FuR 1966,158 - Wochenend und Sonnenschein (zulässige Anpassung eines Musikstückes an Werbezweck); LG München I UFITA 57(1970),339 - Plakatentwurf (unzulässige Änderungen an einem Plakat).

nem Werknutzer das zu einer bestimmten Nutzung erforderliche Verwertungsrecht, so sind nach der Rechtsprechung solche Werkänderungen zulässig, die nach dem Nutzungszweck erforderlich und nach den Branchengewohnheiten üblich sind[36]. Werkveränderungen, die über das branchenübliche Maß hinausgehen, kann der Urheber untersagen[37].
Auch bei Werkveränderungen durch Werknutzungsberechtigte ohne Bearbeitungsrecht kommt es daher entscheidend auf die Auslegung der vertraglichen Vereinbarung an. Diese ist auszulegen unter Berücksichtigung des Parteiwillens - d.h. des vereinbarten Nutzungszwecks - sowie der einschlägigen Verkehrssitte - d.h. den Branchengepflogenheiten. Stellt sich heraus, daß nach dem Inhalt des Vertrages die Änderung des Werknutzungsberechtigten nicht gestattet war, so stellt die Werkänderung in Deutschland und den USA eine Urheberrechtsverletzung dar. Hat der Werknutzer sein Nutzungsrecht vom Urheber erworben, so stellt die Überschreitung des Nutzungsrechts zugleich eine Vertragsverletzung dar.

Gegenüber Werknutzern ohne Bearbeitungsrecht unterscheiden sich die Werkschutzmöglichkeiten des Urhebers in Deutschland daher ebenfalls nicht von denen seines Kollegen in den USA. Entscheidend ist in beiden Ländern eine Auslegung der urheberrechtlichen Lizenzverträge. Änderungen, die nicht durch das vom Urheber eingeräumte Recht zur Werknutzung gedeckt sind, sind unzulässig und können untersagt werden. Die ausdrückliche gesetzliche Festlegung von Werkschutzrechten in den §§ 14, 39, 62 UrhG ist daher für den Urheber in Deutschland im Verhältnis zum berechtigten Werknutzer ohne wesentlichen Vorteil[38].

---

36 S. oben 2.Kap.,B,III,2,a,bb. - Aus der Rspr.: *Autry v. Republic Productions, Inc.*, 213 F.2d 667, 101 USPQ 478 (9th Cir. 1954) (zulässige Anpassung eines Filmes an Fernsehauswertung); *Chesler v. Avon Book Division, Hearst Publications, Inc.*, 76 Misc.2d 1048, 352 N.Y.S.2d 552, 181 USPQ 658 (N.Y.Sup.Ct. 1973) (unzulässige Änderungen bei der Herstellung einer Taschenbuchversion eines Buches; allerdings kein Untersagungsrecht des Autors, sondern nur *disclaimer*); *Jaeger v. American International Pictures, Inc.*, 330 F.Supp.274, 169 USPQ 668 (S.D.N.Y. 1971) (möglicherweise unzulässige wesentliche Änderungen bei der amerikanischen Filmauswertung eines deutschen Films); *Preminger v. Columbia Pictures Corp.*, 49 Misc.2d 363, 167 N.Y.S.2d 594, 148 USPQ 398 (N.Y.Sup.Ct. 1966) (zulässige Anpassung eines Filmes an Fernsehauswertung); *Stevens v. National Broadcasting Company*, 148 USPQ 755 (Ca.Sup.Ct. 1966) (zulässige Anpassung eines Filmes an Fernsehauswertung).

37 Aus der Rspr.: *Preminger v. Columbia Pictures Corp.*, 49 Misc.2d 363, 267 N.Y.S.2d 594, 148 USPQ 398 (N.Y.Sup.Ct. 1966).

38 Allerdings sind auch hier die Vorteile des deutschen Urhebers bei der Prozeßführung (Beweisanforderungen und Beweislast) zu beachten; vgl. dazu bereits oben Kap.4,A,II,2,1 und unten 4.Kap.,B,II,2,b.

b) Schutz gegen Werkveränderungen durch den Eigentümer eines Werkstücks

Anders sieht dies aus hinsichtlich des Verhältnisses zwischen dem Urheber und dem Eigentümer eines Werkstückes.
In Deutschland stehen sich hier das gesetzliche Gebrauchsrecht des Eigentümers (§ 903 BGB) und das gesetzliche Werkschutzrecht des Urhebers (§ 14 UrhG) gleichrangig gegenüber. Es besteht eine gegenseitige Rücksichtnahmepflicht: Der Eigentümer darf sein Eigentumsrecht nur unbeschadet des Urheberrechts, der Urheber sein Urheberrecht nur unbeschadet des Eigentumsrechts ausüben. Die Zulässigkeit einer Werkänderung durch den Eigentümer bestimmt sich nach der Interessenabwägung im Einzelfall analog § 39 II UrhG. An die Stelle des bei Nutzungsverträgen gemäß § 39 II UrhG zu berücksichtigenden Nutzungszwecks tritt bei der analogen Anwendung des § 39 II UrhG auf Werkeigentümer der Gebrauchszweck des Werkes. Grundsätzlich sind Werkänderungen aus Gebrauchsgründen zulässig, aus ästhetischen Gründen hingegen unzulässig[39].

Auch das amerikanische Recht gewährt dem Eigentümer ein umfassendes Gebrauchsrecht an den ihm gehörenden Gegenständen. Ein dem deutschen § 14 UrhG entsprechendes allgemeines Werkschutzrecht kennt das amerikanische Recht indes nicht. Das Eigentumsrecht des Werkeigentümers ist daher nicht schon von Gesetzes wegen durch das Werkschutzrecht des Urhebers beschränkt. Es kann nur durch besondere vertragliche Abreden beschränkt werden[40].
Ausdrückliche Werkschutzklauseln werden zwischen einem Urheber und einem Werkeigentümer in der Regel nicht getroffen. Möglich wäre es, analog zum Verhältnis Urheber-Werknutzungsberechtigter im Werkkaufvertrag eine konkludente Abrede dahingehend anzunehmen, daß der Eigentümer das Werk nur im üblichen Maße, nicht jedoch darüber hinaus gebrauchen darf. Eine solche Annahme scheint sogar deswegen naheliegend, weil der Kaufvertrag über ein Werkstück dem Eigentümer zwar das Recht zum Besitz, nicht jedoch ein urheberrechtliches Nutzungsrecht am Werk gewährt[41]. Wenn also in einem urheberrechtlichen Nutzungsvertrag konkludent das Verbot enthalten ist, Veränderungen über das

---

39 Vgl. hierzu oben 3.Kap.,B,III,2,b.

40 Vgl. *Crimi v. Rutgers Presbyterian Church*, 194 Misc.570,576f, 89 N.Y.S.2d 813 (N.Y.Sup.Ct. 1949).

41 Sec.202 CopA stellt ausdrücklich fest: "Transfer of ownership of any material object ... does not itself convey any rights in the copyrighted work embodied in the object." Ähnlich § 44 I UrhG: "Veräußert der Urheber das Original des Werkes, so räumt er damit im Zweifel dem Erwerber ein Nutzungsrecht nicht ein."

übliche Maß hinaus vorzunehmen, dann - so könnte man argumentieren - müßte dies bei anderen Verträgen, die dem Vertragspartner des Urhebers überhaupt kein Nutzungsrecht gewähren, erst recht so sein.

Eine solche Konstruktion eines konkludent vereinbarten Änderungsverbotes zwischen Urheber und Eigentümer ist jedoch bislang von keinem amerikanischen Gericht erwogen worden - und dies zu Recht. Denn das Eigentumsrecht am materiellen Werkstück ist streng von dem Copyright am immateriellen Werk zu unterscheiden. Der Eigentümer leitet sein Recht, das Werkstück zu nutzen, nicht wie der Werknutzer aus dem Copyright am Werk, sondern aus dem Eigentumsrecht am Werkstück ab. Dieses materielle Eigentumsrecht am Werkstück ist im Gegensatz zum Copyright, das vom Urheber gegenüber Dritten beliebig geteilt und beschränkt werden kann, grundsätzlich unbeschränkt. Es kann zivilrechtlich nur durch die Einräumung einer dinglichen Belastung zugunsten Dritter beschränkt werden. Es wäre realitätsfern, wollte man in jedem Übereignungsvertrag über ein Werkstück zugleich die Vereinbarung einer dinglichen Belastung sehen, nach welcher der Eigentümer das Werkstück nur entsprechend dem üblichen Gebrauchszweck nutzen dürfe. Und abgesehen davon, wie sollte eine solche "Belastung" rechtlich zu qualifizieren sein ?

Das aus dem Eigentumsrecht fließende Gebrauchsrecht des Werkstückeigentümers ist in den USA daher grundsätzlich unbeschränkt. Der Urheber kann sein Werk allenfalls durch das Treffen einer schuldrechtlichen Abrede schützen, nach welcher der Eigentümer das Werkstück nur entsprechend dem üblichen Gebrauchszweck benutzen darf. Für das Vorliegen einer solchen Vereinbarung müssen jedoch konkrete Anhaltspunkte gegeben sein.

Auch dann, wenn der Urheber in den USA mit dem Werkkäufer ausdrücklich eine Änderungsverbot vereinbart hat, kann er diese schuldrechtliche Abrede nicht gegen Dritte durchsetzen, an die sein Vertragspartner das Werk weiterübereignet hat. Die *Gilliam*-Rechtsprechung[42], nach der der Urheber urheberrechtliche Nutzungsbeschränkungen auch gegen Rechtsnachfolger des Erstverwerters durchsetzen kann, ist hier nicht anwendbar, da es sich bei einem Kaufvertrag nicht um einen urheberrechtlichen Nutzungsvertrag handelt. Die Vorbehalte des Urhebers stellen eben keine dingliche Beschränkung des Eigentumsrechts, sondern nur eine schuldrechtliche Abrede zwischen dem Urheber und seinem Vertragspartner dar. Selbst wenn der Urheber daher in den USA ein Änderungsverbot mit seinem

---

42 S. oben 2.Kap.,B,III,2,a,cc.

Vertragspartner vereinbart hat, ist er gegenüber Werkveränderungen durch Rechtsnachfolger seines Vertragspartners machtlos.

Der Urheber kann in den USA auch nicht unter Berufung auf das Beleidigungs- oder Wettbewerbsrecht einen den § 14 UrhG, § 39 UrhG analog vergleichbaren Werkschutz erreichen. Das Beleidigungsrecht ist generell ungeeignet, eine Werkveränderung zu verhindern, und ermöglicht nur Schadensersatzansprüche[43]. Sec.43(a) Lanham Act gibt dem Urheber grundsätzlich nur Ansprüche auf Namensunterdrückung oder Anbringung eines *disclaimers* und nur im Ausnahmefall einen Anspruch auf Werkveröffentlichung[44]. Der Urheber ist daher in den USA gegenüber Werkveränderungen durch den Eigentümer eines Werkstücks weitgehend schutzlos. Das in den USA vielzitierte "painting a moustache on the Mona Lisa"[45] wäre nach amerikanischem Recht zulässig.

3.) Zwischenergebnis hinsichtlich des Werkschutzrechts

(1) Der Rechtsschutz von Urhebern von *works of visual art* gegen Werkveränderungen weicht in den USA nur unwesentlich von dem in Deutschland erreichbaren Schutz ab.
(2) Gegenüber Werkveränderungen durch einen Werknutzungsberechtigten ist der Urheber in den USA und Deutschland in etwa gleichem Umfang geschützt. In beiden Ländern hängt hier der Werkschutz entscheidend von der Auslegung des urheberrechtlichen Lizenzvertrages ab.
(3) Gegenüber Werkänderungen durch den Eigentümer eines Werkstücks ist der Urheber in den USA regelmäßig nicht geschützt. In Deutschland hängt der Werkschutz von einer Abwägung der Urheberinteressen mit den Gebrauchsinteressen des Eigentümers ab.

---

43 S. oben 2.Kap.,B,III,2,b.

44 S. oben 2.Kap.,B,III,2,c.

45 Vgl. den Titel des *Comment* in 58 Univ.Cincinnati L.Rev. 1023 (1990): "Colorization of Films: Painting a Moustache in the 'Mona Lisa'?"; s. auch die Verteidigung von *Roger L.Mayer* von Turner Entertainment Company im Hearing des Subcommittee on Technology and the Law des U.S. Senate Judiciary Committee vom 12.Mai 1987, abgedruckt in 17 J.Arts Management & Law 64,65 (1987).

V. ERGEBNIS ZU A.

(1) Hinsichtlich des Urheberinteresses, selbst über die Erstveröffentlichung seines Werkes entscheiden zu können, weicht der Schutzumfang des amerikanischen Rechts nicht wesentlich von dem in Deutschland gewährten Rechtsschutz ab. Hinsichtlich des Interesses an einer Anerkennung der Urheberschaft und an dem Erhalt des Werkes erfährt der Urheber in Deutschland teilweise einen stärkeren Rechtsschutz als in den USA.

(2) Der Rechtsschutz in den USA ist dann wesentlich schwächer, wenn der Urheber mit der Person, die in seine urheberpersönlichkeitsrechtlichen Interessen eingreift, in keiner unmittelbaren oder mittelbaren Vertragsbeziehung steht. In einem solchen Fall kann sich der Urheber in den USA nur unter Berufung auf Beleidigungs- und Wettbewerbsrecht schützen. Der so gewährte Rechtsschutz bleibt deutlich hinter dem deutschen zurück.

(3) Steht der Urheber hingegen aufgrund urheberrechtlicher Lizenzverträge mittelbar oder unmittelbar mit dem Verletzer in einer vertraglichen Beziehung, so weicht der Schutz, den der Urheber nach amerikanischem Recht genießt, in geringerem Maße von dem deutschen ab. Die besonderen Absprachen des Lizenzvertrages sind insofern von Bedeutung, als auf amerikanischer Seite der Schutz urheberrechtlicher Interessen ausdrücklich oder konkludent im Lizenzvertrag verabredet sein muß, während sich auf deutscher Seite die Frage stellt, ob der Urheber auf die Ausübung seiner Rechte ausdrücklich oder konkludent verzichtet hat. Besonders bedeutsam ist, daß der Urheber in den USA entsprechend der *Gilliam*-Rechtsprechung vertragliche Absprachen auch gegenüber den Rechtsnachfolgern seines Vertragspartners durchsetzen kann. Sowohl in Deutschland als auch in den USA hängen daher die geltend zu machenden Rechte im Verhältnis Urheber-Werknutzer wesentlich von den Bedingungen des vereinbarten Lizenzvertrages ab.

B. Ausblick: Möglichkeiten einer Annäherung des deutschen und des amerikanischen Rechts

Entgegen gelegentlichen Äußerungen einiger amerikanischer Autoren[1] ist das amerikanische Recht in seinem gegenwärtigen Bestand daher nicht in der Lage, die geistig-persönlichen Interessen des Urhebers umfassend zu schützen. Berücksichtigt man, daß die meisten Schutzrechte des Urhebers in den USA vertraglicher Natur sind, darf bezweifelt werden, ob das amerikanische Recht den durch Art.6bis RBÜ geforderten Mindestrechten tatsächlich entspricht. Angesichts der Tatsache, daß die USA 1989 dennoch ohne weitere Anpassung ihres Urheberrechts an die Anforderungen des Art.6bis RBÜ als Unterzeichnerstaat der RBÜ aufgenommen worden sind und daß auch das jüngste TRIPs-Abkommen von 1993 im Rahmen der Uruguay-Runde des GATT das Urheberpersönlichkeitsrecht ausdrücklich aus seinem Regelungsbereich ausgenommen hat[2], ist der internationale Druck auf die USA, entsprechend dem europäischen "droit d'auteur" umfassende Bestimmungen zum Schutz urheberpersönlichkeitsrechtlicher Interessen des Urhebers in den Copyright Act einzufügen, erheblich schwächer geworden. Genauso wie es unwahrscheinlich ist, daß die klassischen Länder des "droit d'auteur" wie Frankreich, Italien oder Deutschland ihre urheberpersönlichkeitsrechtlichen Schutzrechte fallen lassen werden, ist es daher nicht realistisch zu erwarten, daß die USA in naher Zukunft den Urheberrechtsgesetzen der "droit d'auteur"-Länder ähnliche urheberpersönlichkeitsrechtliche Bestimmungen einführen werden. Da somit in der ideologischen "Schlacht" zwischen dem "droit d'auteur" und dem "copyright" weiterhin auf lange Zeit kein Sieg der einen oder anderen Seite abzusehen ist, kommt es darauf an, Kompromißwege zu finden, auf denen sich die beiden miteinander rivalisierenden Rechtssysteme in dem Ausmaß, zu dem sie Urheberpersönlichkeitsinteressen schützen, annähern können. Die Möglichkeit eines solchen Mittelwegs liegt in der Herausbildung eines abgestuften Urheberpersönlichkeitsschutzes.

---

1 Vgl. insbesondere *Strauss*, 4 Am.J.Comp.L. 506,521ff,537f (1955); *ders.*, UFITA 23(1957),286ff; ebenso der Final Report der Ad-Hoc Working Group on the US Adherence to the Berne Convention, 10 Columbia-VLA J.Law & Arts 513,555

2 Das Übereinkommen über "Trade-related Aspects of Intellectual Property Rights" ("TRIPs"; abgedruckt in GRUR Int. 1994,128ff) sieht in Art.9 I S.2 ausdrücklich vor:
"...Parties shall not have rights or obligations under this agreement in respect of the rights conferred under Article 6bis of that Convention (sc. RBÜ; d.Verf.) or of the right derived therefrom."

I. HINDERNISSE AUF DEM WEG ZUR ANNÄHERUNG

Auf dem Weg einer solchen Annäherung gilt es zunächst einmal, auf beiden Seiten des Atlantiks hinderliche Extrempositionen zu beseitigen. Größtes Hindernis in dieser Hinsicht ist auf amerikanischer Seite eine übertrieben utilitaristische, auf deutscher Seite eine übertriebene persönlichkeitsrechtliche Sicht des Urheberrechts.

1.) In den USA

Wie eingangs dargestellt[3], ist es unter der traditionellen amerikanischen Copyright-Lehre, nach der das Urheberrecht in erster Linie der Förderung des Allgemeinwohls und der möglichst zügigen und unbeschränkten Verbreitung urheberrechtlicher Werke dient, schwierig, persönlichkeitsrechtliche Elemente in das amerikanische Urheberrecht einzuführen. Ein allgemeinwohlorientiertes Urheberrecht und ein urheberzentriertes Urheberpersönlichkeitsrecht schließen sich gegeneinander aus. Die Gewährung eines "denkmalschützerischen" Urheberpersönlichkeitsrechts - wie erfolgt durch den VARA - läßt sich mit einer utilitaristischen Zielsetzung zwar noch vereinbaren. Ein umfassenderer Schutz der Urheberpersönlichkeit ist aber ohne Aufgabe des utilitaristischen Urheberrechtsverständnisses nicht zu erwarten. Es gilt daher, auf amerikanischer Seite das utilitaristische Urheberverständnis durch eine urheberzentrierte Urheberrechtslehre abzulösen.

Das utilitaristische Urheberverständnis der USA erscheint ohnehin in der heutigen Zeit unangemessen. Es entstammt den Gründerjahren der Vereinigten Staaten, in denen es dringlichste Aufgabe des Gesetzgebers war, die Entwicklung des neu entstehenden Gemeinwesens durch möglichst breiten Zugang zu Erziehung, Wissenschaft und Kultur Vorschub zu leisten. Diese Voraussetzungen treffen auf die heutige Zeit nicht mehr zu. Durch die immerwährende Vereinfachung der Verbreitung urheberrechtlicher Werke, insbesondere durch elektronische Medien und digitale Vernetzungen, besteht heute in den USA eine geradezu unübertroffene Verfügbarkeit unterschiedlichster urheberrechtlich geschützter Werke. Angesichts dieses technischen Umfeldes, welches eine bislang unerreichte Verbreitung von Werken über die gesamte zivilisierte Welt garantiert und dem Konsumenten einen immer einfacheren Zugang zu urheberrechtlichen Werken ermöglicht, muß

---

3 S. oben 1.Kap.,IV.

heute nicht mehr die Förderung der Verbreitung von urheberrechtlichen Werken, sondern der Schutz des Urhebers gegen eine ungewollte Nutzung und einen Mißbrauch seiner Kreativität im Vordergrund des Urheberrechts stehen.

Darüber hinaus ist zu berücksichtigen, daß sich auch das amerikanische Urheberrechtsgesetz in den letzten 20 Jahren erheblich gewandelt hat[4]. Typische dem utilitaristischen Urheberrechtsverständnis anhängende Bestimmungen - wie insbesondere das Erfordernis einer Registrierung und Beachtung von Formalitäten zur Erlangung des Urheberrechtsschutzes sowie die Hinterlegung von Werkexemplaren beim Copyright Office - wurden gestrichen. Seinem Gesetzesrecht nach enthält das amerikanische Urheberrecht daher heute kaum noch Reminiszenzen an seine ursprüngliche, rein utilitaristische Ausprägung. Das einzige Hindernis für eine vollständigen Aufgabe des allgemeinwohlorientierten Urheberrechtsverständnisses dürfte daher die *Copyright Clause* der US-Verfassung sein[5]. Angesichts der tief verwurzelten Verfassungstradition in den USA ist es kaum zu erwarten, daß der amerikanische Gesetzgeber in einem Amendment zur Verfassung diese *Clause* ändern wird. Es wird daher in Zukunft in erster Linie Aufgabe der Verfassungsrechtsprechung sein aufzuzeigen, in welchem Maße dem einfachen Gesetzgeber durch die *Copyright Clause* bei der Einführung von Urheberpersönlichkeitsrechten Grenzen gezogen sind.

2.) In Deutschland

Genauso hinderlich wie das amerikanische utilitaristische Urheberrechtsverständnis ist auf europäischer Seite eine übertriebene persönlichkeitsrechtliche Interpretationen des Urheberrechts, die sich insbesondere in der These von der Unverzichtbarkeit urheberpersönlichkeitsrechtlicher Befugnisse äußert. Eine solche "puritanische" Sicht des Urheberpersönlichkeitsrechts wird dem - zumindest auch - ökonomischen Charakter des Urheberrechts nicht gerecht. Sie übersieht nicht nur die Realitäten und Bedürfnisse des Wirtschaftslebens, sondern auch die Entwicklung, die das Urheberrecht und die durch das Urheberrecht geschützten Werke seit der Entwicklung einer persönlichkeitsrechtlichen Urheberrechtsinterpretation vollzogen haben.

---

4 Vgl. dazu oben 2.Kap.,A,I-IV.

5 S. dazu bereits oben 1.Kap.,IV.

Zum einen hat das Urheberrecht in der Vergangenheit eine fortwährende Ausdehnung der unter Schutz gestellten Werkarten erfahren. Diente es zu Beginn dieses Jahrhunderts noch fast ausschließlich dem Schutz von Literatur und darstellender Kunst, so schützt es heute auch Werkkategorien, die in erster Linie technischer Art sind wie Computer-Software, Datenbanken u.ä.. Wenngleich sich die urheberrechtliche Schutzfähigkeit dieser Werkarten heute allgemein durchgesetzt hat[6], so ist es doch offensichtlich, daß sie sich von den Werkvorstellungen, unter denen sich die Idee des Urheberpersönlichkeitsrechts entwickelt hat, erheblich entfernt haben. Der schöpferisch-kreative Gehalt dieser Produkte liegt häufig auf unterster Stufe und steht fast immer außer Verhältnis zu dem bei ihrer Entwicklung erforderlichen technischen Aufwand und Erfindungsgeist. Die schöpferische Individualität des Urhebers wird in diesen Werken - wenn überhaupt - nur zu einem vernachlässigbaren Grade ausgedrückt. Es ist in erster Linie die unternehmerische Investition und nicht die persönlich-individuelle Kreativität des Werkschöpfers, die einen Schutz dieser Werke gegen unbefugte Nutzung durch Dritte erforderlich macht.

Darüber hinaus ist die klassische Konzeption des Urheberrechts und die Idee eines Urheberpersönlichkeitsrechts in erster Linie auf den Urheber als Einzelkünstler zugeschnitten. Auch insofern haben sich die Realitäten inzwischen grundlegend verändert. War in früheren Zeiten der Einzelkünstler möglicherweise die typische Form des Urhebers, so stellt sie heute eine Ausnahme dar. Der größte und wirtschaftlich wichtigste Teil der urheberrechtlichen Produktion wird heute im "Teamwork" geschaffen. Dies gilt nicht nur für sämtliche Werke des Film-, Fernseh- und Rundfunkwesens, sondern auch für viele andere wie Bauwerke, Bühnenstücke, Computerprogramme, aufwendigere Designer-Entwürfe oder auch Zeitschriftenbeiträge. Eine einheitliche Urheberpersönlichkeit, die dem von ihm geschaffenen Werk seinen unverkennbaren Stempel aufdrückt, kommt in diesen Werken nur selten zum Ausdruck. Meist ist das Endwerk das Ergebnis eines langwierigen Prozesses, bei dem eine ganze Reihe von kreativen Mitarbeitern schöpferische

---

6 Vgl. die EG-Richtlinie zum Schutz von Computerprogrammen 91/250/EWG, ABl. EG Nr.L 122 S.42 (abgedruckt in GRUR Int. 1991,545) und den zur Zeit im Ministerrat diskutierten "Geänderten Vorschlag der Kommission für eine Richtlinie über den Schutz von Datenbanken" vom 4.Oktober 1993, KOM(93),464 endg. -
Nach Art.M30 bzw. M44 des Memorandum des Internationalen Büros der Weltorganisation für geistiges Eigentum (WIPO) zur Dritten Sitzung des Expertenkomitees über ein mögliches Zusatzprotokoll zur Berner Übereinkunft (BCP/CE/2-II vom 12.März 1993) sollen nunmehr auch in der RBÜ ausdrücklich Computerprogramme und Datenbanken unter urheberrechtlichen Schutz gestellt werden.

Elemente beigesteuert haben. Auch insofern trifft die klassische Urhebervorstellung von dem künstlerisch tätigen Einzelurheber, auf die das deutsche Urhebergesetz ausgerichtet ist, heute nicht mehr zu.

Schließlich darf nicht verkannt werden, daß der weitaus größte Teil der Urheberproduktion heute nicht mehr im reinen Kunstbereich, sondern im Bereich der "kommerziellen Kreativität" erfolgt. In diesem Bereich steht sowohl für den Urheber als auch für den Werknutzer das kommerzielle Moment des Urheberrechts deutlich im Vordergrund. Solche kommerziell tätigen Urheber sind in der Regel vor allem an einer möglichst optimalen Vermarktung ihrer Werke interessiert. Sie ist in manchen Werkbereichen nur denkbar, wenn auf die gesetzlich gewährten Urheberpersönlichkeitsrechte wirksam verzichtet werden kann. Im Rundfunk würde kaum ein Song der Unterhaltungsmusik gespielt werden können, müßten stets sämtliche Namen der (möglicherweise zahlreichen) Urheber angegeben werden; ein Werbegrafiker bekäme kaum noch einen Auftrag, könnte er jedes Werbeplakat mit seiner Unterschrift versehen; ein Journalist bekäme nur schwer eine Stellung bei einem Zeitungsverlag, wollte er stets den unveränderten Abdruck seiner Artikel verlangen. Viele ähnliche Fälle könnten hinzugefügt werden. Es darf insofern nicht übersehen werden, daß viele der vom Urheber angestrebten Werknutzungen heute ohne einen rechtswirksamen Verzicht des Urhebers auf bestimmte Urheberpersönlichkeitsrechte gar nicht möglich wären, und daß viele Urheber auch bereit sind, gegen die Zahlung einer entsprechenden Vergütung auf ihre gesetzlich gewährten Urheberpersönlichkeitsrechte zu verzichten. Die Idee eines unverzichtbaren Urheberpersönlichkeitsrechts wird diesem Umstand nicht gerecht.

Vor diesem Hintergrund ist die Regelung interessant, die der amerikanische Gesetzgeber im VARA hinsichtlich der Verzichtbarkeit der dort aufgeführten Urheberpersönlichkeitsrechte getroffen hat. Wie bereits erwähnt[7], kann der Urheber nach der neuen Sec.106(e)(1) CopA auf die durch Sec.106A(a) gewährten Urheberpersönlichkeitsrechte frei verzichten. Der Verzicht ist jedoch nur dann wirksam, wenn er schriftlich und mit eigenhändiger Unterschrift des Urhebers vereinbart worden ist. Dabei muß das Werk und die Werknutzungsart, auf die sich der Verzicht beziehen soll, genau bestimmt werden.
Zu dieser interessanten Regelung führt der House Report aus:
"...subsection (e)(1) permits an author to waive the rights of attribution and integrity. The Committee recognizes that these rights are personal to the author

---

7 S. oben 2.Kap.,A,IV.

and that, because of a relatively weak economic position, the author may be required to bargain away those rights. It also recognizes that routine waivers of the rights will eviscerate the law. On the other hand, the Committee believes that to proscribe waiver would be to inhibit normal commercial practices."[8]

Anschließend zitiert er zustimmend das Statement von Prof.*Ginsburg*:

"Arguably, the best recognition of moral rights would countenance no waivers. This position, however, is probably too extreme for the U.S. system, nor does Berne require it. As a practical matter, moreover, despite their formal prohibition, de facto waivers are likely to occur. The artist is better protected under a regime requiring specificity of waivers than under one where an ideologically pure no-waiver law is rarely in fact observed."[9]

Auch der amerikanische Gesetzgeber hat somit einerseits das Problem des Verzichts auf urheberpersönlichkeitsrechtliche Rechtspositionen klar erkannt, andererseits aber auch deren kommerzielle Notwendigkeit in manchen Werkbereichen und Werknutzungsbranchen in Rechnung gestellt. Er hat sich unter Berücksichtigung dieser konkurrierenden Gesichtspunkte dazu entschlossen, den Urheber nicht inhaltlich, d.h. durch die Bestimmung eines unverzichtbaren Kerngehalts, zu schützen, sondern formell, d.h. durch das Aufstellen eines Formerfordernisses. Diese Art des Urheberschutzes entspricht der hier vertretetenen These[10], daß beim Schutz des Urhebers vor zu weitgehendem Verzicht auf seine Urheberpersönlichkeitsrechte weniger die Frage nach dem unverzichtbaren Kerngehalt im Vordergrund stehen muß als vielmehr das Bemühen, dem Urheber seine Rechte nur so weit zu versagen, wie er tatsächlich auf ihre Ausübung verzichten will. Die Warn- und Beweisfunktion eines Formerfordernisses wird dieser Zielsetzung gerecht: Der Urheber wird vor übereilten Verzichtserklärungen geschützt; gibt der Urheber aber eine Verzichtserklärung ab, so ist ihr Umfang aufgrund der spezifizierten schriftlichen Niederlegung klar bestimmt.

Auf der anderen Seite läßt sich die im VARA getroffene Regelung nicht ohne weiteres auf andere Werkbereiche übertragen. Zu berücksichtigen ist insoweit, daß durch das Aufstellen von Formerfordernissen ein konkludenter Verzicht auf Urheberpersönlichkeitsrechte unmöglich gemacht wird. Dies stellt Sec.106A(e)(2)

---

8   House Report No.101-514,S.18.

9   Statement beim Hearing zu H.R.2690 vor dem House Subcommittee on Courts, Intellectual Property, and the Administration of Justice vom 18.10.1990.

10   S. oben 3.Kap.,C,I,3,b.

CopA für das amerikanische Recht ausdrücklich klar. Die Strenge der amerikanischen Regelung rechtfertigt sich daraus, daß sich die Regelung der Sec.106A(e) CopA eben nicht auf alle, insbesondere nicht auf kommerziell verwertbare Werke, sondern nur auf Kunstoriginale in einer Stückzahl bis zu 200 Exemplaren bezieht. In diesem reinen Kunstbereich sind aufgrund der besonderen Gestaltungshöhe der Werke die persönlichen Beziehungen des Urhebers zu seinem Werk in der Regel besonders stark ausgeprägt. Darüber hinaus ist die Branchenunüblichkeit eines Verzichts in diesen Werkbereichen zu berücksichtigen: Nur sehr selten dürfte der Künstler eines *work of visual art* tatsächlich auf die Ausübung seines Rechts auf Anerkennung der Urheberschaft oder seines Rechts auf Werkintegrität verzichten wollen. Nur selten dürfte auch der Erwerber eines solchen Werkstückes auf einen Verzicht des Urhebers beharren. Da Verzichte in diesem Werkbereich also sehr unüblich sind, müssen hier besonders strenge Anforderungen an die Verzichtserklärung gestellt werden.

Dies gilt jedoch nicht für Werk- oder Nutzungsbereiche, in denen Verzichte weniger unüblich oder gar allgemein verbreitet sind. Wäre hier die Wirksamkeit jedes Verzichts von der Einhaltung der Schriftform abhängig, würde die kommerzielle Nutzung von urheberrechtlich geschützten Werken übermäßig behindert. Auch in dieser Hinsicht bestätigt die amerikanische Regelung daher den hier vertretenen Grundsatz, daß an Verzichtserklärungen umso höhere Anforderungen gestellt werden müssen, je unüblicher sie nach den jeweiligen Branchengepflogenheiten sind. Es wäre nicht richtig und auch nicht wünschenswert, die strengen Formanforderungen der Sec.106A(e) CopA an die Verzichtserklärung auf Bereiche auszudehnen, in denen Verzichte auf Urheberpersönlichkeitsrechte üblich und notwendig sind.

Hier bleibt festzuhalten, daß eine übertrieben persönlichkeitsrechtliche Interpretation des Urheberrechts, nach der Urheberpersönlichkeitsrechte generell unverzichtbar sind, der heutigen Stellung des Urhebers und des Urheberrechts im Wirtschaftsleben nicht gerecht wird.

II. WEGE ZUR ANNÄHERUNG

Will man der Entwicklung, welche die urheberrechtliche Produktion seit dem Aufkommen der Idee eines Urheberpersönlichkeitsrechtes genommen hat, angemessen Rechnung tragen, so ist es unabdingbar, das Urheberpersönlichkeitsrecht des UrhG nicht als starren Rechtsgrundsatz anzuwenden, sondern bei seiner Anwendung zu differenzieren. Urheberpersönlichkeitsrechtliche Grundsätze ohne Abstufung auf Dichtung und Datenbanken, Kunst und Alltagsdesign gleichermaßen anzuwenden, widerspricht nicht nur der Vielfalt urheberrechtlicher Produktion, sondern auch der Unterschiedlichkeit der vom Urheber verfolgten Interessen und der urheberrechtlich relevanten Nutzungsformen.

Sowohl für das deutsche als auch für das amerikanische Recht gilt es daher, einen abgestuften Schutz urheberpersönlichkeitsrechtlicher Interessen anzustreben. Dabei gilt es für die amerikanische Seite, die Fallgruppen herauszuarbeiten, bei denen die positivrechtliche Gewährung urheberpersönlichkeitsrechtlicher Schutzrechte angebracht ist, für die deutsche Seite zu bestimmen, wann eine Fallgruppe so erheblich von dem klassischen Leitbild des Urheberrechts abweicht, daß sie vom urheberpersönlichkeitsrechtlichen Schutz ausgenommen werden muß[11]. Im Idealfall könnten sich beide Wege der Annäherung in der Mitte treffen.

1.) In den USA

Daß der von der amerikanischen Seite zu erwartende Weg der Annäherung durch Einführung eines abgestuften gesetzlichen Urheberpersönlichkeitsschutzes durchaus praktikabel ist, zeigt das Beispiel des britischen Copyright, Designs und Patents Act von 1988. Dieses Gesetz beweist - trotz mancher Unzulänglichkeiten[12] - nicht nur, daß es möglich ist, urheberpersönlichkeitsrechtliche Bestimmungen in die angelsächsische Copyright-Tradition zu integrieren. Es stellt auch ein interessantes Beispiel für den Versuch einer gesetzlichen Differenzierung hinsichtlich der gewährten Urheberpersönlichkeitsrechte dar:

---

11 Ähnlich bereits *Dietz* ZUM 1993,309,317.

12 Abzulehnen sind insbesondere die Aufstellung von Voraussetzungen zur Geltendmachung von Urheberpersönlichkeitsrechten in Sec.78. -
Vgl. zu einer eingehenderen Analyse des englischen Rechts *Cornish* GRUR Int.1990,500ff.

In seinen Sec.77ff sieht der britische CopA äußerst detaillierte und fein abgestufte Regelungen über die Urheberpersönlichkeitsrechte des Urhebers vor. So differenziert Sec.77 brit.CopA beim Benennungsrecht des Urhebers z.b. nicht nur nach der Art des Werkes, sondern auch nach der Form der Werknutzung[13]. Sec.79 nimmt darüber hinaus bestimmte Werkkategorien (insbesondere Datenverarbeitungsprogramme und von Computern erstellte Werke), bestimmte privilegierte Nutzungsarten (z.b."fair dealing" und Berichterstattung) und bestimmte Industriebereiche (Printmedien) von diesem Rechtsschutz aus. Eine der Sec.77 brit.CopA ähnliche Differenzierung trifft Sec.80 engl.CopA für das Recht auf Werkintegrität[14]. Sec.81 sieht auch hier ähnliche Ausnahmen für bestimmte Werkkategorien[15], Werknutzungsarten[16] oder Industriebereiche[17] vor.

Es soll hier dahinstehen, ob eine so stark ins Detail gehende Gesetzgebung Vorbild für andere Gesetzgeber sein sollte. Worauf es in diesem Zusammenhang ankommt, ist, daß es möglich ist, bei der Gewährung von Urheberpersönlichkeitsrechten bereits im Gesetz nach Art und Individualität des Werkes, nach der Form der Nutzung und nach der Bedeutung entgegenstehender Interessen des Nutzungsberechtigten oder der Allgemeinheit zu differenzieren.

---

13 Urhebern von literarischen Werken - mit der Ausnahme von Urhebern von Musiktexten - steht ein Namensnennungsrecht bei jeder kommerziellen Veröffentlichung, öffentlichen Darbietung oder Sendung oder der Verbreitung von Vervielfältigungsstücken zu (Sec.77(2)).
Urhebern von Musikwerken haben hingegen kein Namensnennungsrecht bei der Sendung ihrer Werke in Rundfunk oder Fernsehen (Sec.77(3)).
Der Urheber eines Werks der darstellenden Kunst besitzt ein Benennungsrecht für quasi jede urheberrechtliche Nutzung seines Werkes (Sec.77(4)), wohingegen der Urheber eines Bauwerkes nur das Recht hat, das nach seinen Plänen erbaute Bauwerk mit seinem Namen zu versehen (Sec.77(5)).

14 Bei einem literarischen, dramatischen oder musikalischen Werk ist das Werkschutzrecht des Urhebers verletzt, wenn das Werk in entstellter Form kommerziell veröffentlicht, öffentlich dargeboten, gesendet oder auf Vervielfältigungsstücken verbreitet wird (Sec.80(3)).
Werke darstellender Kunst dürfen nicht in entstellter Form veröffentlicht, ausgestellt oder gesendet werden (Sec.80(4)). Dies gilt allerdings nicht für Werke der Baukunst (Sec.80(5)).
Filmwerke dürfen nicht in entstellter Form vorgeführt, gesendet oder auf Vervielfältigungsstücken vertrieben werden (Sec.80(6)).

15 Datenverarbeitungsprogramme und von Computern hergestellte Werke (Sec.81(2)).

16 Z.B. für Berichterstattung (Sec.81(3)).

17 In erster Linie Printmedien (Sec.80(4)).

Betrachtet man die Einführung von Urheberpersönlichkeitsrechten für Urheber von Werken der darstellenden Kunst in den USA unter diesem Gesichtspunkt, so ist möglicherweise auch der VARA von 1990 ein erster Schritt hin zu einer differenzierten Gewährung von Urheberpersönlichkeitsrechten. Der amerikanische Gesetzgeber hat mit der Beschränkung der gewährten Rechte auf den reinen Kunstsektor eine Werkkategorie gewählt, in dem einerseits die schöpferische Individualität besonders groß und die geistig-persönlichen Interessen des Urhebers an seinem Werk besonders stark ausgeprägt sind, andererseits weder berechtigte Nutzungsinteressen des Copyright-Inhabers noch Interessen der Allgemeinheit durch das Bestehen der Urheberpersönlichkeitsrechte beeinträchtigt werden. Er hat damit einen Bereich ausgesondert, in denen besonders starke Argumente für einen Urheberpersönlichkeitsschutz sprechen und so gut wie keine Argumente gegen ihn. Einige amerikanischer Autoren[18] haben die Hoffnung ausgedrückt, daß sich der urheberpersönlichkeitsrechtliche Schutz in den USA in Zukunft in Form eines "industry-by-industry approach" auch auf andere Bereiche ausweiten könnte. Ob diese Hoffnung Wirklichkeit wird, bleibt abzuwarten. Bislang hat der amerikanische Gesetzgeber keine Versuche zu einer weiteren Ausdehnung der urheberpersönlichkeitsrechtlichen Bestimmung des Copyright Acts unternommen.

2.) In Deutschland

Während es für das amerikanische Recht darauf ankommt, das bislang spärlich vorhandene Urheberpersönlichkeitsrecht auf andere Werkbereiche und Nutzungsarten auszudehnen, geht es im deutschen Recht in erster Linie darum, das allgemein formulierte gesetzliche Recht in seiner Anwendung angemessen zu beschränken. Das geeignete Mittel für eine solche Beschränkung ist eine differenzierte Anwendung der Regeln über den Rechtsausübungsverzicht. Damit kommt der Bestimmung von Möglichkeit und Weite eines Rechtsausübungsverzichts im deutschen Recht eine entscheidende Bedeutung zu. Statt Pauschallösungen bedarf es einer sorgfältigen Abwägung der miteinander in Konkurrenz stehenden Güter und Interessen. Nach der hier vertretenen Auffassung dient diese Abwägung weniger dazu, einen unverzichtbaren Kerngehalt der Urheberpersönlichkeitsrechte

---

18 *Damich*, 14 Nova L.Rev.407,412 und 418 sowie in seiner Stellungnahme beim Hearing vor dem Senate Subcommittee on Patents, Copyrights, and Trademarks zu S.1198 vom 20.Juni 1989, S.39; vgl. auch Register of Copyrights *Ralph Oman* im gleichen Hearing S.992 und 1015 (25.Oktober 1989) sowie *Ginsburg* GRUR Int. 1991,593,602.

inhaltlich zu bestimmen, als vielmehr die Anforderungen festzulegen, die an die Konkretisierung der Verzichtserklärung zu stellen sind[19].

a) Stärkere Berücksichtigung der Gestaltungshöhe

Wichtigstes Kriterium[20] bei dieser Abwägung ist die Gestaltungshöhe des urheberrechtlichen Werkes. Es ist offensichtlich, daß bei einem Werk alltäglichen Werbedesigns nicht die gleichen Grundsätze gelten können wie z.B. bei einem Meisterwerk Picassos. Das Maß an Gestaltungshöhe dient vielmehr als Indikator für die Intensität der geistig-persönlichen Interessen des Urhebers an seinem Werk.

Mit Recht ist darauf hingewiesen worden, daß eine solche Berücksichtigung der Gestaltungshöhe des Werkes "einen geheiligten Grundsatz des Urheberrechts" in Frage stellt, "nämlich daß Werk gleich Werk ist und daß der Richter nicht dazu berufen ist, über den künstlerischen Rang eines Werkes zu urteilen"[21]. In der Tat birgt eine Bewertung künstlerischer Kriterien durch den in Kunstdingen ungeübten Richter Gefahren in sich. Die Vorstellung, der Richter könne einen urheberrechtlichen Fall ganz ohne künstlerische Bewertung des in Streit befindlichen Werkes beurteilen, trifft jedoch ohnehin nicht zu. Vielmehr ist in jedem urheberrechtlichen Prozeß der künstlerisch Rang des im Streit befindlichen Gegenstandes von wesentlicher Bedeutung, insofern nämlich, als der Richter in jedem urheberrechtlichen Fall zunächst einmal die urheberrechtliche Schutzfähigkeit des in Rede stehenden Gegenstandes feststellen muß, welche sich ebenfalls nach dem Grad der schöpferischen Eigentümlichkeit des in Streit befindlichen Gegenstandes richtet. Eine solche künstlerische Bewertung, wie sie bei der Feststellung der Schutzfähigkeit einer Schöpfung schon lange durch den Richter ausgeübt wird, ist auch bei der Anwendung von Urheberpersönlichkeitsrechten vonnöten. Je größer die eigenschöpferische Leistung des Urhebers ist, desto intensiver sind seine geistig-persönlichen Bindungen an sein Werk, desto seltener wird er auf den urheberpersönlichkeitsrechtlichen Schutz dieser Bindungen verzichten wollen und desto strenger müssen deshalb die Kriterien sein, die an einen solchen Verzicht zu stellen sind.

---

19 Siehe dazu bereits oben 3.Kap.,C,I,3,b.

20 Andere Kriterien, die bei der Anwendung urheberpersönlichkeitsrechtlicher Grundsätze zu berücksichtigen sind, wurden oben bereits bei der Darstellung der Interessenabwägung bei § 14 UrhG aufgeführt (vgl.3.Kap.,B,III,2).

21 *Dietz* ZUM 1993,309,315.

b) Stärkere Berücksichtigung der Branchenübung

Weiteres entscheidendes Kriterium bei der Beurteilung eines urheberpersönlichkeitsrechtlichen Rechtsausübungsverzichts ist die Berücksichtigung von Branchengepflogenheiten. In Bereichen, in denen ein Verzicht auf die Ausübung bestimmter Urheberpersönlichkeitsrechte erkennbar branchenüblich ist, sind an die Verzichtserklärung des Urhebers geringe Ansprüche zu stellen. Häufig verzichtet hier der Urheber allein durch die Zustimmung zu einer bestimmen Nutzungsform konkludent auf die Ausübung seiner Rechte. In Bereichen hingegen, in denen Rechtsausübungsverzichte branchenunüblich sind, ist ein Eingriff in urheberpersönlichkeitsrechtliche Rechtspositionen nur dann zulässig, wenn der Eingreifende auf eine konkret geäußerte Verzichtserklärung verweisen kann. Je unüblicher ein Verzicht ist, desto konkreter muß die Verzichtserklärung sein.

Die Skepsis, die dem Kriterium der Branchenüblichkeit sowohl in Deutschland[22] als auch in den USA[23] durch Teile der Rechtsprechung und Literatur entgegengebracht wird, ist nicht berechtigt. Branchenübungen sind von der Praxis akzeptierte Lösungen im tagtäglichen Umgang mit widerstreitenden Interessen. Sie entsprechen meist langjährigen, allseits geduldeten Geschäftspraktiken und sind als solche bei der Auslegung von Verträgen zu berücksichtigen. Verträge sind so auszulegen, wie die Erklärungen der Parteien es unter Berücksichtigung der Verkehrssitte erfordern. Dies gilt für das amerikanische Recht[24] ebenso wie für das deutsche[25].

Eine stärkere Berücksichtigung der Branchenüblichkeit eines Verzichts auf die Ausübung von Urheberpersönlichkeitsrechten ist bei der Auslegung von urheberrechtlichen Lizenzverträgen in den USA und Deutschland nicht nur aus Rechtsgründen angebracht, in ihr liegt auch eine vielversprechende Möglichkeit, den urheberpersönlichkeitsrechtlichen Rechtsschutz auf relativ einfache Weise in

---

22 S. oben 3.Kap.,C,I,3,c.

23 S. oben 2.Kap.,B,II,2,a,aa.

24 *Edison v. Viva International, Ltd.*, 70 App.Div.2d 379,381, 421 N.Y.2d 203, 209 USPQ 345 (N.Y.App.Div. 1979) ("A contract must be construed according to the custom and use prevailing in a particular trade."); *Preminger v. Columbia Pictures Corp.*, 49 Misc.2d 363,367, 267 N.Y.S.2d 594, 148 USPQ 398 (N.Y.Sup.Ct. 1966) ("In the construction of a contract, weight will be given to the customs prevailing in the trade to which it refers.").

25 Vgl. nur MüKo/*Mayer-Maly* § 133,10; *Palandt/Heinrichs* § 133,9.

beiden Ländern erheblich einander anzunähern. Lizenzverträge in den USA wären so auszulegen, daß sie im Zweifel die konkludente Absprache enthalten, daß das Werk auf branchenübliche Weise genutzt werden soll. In Bereichen, in denen die Berücksichtigung urheberpersönlichkeitsrechtlicher Interessen branchenüblich ist, wirkt sich dadurch die stärkere Berücksichtigung des Kriteriums der Branchenübung als für den Urheber "rechtsbegründend" aus. In Deutschland hingegen würde die Berücksichtigung der Branchenüblichkeit in allen Fällen, in denen die Beachtung von Urheberpersönlichkeitsrechten unüblich ist, zur Annahme eines Rechtsausübungsverzichts führen. Damit wirkt sie sich in Deutschland als "rechtsvernichtend" aus. Durch "Rechtsbegründung" in den USA und "Rechtsvernichtung" in Deutschland würde sich der Umfang des gewährten Urheberpersönlichkeitsschutzes in den beiden Ländern ein erhebliches Stück aufeinander zubewegen.

Unterschiede blieben hingegen hinsichtlich der Darlegungs- und Beweislast: Da für den Urheber in den USA die bestehende Branchenübung ein rechtsbegründendes Tatbestandsmerkmal ist, ist er hierfür darlegungs- und beweispflichtig. In Deutschland trifft hingegen aufgrund des rechtsvernichtenden Charakters des Verzichts die Darlegungs- und Beweislast den Rechtsverletzer. Kann vom Gericht eine behauptete Branchenübung nicht festgestellt werden, so ist somit zwar der Urheber in Deutschland, nicht jedoch der Urheber in den USA geschützt, da er seiner Beweispflicht hinsichtlich des Bestehens einer für ihn günstigen Branchenübung nicht nachgekommen ist. Darüber hinaus ist hinsichtlich der Beweisanforderungen zu berücksichtigen, daß in Deutschland strenge Anforderung an die Branchenüblichkeit eines Verzichts zu stellen sind, da es sich um den Verzicht auf ein gesetzlich gewährtes Recht handelt, während umgekehrt in den USA aufgrund der rechtsbegründenden Wirkung ein strenger Maßstab an die Branchenüblichkeit einer Beachtung der Urheberpersönlichkeitsrechte des Urhebers angelegt werden müßte. Auch bei einer stärkeren Berücksichtigung des Kriteriums der Branchenüblichkeit wäre es folglich für den Urheber in den USA weiterhin schwieriger, seine urheberpersönlichkeitsrechtlichen Interessen durchzusetzen, als für seinen Kollegen in Deutschland.

Trotz alledem erscheint eine stärkere Berücksichtigung der Branchenüblichkeit urheberpersönlichkeitsrechtlicher Befugnisse bei der Auslegung eines Lizenzvertrages die beste Möglichkeit zu sein, um den Schutz geistig-persönlicher Urheberinteressen in Deutschland und den USA einander anzunähern. Dieser Weg der Annäherung über das Lizenzvertragsrecht bietet insbesondere den nicht zu vernachlässigenden Vorteil, daß er den althergebrachten dogmatischen Streit zwischen dem "droit d'auteur" und dem "copyright" völlig unberührt ließe. Ganz unabhängig von der Frage nach dem Grund und der Zielsetzung des Urheberrechts würde sich das bestehende Recht in Kontinentaleuropa und den USA bezüglich der Frage des Urheberpersönlichkeitsschutzes wesentlich aufeinander zubewegen.

Ergebnis

"Was bringt das Urheberpersönlichkeitsrecht ?"
Vereinfacht läßt sich zusammenfassen: Das Urheberpersönlichkeitsrecht bringt dem Urheber hinsichtlich seines Schutzes gegen unbefugte Erstveröffentlichungen gar nichts, hinsichtlich seines Schutzes gegenüber Interessenverletzungen durch Nutzungsberechtigte etwas und hinsichtlich Interessenverletzungen durch Nicht-Nutzungsberechtigte eine Menge.

(1) Die besondere Gewährung eines gesetzlichen Urheberpersönlichkeitsrechts erweist sich für den Urheber in Deutschland hinsichtlich seines Erstveröffentlichungsrechtes ohne Vorteil. Der Urheber in den USA wird durch eine umfassende Gewährung von Verwertungsrechten gleich umfassend geschützt.

(2) Hinsichtlich seines Interesses an der Anerkennung seiner Urheberschaft und am Erhalt seines Werkes erfährt der amerikanische Urheber grundsätzlich keinen Schutz durch das Urheberrecht. Während das deutsche UrhG besondere Vorschriften zum Schutze dieser Interessen aufweist, muß sich der Urheber in den USA in den meisten Fällen auf Rechtsgebiete außerhalb des Urheberrechts berufen. Dabei ist er hinsichtlich seines Rechts auf Urheberbenennung und seines Werkschutzrechts auf eine vertragliche Absicherung seiner Interessen angewiesen und ohne vertragliche Abrede schutzlos.
Andererseits ist auf deutscher Seite der Schutz des Urhebers in der Praxis häufig dadurch vermindert, daß dieser mit der Einräumung eines Nutzungsrechts ausdrücklich oder konkludent auf die Ausübung der ihm gesetzlich zustehenden Rechte verzichtet.
Sowohl in Deutschland als auch in den USA kommt es daher in Fällen, in denen der Urheber über Lizenzverträge mit dem Verletzer seiner urheberpersönlichkeitsrechtlichen Interessen vertraglich verbunden ist, hinsichtlich des Schutzes des Rechts auf Anerkennung der Urheberschaft und des Werkschutzrechts in erster Linie auf die getroffenen vertraglichen Abreden an. Die gesetzliche Gewährung eines Urheberpersönlichkeitsrechts in Deutschland erweist sich hier nur insofern von Vorteil, als in Deutschland der Rechtsverletzer darlegen und beweisen muß, daß der Urheber auf die Ausübung seiner Rechte verzichtet hat, während es in den USA Sache des Urhebers ist, darzulegen und zu beweisen, daß er sich vertraglich ein urheberpersönlichkeitsrechtliches Schutzrecht vorbehalten hat.

(3) In Fällen hingegen, in denen der Rechtsverletzer mit dem Urheber nicht lizenzvertraglich verbunden ist, gewährt das Urheberpersönlichkeitsrecht in Deutschland dem Urheber ein eigenständiges, vertragsunabhängiges Untersagungsrecht. Der Urheber in den USA ist in diesen Fällen weitgehend schutzlos.

Literaturverzeichnis

Monographien werden, soweit im folgenden nichts anderes angegeben, im Text ausschließlich durch den Namen des Autoren bezeichnet.

Abrams, Howard B.: "The Historic Foundation of American Copyright Law: Exploding the Myth of Common Law Copyright", 29 Wayne L.Rev. 1119 (1983).

Aide, Christopher: "A More Comprehensive Soul: Romantic Conceptions of Authorship and the Copyright Doctrine of Moral Right", 48 Univ.Toronto L.Rev. 211 (1990).

Amarnick, Phyllis: "American Recognition of the Moral Right: Issues and Options", 29 ASCAP Copyright L.Symp. 31 (1983).

Amtmann, Heinz: "Das Urheberrecht des 'unselbständigen Urhebers' insbesondere des wissenschaftlichen Assistenten", Diss. Tübingen 1960.

Bappert, Walter: "Wege zum Urheberrecht, Die Geschichtliche Entwicklung des Urheberrechtsgedankens", Frankfurt/M. 1962.

Bappert, Walter / Maunz, Theodor / Schricker, Gerhard: Verlagsrecht, Kommentar, 2.Aufl., München 1984.

Baucks, Eckhard: "Der U.S. Visual Artists Rights Act of 1990 - Durchbruch zum droit moral?", ZUM 1992,72.

Baum, Alfred: "Über das Droit moral, seine Ausübung und seine Dauer", GRUR Int. 1965,418.

Baumgarten, Jon A. / Meyer, Christopher A.: "Die Bedeutung des Beitritts der USA zur Berner Übereinkunft", GRUR Int. 1989,620.

Berg, Jeff: "Moral Rights: A Legal, Historical and Anthropological Reappraisal", 6 Int.Prop.J. 341 (1991).

de Boor, Hans Otto:
- "Vom Wesen des Urheberrechts", Marburg 1933.
- "Konstruktionsfragen im Urheberrecht", UFITA 16 (1944),24.
- "Die Grundprobleme der Urheberrechtsreform", UFITA 18 (1954),260.

Boytha, György:
- "Whose Right is Copyright?", GRUR Int. 1983,379.
- "Die historischen Wurzeln der Vielfältigkeit des Schutzes von Rechten an Urheberwerken", 9 ÖSGRUM 69 (1991).

Brandt, Rudolf: "Das 'droit moral' als Faktor im künftigen deutschen Urheberrecht", Diss. Frankfurt/O. 1934.

Bricker, Seymour M.: "Renewal and Extension of Copyright", 29 S.Cal.L.Rev. 23 (1955).
Brown Ralph S.: "Adherence to the Berne Convention: The Moral Rights Issue", 35 J.Copyright Soc'y USA 196 (1988).
Burger, Peter: "The Berne Convention: Its History and Its Key Role in the Future", 3 J.L.& Technology 1 (1988).
Clough, M.Marian: "Legal Protection for the 'Moral Rights' of Visual Artists: A Growing Trend in State Legislation", 36 ASCAP Copyright L.Symp. 86 (1990).
Comment: "Toward Artistic Integrity: Implementing Moral Right through Extension of Existing American Legal Doctrines", 60 Geo.L.J. 1539 (1972).
Comment: "Protection of Artistic Integrity: *Gilliam v. American Broadcasting Companies*", 90 Harv.L.Rev. 473 (1976).
Comment: "The Monty Python Litigation - Of Moral Right and the Lanham Act", 125 U.Pa.L.Rev. 611 (1977).
Cornish, W.R.: "Der Schutz des Urheberpersönlichkeitsrechts nach dem neuen britischen Urheberrechtsgesetz von 1988", GRUR Int. 1990,500.
Damich, Edward J.:
- "Moral Rights in the United States and Article 6bis of the Berne Convention: A Comment on the Preliminary Report of the Ad Hoc Working Group on U.S. Adherence to the Berne Convention", 10 Columbia-VLA J.Law & Arts 655 (1986).
- "The Right of Personality: A Common-Law Basis for the Protection of the Moral Rights of Authors", 23 Georgia.L.Rev. 1 (1988).
- "State 'Moral Rights' Statutes: An Analysis and Critique", 13 Columbia-VLA J.Law & Arts 291 (1989).
- "Moral Rights - A Critique of the Visual Artists Rights Act of 1989", 14 Nova L.Rev. 407 (1990).
- "The Visual Artists Rights Act of 1990: Toward a Federal System of Moral Rights Protection for Visual Art", 39 Cath.Univ.L.Rev. 945 (1990).

DaSilva, Russell J.: "Droit Moral and the Amoral Copyright: A Comparison of Artists' Rights in France and the United States", 28 Bull.Copyright Soc'y USA 1 (1980).
Davenport, Robert: "Screen Credit in the Entertainment Industry", 10 Loyola Ent.L.J. 129 (1990).
Delp, Ludwig: "Das Recht des geistigen Schaffens", München 1993.
Diamond, Sidney A.: "Legal Protection for the 'Moral Rights' of Authors and Other Creators", 68 Trademark Rep. 244 (1978).

Dieselhorst, Jochen: "Das Ende das 'amoralen' Copyrights?", GRUR Int. 1992, 902.
Dietz, Adolf:
- "Das Droit Moral des Urhebers im neuen französischen und deutschen Urheberrecht", München 1968.
- "Urheberrecht im Wandel. Paradigmenwechsel im Urheberrecht?", 7 ÖSGRUM 200 (1988).
- "Die USA und das 'droit moral': Idiosynkrasie oder Annäherung?", GRUR Int. 1989,627.
- "Das Urheberpersönlichkeitsrecht vor dem Hintergrund der Harmonisierungspläne der EG-Kommission", ZUM 1993,309.

Dillenz, Walter: "Druckprivilegien und Drucker zwischen Kapitalismus und europäischem Religionsstreit", 9 ÖSGRUM 46 (1991).

Dreier, Thomas: "Das Urheberpersönlichkeitsrecht in den U.S.A.: Erste gesetzliche Ansätze im Bereich der bildenden Kunst", GRUR Int. 1985,525.

Earle, Edward: "The Effect of Romanticism on the 19th Century Development of Copyright Law", 6 Int.Prop.J. 269 (1991).

Eisenreich, Klaus: "Der Schutz des Urheberpersönlichkeitsrechts in Großbritannien, Kanada und Australien", GRUR Int. 1988,36.

Elster, Alexander:
- "Das Persönlichkeitsrecht im geistig-gewerblichen Rechtsschutz", GRUR 1927, 432.
- "Der Schutz des Urhebers gegen Verschandelung seiner Werke außerhalb des gewöhnlichen Urheberrechtsschutzes", GRUR 1928,34.
- "Urheberschutzgesetz", UFITA 2 (1929),656.
- "Die Rechtspersönlichkeit des Urhebers und ihr Recht in der Volksgemeinschaft", GRUR 1940,404.

Erman, Walter: Handbuch zum Bürgerlichen Gesetzbuch, 2 Bände, 9.Aufl., Münster 1993; *zitiert: Erman/Bearbeiter.*

Flechsig, Norbert: "Werkintegritätsanspruch und Verbot der Namensnennung", FuR 1976,589.

Forkel, Hans:
- "Gebundene Rechtsübertragung", Köln 1977.
- "Lizenzen an Persönlichkeitsrechten durch gebundene Rechtsübertragung", GRUR 1988,491.

Fromm, Karl / Nordemann, Wilhelm: Urheberrecht, Kommentar zum Urheberrechtsgesetz und zum Urheberrechtswahrnehmungsgesetz, 8. Aufl., Stuttgart 1994; *zitiert: Fromm/Nordemann/Bearbeiter.*

v.Gamm, Otto-Friedrich:
- Urheberrechtsgesetz, Kommentar, München 1968.
- "Zur praktischen Anwendung des allgemeinen Persönlichkeitsrechts", NJW 1955,1826.
- "Die Urheberbenennung in Rechtsprechung und Praxis", NJW 1959,318.
- "Der Architekt und sein Werk - Möglichkeiten und Grenzen des Urheberrechts", BauR 1982,97.

Geller, Paul: "Comment on Possible U.S. Compliance with Article 6bis of the Berne Convention", 10 Columbia-VLA J.Law & Arts 665 (1986).

Genthe, Barbara: "Der Umfang der Zweckübertragungstheorie im Urheberrecht", Frankfurt a.M. 1981.

Gerstenberg, Ekkehard: "Die Urheberrechte an Werken der Kunst, der Architektur und der Photographie", München 1968

Gibaldi, Steven: "Artists' Moral Rights and the Film Colorization: Federal Legislative Efforts to Provide Visual Artists with Moral Rights and Resale Royalties", 38 Syracuse L.Rev. 965 (1987).

Gierke, Otto v.: Deutsches Privatrecht, Band 1, Allgemeiner Teil und Personenrecht, Leipzig 1895.

Gieseke, Ludwig: "Die Geschichtliche Entwicklung des deutschen Urheberrechts", Göttingen 1957.

Ginsburg, Jane C.:
- "Urheberpersönlichkeitsrechte im Rechtssystem des Common Law", GRUR Int.1991,593.
- "A Tale of Two Copyrights: Literary Property in Revolutionary France and America", 64 Tulane L.Rev. 991 (1990).
- "Copyright in the 101st Congress: Commentary on the Visual Artists Rights Act and the Architectural Works Copyright Protection Act of 1990", 14 Columbia-VLA J.Law & Arts 477 (1990).

Ginsburg, Jane C. / Kernochan, John M.: "One Hundred and Two Years Later: The U.S. Joins the Berne Convention", 13 Columbia-VLA J.Law & Arts 1 (1988).

Gloy, Wolfgang: "Das Urheberrecht des Angestellten", Diss. Hamburg 1962.

Goldbaum, Wenzel / Wolff, Hans-Erich: "Entwurf eines Urheberschutzgesetzes", UFITA 2 (1929),185ff.

Goldberg, George: "The Illusion of 'Moral Right' in American Law", 43 Brooklyn L.Rev. 1043 (1977).

Gorman, Robert A.: "Federal Moral Rights Legislation: The Need for Caution", 14 Nova L.Rev. 421 (1990).

Greenstone, Richard J.: "A Coat of Paint on the Past? Impediments to Distribution of Colorized Black and White Motion Pictures", 5 Ent. & Sports Law.12 (1986).

Grohmann, Hans: "Das Recht des Urhebers, Entstellungen und Änderungen seines Werkes zu verhindern", Diss. Erlangen 1971.

Groppler, Burkart: "Wider den Urheberrechtsmonismus", UFITA 25 (1958),385.

v.Hartlieb, Horst: Handbuch des Film-, Fernseh- und Videorechts, 3.Aufl., München 1991.

Hathaway, Robert E.: "American Analogues to the Paternity Element of the Doctrine of Moral Right: Is the Creative Artist in America Really Protected?", 30 ASCAP Copyright L.Symp. 121 (1983).

Hauhart, Robert C.: "Natural Law Basis for the Copyright Doctrine of Droit Moral", 30 Cath.Lawyer 53 (1985).

Heckmann, Wilhelm: "Die personenrechtlichen Elemente in den Urheberrechtsgesetzen", Diss. Jena 1910.

Helle, Ernst:
- "Der Schutz der Persönlichkeit, der Ehre und des wirtschaftlichen Rufes im Privatrecht", 2.Aufl., Tübingen 1969.
- "Die Einwilligung beim Recht am eigenen Bild", AfP 1985,93.

Henssler, Eberhard:
- "Urheberschutz in der angewandten Kunst und Architektur", Stuttgart 1950.
- "Urheberschutz beim Wiederaufbau zerstörter Bauwerke", UFITA 18 (1954),188.

Hesse, Hans Gerd: "Urheberrecht des Architekten", BauR 1971,209.

Hirsch, Ernst E.:
- "Urheberrecht und verwandte Rechte", UFITA 26 (1958),1.
- "Die Werkherrschaft", UFITA 36 (1962),19.

Hoffmann, Willy: "Entwurf eines Gesetzes über das Urheberrecht an Werken der Literatur und Kunst", UFITA 2 (1929), S.659.

Honig, Gerhart: "Der angestellte Urheber", Diss. Erlangen 1962.

Horowitz, Michael E.: "Artists' Rights in the United States: Toward Federal Legislation", 25 Harv.J.Legislation 153 (1988).

Hubmann, Heinrich:
- "Das Persönlichkeitsrecht", 2.Aufl. Köln 1967; *zitiert: Hubmann, PersR.*
- Urheber- und Verlagsrecht, 6.Aufl., München 1987; *zitiert: Hubmann, UrhR.*
- "Der zivilrechtliche Schutz gegen Insdiskretion", JZ 1957,521.

- "Die Idee vom geistigen Eigentum, die Rechtsprechung des Bundesverfassungsgerichts und die Urheberrechtsnovelle von 1985", ZUM 1988,4.
Jaszi, Peter: "Toward a Theory of Copyright: The Metamorphoses of 'Authorship'", 1991 Duke L.J. 455.
Jauernig, Othmar: Bürgerliches Gesetzbuch, Kommentar, 6.Aufl. München 1991; zitiert: Jauernig/Bearbeiter.
Katz, Arthur S.: "The Doctrine of Moral Right and American Copyright Law - A Proposal", 24 S.Cal.L.Rev. 375 (1951).
Kaufmann, Roy S.: "The Berne Convention and the American Protection of Artists' Moral Rights: Requirements, Limits and Misconceptions", 15 Columbia-VLA J.Law & Arts 417 (1991).
McKendree Sessa, Daniel: "The Moral Right Protections in the Colorization of Black and White Motion Pictures: A Black and White Issue", 16 Hofstra L.Rev.503 (1988).
Kernochan, John M.: "Comments on the Report of the Ad Hoc Working Group on U.S. Adherence to the Berne Convention", 10 Columbia-VLA J.Law & Arts 685 (1986).
Kilgore, Richard T.: "Colorization: Removing the Green", 6 Univ.Miami Ent.& Sports L.Rev. 1989,87 (1989).
Kirby, James R.: "An Artist's Personal Right in His Creative Works: Beyond the Human Cannonball and the Flying Circus", 9 Pac.L.J. 855 (1978).
Klauer, Georg: "Der Stand der Urheberrechtsreform nach dem Ergebnis der deutsch-österreichischen Angleichsverhandlungen", GRUR 1932,639.
Kohler, Joseph:
- "Urheberrecht an Schriftwerken und Verlagsrecht", Stuttgart 1907.
- "Das Recht an Briefen", ArchBürgR Bd.7(1893),S.94ff.
Kohs, David J.: "Paint Your Wagon - Please!: Colorization, Copyright, and the Search for Moral Rights", 40 Fed.Comm.L.J. 1 (1987).
Krigsman, Flore: "Section 43(a) of the Lanham Act as Defender of Artists' 'Moral Rights'", 73 Trademark Rep. 251 (1982).
Kroeber, Peter: "Deutsches Urheberpersönlichkeitsrecht in Vergangenheit, Gegenwart und Zukunft", Diss. Leipzig 1933.
Krüger-Nieland, Gerda: "Das Urheberpersönlichkeitsrecht, eine besondere Erscheinungsform des allgemeinen Persönlichkeitsrechtes?", Festschrift für Fritz Hauß, S.215 (1978).
Kupferman, Theodore R.: "Renewal of Copyright - Section 23 of the Copyright Act of 1909", 44 Columbia L.Rev. 712 (1944).
Kwall, Roberta: "Copyright and the Moral Right: Is an American Marriage Possible?", 38 Vanderbilt L.Rev. 1 (1985).

Ladas, Stephen P.: "The International Protection of Literary and Artistic Property", Vol. 1, New York 1938.
Landau, Michael: "The Colorization of Black-and-White Motion Pictures: A Grey Area in the Law", 19 J.Arts Managment & Law 61 (1989).
Leinveber, Gerhard:
- "Urheberrechtlicher Denkmalschutz", GRUR 1962,75.
- "Urheberrechtlicher Denkmalschutz - ja oder nein?", GRUR 1964,364.

Leiser, Burton M. / Spiessbach Kathleen: "Artists' Rights: The Free Market and State Protection of Personal Interests", 9 Pace L.Rev 1 (1989).
Leßmann, Herbert: "Die Übertragbarkeit und Teilübertragung urheberrechtlicher Befugnisse", Diss. Münster 1967.
Lewinski, Silke v. / Dreier, Thomas: "Kolorierung von Filmen, Laufzeitänderung und Formatanpassung: Urheberrecht als Bollwerk?", GRUR Int. 1989,635.
Locher, Horst: "Das Recht der bildenden Kunst", München 1970.
Ludolph, Carol G. / Merenstein, Gary E.: "Author's Moral Rights in the United States and the Berne Convention", 19 Steton L.Rev. 201 (1989).
Luf, Gerhard: "Philosophische Strömungen in der Aufklärung und ihr Einfluß auf das Urheberrecht", 7 ÖSGRUM S.1 (1988).
Marwitz, Bruno: "Entwurf eines Gesetzes über das Urheberrecht an Werken des Schrifttums, der Kunst und der Photographie", UFITA 2 (1929),668ff.
Maslow, James E.: "Droit Moral and Section 43(a) and 44(i) of the Lanham Act - A Judicial Shell Game?", 48 Geo.Wash.L.Rev. 377 (1980).
Masouyé, Claude: Kommentar zur Berner Übereinkuft zum Schutz von Werken der Literatur und Kunst, Köln 1981.
Mentha, Bénigne: "Einige Gedanken zum Urheberpersönlichkeitsrecht", GRUR Int. 1973,295.
Merryman, John H.: "The Refrigerator of Bernard Buffet", 27 Hastings L.J. 1023 (1976).
Mestmäcker, Ernst-Joachim / Schulze, Ernst: Kommentar zum deutschen Urheberrecht, Loseblattsammlung, Neuwied Stand: Sept.1992; *zitiert: Schulze.*
Meyer, Wilfried: "Der Schutz gegen Änderungen und Entstellungen von Werken der bildenden Kunst", Lachen 1937.
Möhring, Philipp: "Das Urheberpersönlichkeitsrecht im Urheberrechtsgesetzentwurf", UFITA 5 (1932), 459.
Möhring, Philipp / Nicolini, Käte: Urheberrechtsgesetz, Kommentar, Berlin 1970.
Monta, Rudolf: "The Concept of Copyright Versus the Droit d'Auteur", 32 S.Cal.L.Rev. 177 (1959).
Moorhead, Carlos J.: "H.R.2962: The Berne Convention Implementation Act of 1987", 3 J.Law & Technology 187 (1988).

Movsessian, Vera: "Darf man Kunstwerke vernichten?", UFITA 95 (1983),77.

Müller, Georg:
- "Bemerkungen über das Urheberpersönlichkeitsrecht", UFITA 2 (1929), 367.
- "Das Urheberpersönlichkeitsrecht im Gesetzentwurf der Akademie für deutsches Recht", UFITA 12 (1939), 247.

Müller, Ulrich: "Die Verletzung des Persönlichkeitsrechts durch Bildnisveröffentlichung", Frankfurt a.M. 1985.

Münchener Kommentar: Kommentar zum Bürgerlichen Gesetzbuch, Bd.1, Allgemeiner Teil (§§ 1-240), 3.Aufl. München 1993; *zitiert: MüKo/Bearbeiter.*

Munk, Walter: "Die Rechtsstellung des Urhebers nach Übergang des Urheberrechts", Diss. Freiburg i.Br. 1933.

Nahme, Hans-Dieter: "Veränderungen an urheberrechtlich geschützten Werken der Baukunst und Gebrauchskunst", GRUR 1966,474.

Neumann, Hans-Wolfgang: "Inwieweit gilt die Rechtsprechung zum allgemeinen Persönlichkeitsrecht für die Auslegung des § 97 Abs.2 UrhG?", GRUR 1970,544.

Neumann-Duesberg, Horst:
- "Das besondere Persönlichkeitsrecht der Nichturheberschaft (droit de nonpaternité)", UFITA 50 (1967),464.
- "Titelschutz und mittelbare Mitverursachung, Persönlichkeitsschutz (Recht der Nichturheberschaft) und betriebliche Organisationspflicht", JR 1967, 441.
- "Verwechslung des Urheberpersönlichkeitsrechts mit dem allgemeinen Persönlichkeitsrecht", NJW 1971,1640.

Nimmer, Melville B.: "Implications of the Propective Revisions of the Berne Convention and the United States Copyright Law", 19 Stanford L.Rev. 499 (1967).

Nimmer, David / Nimmer, Melville B.: "Nimmer on Copyright, A Treatise in the Law of Literary, Musical and Artistic Property, and the Protection of Ideas", 5 Bände, Loseblattausgabe, New York, Stand 1992; *zitiert: Nimmer.*

Nipperdey, Hans-Carl:
- "Das allgemeine Persönlichkeitsrecht", UFITA 30 (1960),1.
- "Das Urheberrecht des Architekten beim Wiederaufbau zerstörter Gebäude", DRZ 1946,133.

Nordemann, Wilhelm: "Vorschlag für ein Urhebervertragsgesetz", GRUR 1991,1.

Nordemann, Wilhelm / Roeber, Georg: "Das neue U.S.Copyright Law", Berlin 1978.

Nordemann, Axel / Scheuermann, Andreas: "Der Beitritt der USA zur Revidierten Berner Übereinkunft - Bericht über ein Berliner Urheberrechts-Symposium", GRUR Int. 1990,945.

Nordemann, Wilhelm / Vinck, Kai / Hertin, Paul: "Internationales Urheberrecht", Kommentar, Düsseldorf 1977.

Oman, Ralph: "The United States and the Berne Union: An Extended Courtship", 3 J.Law & Technology 71 (1988).

Osenberg, Ralph: "Die Unverzichtbarkeit des Urheberpersönlichkeitsrechts", Diss. Berlin 1979.

Osterrieth, Albert: "Die Geschichte des Urheberrechts in England", Leipzig 1895.

Palandt, Otto: Bürgerliches Gesetzbuch, Kommentar, 53.Aufl., München 1994; zitiert: Palandt/Bearbeiter.

Paschke, Marian: "Strukturprinzipien eines Urhebersachenrechts", GRUR 1984, 858.

Patterson, Lyman R.: "Copyright in Historical Perspective", Nashville 1968.

Peifer, Karl Nikolaus: "Moral Rights in den USA", ZUM 1993,325.

Penn, Michael C.: "Colorization of Films: Painting a Moustache on the 'Mona Lisa'?", 58 Univ.Cincinnati L.Rev.1023 (1990).

Peter, Wilhelm: "Das allgemeine Persönlichkeitsrecht und das 'droit moral' des Urhebers und des Leistungsschutzberechtigten in den Beziehungen zum Film", UFITA 36 (1962),257.

Recht, Pierre: "Le Droit d'Auteur, Une Nouvelle Forme de Propriété", Paris 1969.

Rehbinder, Manfred: "Die Herkunft der fremden Federn ist dem Publikum egal", BörsBl 1990,3403.

Reimer, Eduard: "Vergleichende Darstellung der geltenden deutschen Gesetzestexte und früheren Gesetzesentwürfe zum deutschen Urheberrecht als Grundlage für die Wiederaufnahme der Reformarbeit", Weinheim 1950.

Rittstieg, Helmut: "Autoren - Mitautoren", NJW 1970,648.

Roeber, Georg:
- "Urheberrecht oder geistiges Eigentum", Baden-Baden 1956.
- "Abgrenzungsfragen des allgemeinen Persönlichkeitsrechts", FuR 1965, 102.

Roeder, Martin A.: "The Doctrine of Moral Right: A Study in the Law of Artists, Authors and Creators", 53 Harv.L.Rev. 554 (1940).

Rojahn, Sabine: "Der Arbeitnehmerurheber in Presse, Funk und Fernsehen", Diss. München 1978.

Rosen, Dan: "Artist' Moral Rights: A European Evolution, an American Revolution", 2 Cardozo Arts & Ent.L.J. 155 (1983).

Runge, Kurt:
- "Urheber- und Verlagsrecht", Bonn 1948.
- "Schranken des Urheberpersönlichkeitsrechts", UFITA 23 (1957),16.
- "Das Urheber- und allgemeine Persönlichkeitsrecht", UFITA 54 (1969),1.

Ruzicka, Peter: "Die Problematik eines 'ewigen Urheberpersönlichkeitsrechts' unter besonderer Berücksichtigung des Schutzes musikalischer Werke", Diss. Berlin 1977.

Sackler, Arthur B.: "The United States Should Not Adhere to the Berne Copyright Convention", 3 J.Law & Technology 207 (1988).

Samson, Benvenuto:
- "Das neue Urheberrecht", UFITA 47 (1966),1.
- "Urheberrecht", Pullach b. München 1973.

Sarraute, Raymond: "Current Theory on the Moral Right of Authors and Artists Under French Law", 16 Am.J.Comp.L. 465 (1968).

Schack, Haimo:
- "Geistiges Eigentum contra Sacheigentum", GRUR 1983,56.
- "Das Persönlichkeitsrecht der Urheber und ausübenden Künstler nach dem Tode", GRUR 1985,352.

Schiefler, Kurt: "Verhältnis des Urheberrechts und des Leistungsschutzrechts des ausübenden Künstlers zum allgemeinen Persönlichkeitsrecht", GRUR 1960,156.

Schilcher, Theresia: "Der Schutz des Urhebers gegen Werkänderungen", München 1989.

Schmidt, Stephan: "Urheberrechtsprobleme in der Werbung", München 1982.

Schmidt-Szalewski, Joanna: "Die theoretischen Grundlagen des französischen Urheberrechts im 19. und 20. Jahrhundert", GRUR Int. 1993,187.

Schmieder, Hans-Heinrich: "Werkintegrität und Freiheit der Interpretation", NJW 1990,1945.

Schneider, Jeff C.: "Recently Enacted Federal Legislation Providing Moral Rights to Visual Artists: A Critical Analysis", 43 Florida L.Rev. 101 (1991).

Schöfer, Nicola: "Die Rechtsverhältnisse zwischen dem Urheber eines Werkes der bildenden Kunst und dem Eigentümer des Originalwerkes", München 1984.

Schramm, Carl: "Das allgemeine Persönlichkeitsrecht", GRUR 1972,348.

Schricker, Gerhard:
- Urheberrecht, Kommentar, München 1987; *zitiert: Schricker/Bearbeiter.*
- "Die Einwilligung des Urhebers in entstellende Änderungen des Werks", Festschrift für Heinrich Hubmann, Frankfurt 1985, S.409.

Schulze, Gernot: "Teil-Werknutzung, Bearbeitung und Werkverbindung bei Musikwerken - Grenzen des Wahrnehmungsumfanges der GEMA", ZUM 1993,255.

Schwerdtner, Peter:
- "Das Persönlichkeitsrecht in der deutschen Zivilrechtsordnung", Berlin 1977.
- "Der zivilrechtliche Persönlichkeitsschutz", JuS 1988,289.

Seetzen, Uwe: "Der Verzicht im Immaterialgüterrecht", Göttingen 1969.

Smoschewer, Fritz: "Das Persönlichkeitsrecht im allgemeinen und im Urheberrecht", UFITA 3 (1930), S.229.

Solomon, Susan L.: "Monty Python and the Lanham Act: In Search of the Moral Right", 30 Rutgers L.Rev. 452 (1977).

Staudinger: Kommentar zum Bürgerlichen Gesetzbuch, §§ 823-832, 12.Aufl., Berlin 1986; *zitiert: Staudinger/Bearbeiter.*

Steindorff, Ernst: "Persönlichkeitsschutz im Zivilrecht", Heidelberg 1983.

Stevenson, Arthur L.: "Moral Right and the Common Law: A Proposal", 6 ASCAP Copyright L.Symp. 89 (1953).

Stolz, Hansjörg: "Der Ghostwriter im deutschen Recht", München 1971.

Strauss, William:
- "The Moral Right of the Author", 4 Am.J.Comp.L. (1955).
- "Urheberpersönlichkeitsrechte in den Vereinigten Staaten", UFITA 23 (1957),286.

Streibich Harold C.: "The Moral Right of Ownership to Intellectual Property: Part II - From the Age of Printing to the Future", 7 Memphis St.U.L.Rev. 45 (1976).

Strömholm, Stig:
- "Le Droit Moral de l'Auteur en Droit Allemand, Français et Scandinave", Bd. I, Stockholm 1967; *zitiert: Strömholm.*
- "Das Veröffentlichungsrecht des Urhebers in rechtsvergleichender Sicht unter besonderer Berücksichtigung der deutschen Urheberrechtsreform", Stockholm 1964; *zitiert: Strömholm, Veröffentlichungsrecht.*
- "Das Veröffentlichungsrecht im Regierungsentwurf zur Urheberrechtsreform", GRUR 1963,350.
- "Droit Moral - The International and Comparative Scene from a Scandinavian Viewpoint", 14 IIC 1 (1983).

Tölke, Günther: "Das Urheberpersönlichkeitsrecht an Werken der bildenden Künste", München 1967.

Treece, James M.: "American Law Analogues of the Author's 'Moral Right'", 16 Am.J.Comp.L. 487 (1968).

Troller, Alois:
- "Immaterialgüterrecht", Basel, 1.Band 1968, 2.Band 1971; *zitiert: Troller, ImmaterialgüterR, Bd., S..*
- "Bedenken zum Urheberpersönlichkeitsrecht", UFITA-Schriftenreihe, Heft 16, Baden-Baden 1959; ebenfalls abgedruckt in UFITA 28 (1959),257.
- "Das Urheberpersönlichkeitsrecht und der Film in rechtsvergleichender Übersicht", UFITA 29 (1959),141.

Ulmer, Eugen:
- Urheber- und Verlagsrecht, 3.Aufl., Berlin 1980.
- "Das Veröffentlichungsrecht des Urhebers", Festschrift für Heinrich Hubmann, Frankfurt 1985, S.435.

Van Velzen, Laura L.: "Injecting a Dose of Duty into the Doctrine of Droit Moral", 74 Iowa L.Rev. 629 (1989).

Verbit, Larry E.: "Moral Rights and Section 43(a) of the Lanham Act: Oasis or Illusion?", 9 Comm/Ent L.J. 383 (1987).

Vinck, Kai: "Die Rechtsstellung des Urhebers im Arbeits- und Dienstverhältnis", Diss. Berlin 1971.

Wagner, Craig E.: "Motion Picture Colorization, Authenticity, and the Elusive Moral Right", 64 N.Y.U.L.Rev. 628 (1989).

Walchshöfer, Alfred: "Der persönlichkeitsrechtliche Schutz der Architektenleistung", Festschrift für Heinrich Hubmann, Frankfurt 1985, S.469.

Warren, Samuel D./Brandeis Louis D.: "The Right to Privacy", 4 Harv.L.Rev. 193 (1890).

Wasserburg, Klaus: "Der Schutz der Persönlichkeit im Recht der Medien", Heidelberg 1988.

Wenzel, Karl Egbert: "Das Recht der Wort- und Bildberichterstattung", 3.Aufl., Köln 1986.

Whale, R.F.: "Copyright - Evolution, Theory and Practice", London 1971.

White, Anna S.: "The Colorization Dispute: Moral Rights Theory as a Means of Judicial and Legislative Reform", 36 Emory L.J. 237 (1989).

Woodmansee, Martha: "The Genius and the Copyright", 17 Eighteenth-Century Stud. 425 (1983/84).

Wooton, Laura W.: "Law for Law's Sake: The Visual Artists Rights Act of 1990", 24 Conn.L.Rev. 247 (1991).

Wronka, Georg: "Das Verhältnis zwischen dem allgemeinen Persönlichkeitsrecht und den sogenannten besonderen Persönlichkeitsrechten", UFITA 69 (1973),71.

Zuber, Joseph: "The Visual Artists Rights Act of 1990 - What it Does, and What it Preempts", 23 Pac.L.J. 445 (1992).

ZITIERTE GESETZESMATERIALIEN:

aus Deutschland:

- Begründung zum Regierungsentwurf eines Gesetzes über Urheberrecht und verwandte Schutzrechte, BT-Drucks. IV/270, S.27ff.

aus den USA:

- U.S. House Report No.94-1476 on H.R.2512, "Copyrights Act of 1976", 3. September 1976.

- U.S. House Report No. 100-609 on H.R.4262, "Berne Convention Implementation Act of 1988", 6. Mai 1988.

- U.S. House Report No. 101-514 on H.R.2690, "Visual Artists Rights Act of 1990", 1. Juni 1990.

- U.S. Senate Report No.100-352 on S.1301, "Berne Convention Implementation Act of 1988", 20. Mai 1988.

- "Berne Convention Implementation Act of 1987", Hearings before the Subcommittee on Courts, Civil Liberties and the Administration of Justice, House Judiciary Committee, 17. Juni, 23. Juli, 16. und 30. September 1987, 9. und 10. Februar 1988.

- "Visual Artists Rights Act of 1987", Hearings before the Subcommittee on Patents, Copyrights, and Trademarks, Senate Judiciary Committee, 3. Dezember 1987, Commettee Serial No. J-100-45.

- "Berne Convention", Hearings before the Subcommittee on Patents, Copyrights, and Trademarks, Senate Judiciary Committee, 18. Februar und 3. März 1988.

- "Film Integrity Act of 1987", Hearings before the Subcommittee on Courts, Civil Liberties, and the Administration of Justice, Hause Judiciary Committee, 21. Juni 1988, Committee Serial No.100-107.

- "Moral Rights in Our Copyright Laws", Hearings before the Subcommittee on Patents, Copyrights, and Trademarks, Senate Judiciary Committee, 20. Juni, 20. September und 24. Oktober 1989, Committee Serial No. J-101-25.

- "Visual Artists Rights Act of 1989", Hearings before the Subcommittee on Courts, Intellectual Property, and the Administration of Justice, House Judiciary Committee, 18. Oktober 1990, Committee Serial No. 101-105.

Heidrun Huber

Zulässigkeit von Veränderungen am fertiggestellten Filmwerk im Hinblick auf das Urheberpersönlichkeitsrecht des Filmregisseurs

Frankfurt/M., Berlin, Bern, New York, Paris, Wien, 1993. 131 S., 7 Abb.
Europäische Hochschulschriften: Reihe 2, Rechtswissenschaft. Bd. 1414
ISBN 3-631-46268-9   br. DM 49.--*

Mit dieser Untersuchung liegt erstmals eine eingehende Erörterung der Probleme, die sich durch Kolorierungen, Formatanpassungen, Werbeunterbrechungen und Logoeinblendungen von Filmwerken im Hinblick auf die Rechte des Filmregisseurs ergeben, vor. Die Autorin geht dabei insbesondere auf die sich widersprechenden Interessen von Filmhersteller und Filmregisseur ein. Daneben wird das Urheberpersönlichkeitsrecht des Filmregisseurs sowie die Einschränkung des Werkschutzrechts speziell für Filmwerke eingehend erörtert. Auch wird ein kurzer Überblick über die Ausformung des Urheberspersönlichkeitsrechts ausländischer Filmregisseure sowie die Harmonisierungsbemühungen durch internationale Abkommen und die EG-rechtlichen Besonderheiten gegeben.

Aus dem Inhalt: Eingehende Erörterung der Zulässigkeit von Kolorierung und Formatanpassung von Filmen, von Werbeunterbrechungen und Logoeinblendungen im Hinblick auf das Urheberpersönlichkeitsrecht des Filmregisseurs.

Peter Lang ≣≣≣ Europäischer Verlag der Wissenschaften
Frankfurt a.M. • Berlin • Bern • New York • Paris • Wien
Auslieferung: Verlag Peter Lang AG, Jupiterstr. 15, CH-3000 Bern 15
Telefon (004131) 9411122, Telefax (004131) 9411131
- Preisänderungen vorbehalten -   *inklusive Mehrwertsteuer